日本語eラーニング教材設計モデルの基礎的研究

シリーズ 言語学と言語教育

第1巻　日本語複合動詞の習得研究 −認知意味論による意味分析を通して　松田文子著

第2巻　統語構造を中心とした日本語とタイ語の対照研究　田中寛著

第3巻　日本語と韓国語の受身文の対照研究　許明子著

第4巻　言語教育の新展開 −牧野成一教授古稀記念論文集
　　　　鎌田修，筒井通雄，畑佐由紀子，ナズキアン富美子，岡まゆみ編

第5巻　第二言語習得とアイデンティティ
　　　　−社会言語学的適切性習得のエスノグラフィー的ディスコース分析　窪田光男著

第6巻　ポライトネスと英語教育 −言語使用における対人関係の機能
　　　　堀素子，津田早苗，大塚容子，村田泰美
　　　　重光由加，大谷麻美，村田和代著

第7巻　引用表現の習得研究 −記号論的アプローチと機能的統語論に基づいて
　　　　杉浦まそみ子著

第8巻　母語を活用した内容重視の教科学習支援方法の構築に向けて
　　　　清田淳子著

第9巻　日本人と外国人のビジネス・コミュニケーションに関する実証研究
　　　　近藤彩著

第10巻　大学における日本語教育の構築と展開
　　　　−大坪一夫教授古稀記念論文集
　　　　藤原雅憲，堀恵子，西村よしみ，才田いずみ，内山潤編

第12巻　異文化間コミュニケーションからみた韓国高等学校の日本語教育
　　　　金賢信著

第13巻　日本語eラーニング教材設計モデルの基礎的研究
　　　　加藤由香里著

第14巻　第二言語としての日本語教室における「ピア内省」活動の研究
　　　　金孝卿著

第15巻　非母語話者日本語教師再教育における聴解指導に関する実証的研究
　　　　横山紀子著

シリーズ 言語学と言語教育 13

日本語eラーニング教材設計モデルの基礎的研究

加藤由香里 著

ひつじ書房

はじめに

　日本の大学、大学院で学ぶ外国人留学生の急増にともなって、日本語教員と専門教員との連携、および、専門教育への「適応」を目指したカリキュラム作成への関心が高まっている。しかしながら、留学生の専門分野が多岐にわたるため、その分野に応じた日本語教育を行うことは予想以上に多くの困難を抱えている。そのため、実際の授業では、専門文献よりも一般的な内容を扱った評論や読み物を教材として取り上げる場合が多く、専門論文の講読にまではつながりにくいとされる。

　一方、専門教官からは、むしろ早い時期から専門教育につながる日本語教育 (Japanese for Academic Purpose) を求める意見もあり、専門教育に向けた日本語の指導モデルの確立が望まれる。加えて、研究活動に忙しい留学生からはeラーニングなどの時間や場所に縛られない学習環境への期待が高まっている。

　このような専門教育に結びつくようなカリキュラム作成・授業設計をeラーニングで実現するには、従来の授業やCAIをWEB上で配信できる教材として再構成するだけでは十分とはいえない。むしろ、学術論文を講読するなどの具体的な場面を想定して学習内容の選択を行い、その内容を適切に構造化することが必要である。

　そのためには、インストラクション・デザイン (Instructional Design) の諸理論、認知言語理論の視点を取り入れ、外国人留学生への専門論文講読指導を対象とした日本語教材設計の原理を明らかにすることが求められている。

　本研究では以下の3点を中心に論述し、「専門教育のための日本語教材」のeラーニング化を行うためのモデルを提案している。

1. 認知言語理論に基づく日本語教材設計モデルの構築

2. 16実証実験による日本語教材設計モデルの妥当性の検証
3. 日本語教材設計モデルに基づく日本語教材作成・評価

　まず、第1部では、認知言語理論、およびインストラクション・デザイン(Instructional Design)に基づいて、日本語教材設計の枠組みを検討し、本研究の位置づけを述べる。特に、認知言語理論から、図示情報が談話理解に与える影響に着目し、効果的な学習環境を実現する条件とする。さらに、インストラクション・デザインに基づいて、言語情報と図示情報の役割を、(1)学習者要因、(2)提示教材要因、(3)評価観点との関わりから整理し、日本語教材設計モデルとしてまとめる。

　第2部においては、日本語教材設計モデルにおいて記述した外国人留学生が専門分野の論文を講読するために必要な知識、および読解方策の妥当性の検討を行った。実験は(1)学習者要因、(2)提示教材要因、(3)評価観点の組み合わせにより、16種類に分類された。読者(学習者)要因として、「日本語能力」と文章内容に関わる「背景知識」を取り上げ、日本人学生と外国人留学生の比較を行った。また、文章構造要因として、言語要因の複雑性、あいまい性、および図示情報と文章情報の関係性などに着目した。文章理解の評価は、2つの評価指標(等価処理・弁別処理)を用いて検討した。実験結果から、言語能力が限られた外国人留学生に対しては、図示情報が文章理解を必ずしも促進しないこと、また、図示情報の正確な理解が等価処理を促進することなどが明らかになった。これらの実験結果を、教材設計モデル上の構成要因間の関係を記述する「教授方略」として9つにまとめ、日本語教材作成の指針とした。さらに、これらの教授方略は、図示情報の利用という視点から、2つに大別される。すなわち、一方は、外国人に対して図示情報の積極的な利用を促さないとする教授方略群(教授方略1-3)であり、他方は、図示情報を効果的に利用するための条件を段階的に整える教授方略群(教授方略4-8)である。

　第3部においては、日本語教材設計モデル、および16実験の結果により明らかにされた教授方略に基づいたプロトタイプ教材開発とその評価実験を行った。

実証実験から導出された教授方略を反映させ、2種類の日本語教材を試作した。試作教材の一つは、図示情報を積極的に利用せず、従来からの「言語用法」の習得を重視した「言語用法型」を作成した。もう1種類は、図示情報の利用を積極的に行う条件を段階的に整える教授方略を反映させた「言語使用型」とした。これら2種類の日本語教材を、教育コンテンツ作成のためのオーサリングツールWebClassを用いて電子化教材として実現した。さらに、この2種類の日本語教材について、外国人留学生と日本人語学教官に対してアンケート調査、およびユーザビリティ・テストを行い、コンテンツの機能を評価した。その結果、日本人担当教員よりも外国人留学生は、図示情報を積極的に活用した試作教材の機能を肯定的にとらえ、学習効果を期待していることが明らかになった。さらに、図示情報を有効に活用するためには言語的困難点を軽減する条件を整えた教授方略が、外国人留学生に対しては、効果がある可能性が示された。

目　次

はじめに i

第 1 章　序論―日本語 e ラーニング教材開発の概略― 1

第 1 部　日本語 e ラーニング教材設計のための基礎理論

第 2 章　教授設計理論（Insructional Design）における教材構成手法 7
2.1　緒言 7
2.2　教授設計理論の概要 7
　2.2.1　インストラクション・デザインの特徴 8
　2.2.2　インストラクション・デザインの設計段階 9
　2.2.3　日本語教材設計における教授設計の適用 10
2.3　教授設計の変遷 12
　2.3.1　行動主義に基づく教授設計 13
　2.3.2　認知的学習理論に基づく教授設計 14
　2.3.3　認知的アプローチに基づく言語学習環境の設計 15
2.4　文章理解研究からの認知環境の検討 16
　2.4.1　言語要因が文章理解に与える影響 17
　2.4.2　図示情報が文章理解に与える影響 18
　2.4.3　文章理解過程における認知方略研究 19
　2.4.4　認知方略研究から教授設計理論への示唆 21

- 2.5 コンピュータを用いた日本語教材の開発 ･････････････････････ 25
  - 2.5.1 日本語読解教材の開発 ･････････････････････････････････ 25
  - 2.5.2 文章理解に向けた言語学習教材の設計 ･････････････････････ 27
- 2.6 結言 ･･･ 29

第 3 章　認知言語理論に基づく談話理解 ── 31
- 3.1 緒言 ･･･ 31
- 3.2 言語教授理論の変遷 ･･･････････････････････････････････････ 32
  - 3.2.1 言語学習における言語使用と言語用法の区別 ･････････････ 33
  - 3.2.2 言語使用に基づく教授内容の決定 ･･･････････････････････ 34
- 3.3 談話法に基づくコミュニケーション理解 ･････････････････････ 34
  - 3.3.1 文章理解における談話法の解明 ･････････････････････････ 35
  - 3.3.2 整合関係による談話構造の分析 ･････････････････････････ 39
- 3.4 研究論文の談話構造理解 ･･･････････････････････････････････ 40
  - 3.4.1 研究論文の構成 ･･･････････････････････････････････････ 41
  - 3.4.2 研究論文における図示情報 ･････････････････････････････ 45
- 3.5 関連性理論 ･･･ 47
  - 3.5.1 関連性の原則Ⅰ (Cognitive Principle of Relevance) ･････････ 48
  - 3.5.2 関連性の原則Ⅱ (Communicative Principle of Relevance) ････ 49
  - 3.5.3 認知環境の改善への条件 ･･･････････････････････････････ 50
- 3.6 結言 ･･･ 51

第 2 部　日本語教材モデルの提案と検討

第 4 章　日本語教材設計モデルの提案 ── 55
- 4.1 緒言 ･･･ 55
- 4.2 日本語教材設計モデルの提案 ･･･････････････････････････････ 55
  - 4.2.1 従来からの言語教授法の問題点 ･････････････････････････ 56
  - 4.2.2 認知言語理論に基づく文章理解能力の定義 ･･･････････････ 57
  - 4.2.3 総合的言語能力の分類 ･････････････････････････････････ 58

4.2.4	前提知識の分類	59
4.2.5	文章理解に関わる読解方策	62
4.2.6	日本語教材設計における読解方策	64
4.3	日本語教材設計におけるの教材構成法	66
4.3.1	文章教材の設定	66
4.3.2	学習過程の段階制御	70
4.3.3	質問形式による教材構成	73
4.4	日本語教材設計における理解評価	74
4.4.1	言語用法参照の質問	74
4.4.2	言語使用推論の質問	74
4.5	結言	76

第5章　日本語教材設計モデルの妥当性の検討 ― 79

5.1	緒言	79
5.2	図示情報の呈示効果の検証	82
5.2.1	図示情報が内容理解に与える影響（実験1–2）	82
5.2.2	日本語能力と図示情報の影響（実験3–4）	85
5.2.3	実験1–4のまとめと教授方略1–2	89
5.3	情報源としての図示情報の利用	90
5.3.1	図示情報が内容理解に与える影響（実験5–6）	91
5.3.2	実験5–6のまとめと教授方略3	96
5.4	図示情報利用の読解方策	97
5.4.1	図示情報が内容理解に与える影響（実験7）	98
5.4.2	図示情報利用における困難点の検討（実験8）	106
5.4.3	実験7–8のまとめと教授方略4–5	109
5.5	図示情報利用の前提条件	110
5.5.1	図示情報と学習者要因の関係（実験9）	111
5.5.2	弁別処理過程の評価方法	115
5.5.3	弁別処理過程における図示情報の効果（実験10）	118
5.5.4	図示情報解釈の正確さの影響（実験11–12）	122
5.5.5	実験9–12のまとめと教授方略6–7	126
5.6	文章教材の言語構造要因の軽減	128
5.6.1	文章教材の言語構造要因の操作	128

5.6.2　文章教材の言語的複雑性の軽減(実験 13–14) ････････････････ 130
　　　5.6.3　文章教材の言語的あいまい性の解消(実験 15–16) ･･････････ 133
　　　5.6.4　実験 13–16 のまとめと教授方略 8–9 ････････････････････････ 135
　5.7　日本語教材設計モデルへの実験結果の反映 ･･････････････････････ 136
　　　5.7.1　図示情報の呈示効果と教授方略 1–3 ････････････････････････ 137
　　　5.7.2　図示情報利用の前提条件と教授方略 4–5 ････････････････････ 138
　　　5.7.3　等価処理課題への図示情報利用と教授方略 6、8 ････････････ 139
　　　5.7.4　弁別処理課題への図示情報利用と教授方略 7、9 ････････････ 141
　5.8　結言 ･･ 142

第 3 部　日本語教材設計モデルによる開発と評価

第 6 章　日本語教材設計モデルに基づく教材開発 ───── 145
　6.1　緒言 ･･ 145
　6.2　試作教材の概要 ･･ 145
　　　6.2.1　試作教材の構造 ･･ 146
　　　6.2.2　提示教材 ･･ 149
　　　6.2.3　教材課題 ･･ 150
　　　6.2.4　評価課題 ･･ 152
　6.3　「言語用法型」と「言語使用型」の比較 ･･････････････････････････ 153
　　　6.3.1　「言語用法型」日本語教材 ････････････････････････････････ 153
　　　6.3.2　「言語使用型」日本語教材 ････････････････････････････････ 157
　6.4　結言 ･･ 160

第 7 章　日本語教材設計モデルに基づく教材評価 ───── 163
　7.1　緒言 ･･ 163
　7.2　量的手法による日本語教材の評価 ･･････････････････････････････ 164
　　　7.2.1　ユーザを対象としたアンケート調査 ･･･････････････････････ 164
　　　7.2.2　機能評価に関する尺度の構成 ･･････････････････････････････ 167
　7.3　インタビューによる機能評価 ･･････････････････････････････････ 171

7.4 日本語教材の教育効果の検討 ･･････････････････････････････････ 176
　7.4.1 日本語教材の改良点 ･･････････････････････････････････ 176
　7.4.2 日本語教材の評価実験 ････････････････････････････････ 179
7.5 結言 ･･ 191

第 8 章　結論 ── 193

参考文献 ── 199

Appendix ── 209

あとがき ── 229

索引 ── 231

第1章
序論
―日本語eラーニング教材開発の概略―

　大学の日本語教育担当者を中心に、専門教官との連携、および専門教育への「適応」を目指した語学カリキュラム作成への積極的な取り組みが行われている。特に、専門教育からのニーズを明らかにするために、特定の分野を対象とした学術論文の頻出語彙、文末表現、あるいは、学部留学生への支援を目的として指定教科書の語彙・表現の調査、および基礎漢字の選定などもすすめられている。これらの取り組みは、専門に応じたきめ細かい日本語学習指導を実現するための基礎資料とも位置づけられるが、個別に行われているため体系化されておらず、それに基づいたコンテンツ開発、およびシステム設計が行われにくい状況である。

　一方、近年のネットワーク技術の向上を背景に、インターネットやWWW (World Wide Web) を利用した学習環境が整備されつつある。学習者を取り巻く学習環境は大きく変化しつつあり、新しい技術を活用したコンテンツの開発が急務とされている。実際に、コンピュータ支援型語学学習 (Computer Assisted Language Learning) は、高度通信技術や自然言語処理技術の応用分野として、様々な学習支援システム、およびコーパスなどのデータベースの開発がすすめられている。しかし、これらの言語学習システムは、自然言語処理技術の応用により、「教室などで行われている言語学習」をネットワーク上で実現するだけにとどまり、教育研究からの知見に基づいた新しい学習機能を提供するに至ってない。その理由としては、現在の日本語コンテンツ設計が、教育的（認知的）モデル、あるいは精密な工学的なモ

デルに基づいておらず、理論的基盤が堅固ではないことに起因する（Shin 2002）。

　そこで、本研究では、eラーニング環境に対応した日本語学習支援システム開発を目指し、語学教育における実践的知見と新しい言語学習パラダイムに基づいた「日本語教材」の設計原理を明らかにすることを目的とする。

　本研究では、認知言語理論に基づいてeラーニング環境における日本語コンテンツ設計のための知見を整理し、日本語教材設計モデルとしてまとめる。さらに、日本語教材設計モデルで体系的に記述された構成要因の妥当性を、16の実証実験により検討する。加えて、実験により明らかにされた構成要因間の関係を「教授方略」として9つにまとめ、複数の教授方略を反映させたプロトタイプ教材の開発と評価を行う。

　第2章では、インストラクション・デザイン（Instructional Design）に基づき、言語学習のための学習環境の設計指針を明らかにする。さらに、認知心理学における談話理解過程の研究についても整理を行い、日本語教材設計のための指針を抽出する。特に、文章理解に影響を与える要因として、言語要因と図示情報を取り上げ、読者の領域知識との関連から検討を行う。また、現在、開発されている言語学習システムを概観し、その多くが「言語用法」の習得を目的としていることを指摘する。

　第3章では、近年、認知言語理論として注目を集める関連性理論を取り上げ、研究論文講読における談話理解の枠組みを提示する。関連性理論は「談話解釈では情報の受け手による推論が不可欠かつ大きな役割を果たす」という立場を明確にし、言語使用の側面を明らかにする有力な理論として注目を集めている。また、言語情報だけでなく、非言語情報（図示情報）にも着目し、談話理解における認知環境を改善する情報伝達の手段として位置づけている。この関連性理論に加えて、談話分析の手法、および談話法などから「研究論文講読」の構造的特徴を明らかにし、談話構造に基づいた「文章理解」の評価指標についても提案を行う。

　第4章では、談話理解に関わる様々な言語情報、および図示情報を整理し、関連性のある学習環境の実現にむけた日本語教材設計モデルとして提示する。この日本語教材設計モデルでは、外国人留学生が専門分野の論文を講

読するために必要な知識、および文章理解を促進する読解方策を提案する。4.3 節では、4.2 節の日本語教材設計モデルと対応づけて、具体的な教材構成法について述べ、4.4 節では、文章理解の評価法をまとめる。

　第 5 章では、日本語教材設計モデルにおいて記述した専門分野の論文を講読するために必要な知識、および読解方策の妥当性の検討を行う。特に、「情報移転（図示情報）」の役割に着目し、読者（学習者）要因、および文章構造要因との関係を 16 の実証実験により明らかにすることを試みる。読者（学習者）要因として、「日本語能力」と文章内容に関わる「背景知識」を取り上げ、日本人学生と留学生の比較を行う。また、文章構造要因として、言語要因の複雑性、あいまい性、および図示情報と文章情報の関係性などに着目する。文章理解の評価に関しては、2 つの評価指標（等価処理・弁別処理）を用いて検討する。これらの実験結果を、教材設計モデル上の構成要因間の関係を記述する「教授方略」として 9 つにまとめ、日本語教材作成の指針とする。特に、これらの教授方略は、図示情報の利用という視点から 2 つに大別される。すなわち、一方は、外国人に対して図示情報の積極的な利用を促さない教授方略群（教授方略 1–3）であり、他方は、効果的な図示情報利用の条件を段階的に整える教授方略群（教授方略 4–9）である。

　第 6 章では、第 5 章での実証実験から導出された教授方略を反映させ、2 種類の日本語教材の試作を行う。試作教材の一つとして、図示情報を積極的に利用せず、「言語用法」の習得を重視した「言語用法型」を作成する。もう一種類は、図示情報の利用をすすめる条件を段階的に整えた「言語使用型」である。これら 2 種類の日本語教材は教育用オーサリングツールである Web Class を用いて電子化教材として実現する。

　第 7 章では、「言語用法型」と「言語使用型」について、外国人留学生と日本語教員に対して行ったアンケート調査、およびユーザビリティ・テストについて述べる。調査の結果、日本語教員よりも外国人留学生が試作教材の機能を肯定的にとらえ、学習効果を期待していることが示唆された。特に、外国人留学生では、言語的困難点を軽減する条件を整え、図示情報の利用を促す「言語使用型」教材が効果的であると認識していた。さらに、教育的効果についても、アンケート調査を反映させた 3 種類の日本語教材を作成し、

等価処理と弁別処理の2指標に関して評価を行った。

　第8章では、本研究で得られた主な研究成果を総括し、本書をまとめる。

第 1 部

日本語 e ラーニング教材設計のための基礎理論

第 2 章
教授設計理論 (Insructional Design) における教材構成手法

2.1 緒言

本章では、学習プロダクトの開発手法であるインストラクション・デザイン (Instructional Design) を言語学習に応用し、効果的な学習環境が備えるべき条件について整理を行う。まず、2.2 節では、e ラーニング環境における高品質の学習プロダクトの開発手法として注目を集めるインストラクション・デザインについて述べる。続く、2.3 節では、教授設計、およびカリキュラム構成としての学習教材設計の変遷について述べる。特に、コンピュータを利用した教育における行動主義から構成主義への変遷を概観する。さらに、このような学習観の変化に対応した新しい日本語教材設計のための指針を提案する。2.4 節では、具体的な日本語教材を設計するために、文章理解を促進する学習方略を概観し、論文理解支援への利用について論じる。2.5 節では、現在、開発されている言語学習支援システムの特徴を概観し、効果的な日本語コンテンツ構成のための条件を整理する。

2.2 教授設計理論の概要

近年、e ラーニング環境における学習プロダクトの開発手法であるインストラクション・デザイン (Instructional Design) が注目を集めている。インストラクション・デザインは、米国の企業教育において効果的な CBT (Computer

Based Training）開発を行うために提案された手法である。本節では、まず、2.2.1 節で、米国における先駆的な導入例について概観し、その特徴をまとめる。続く、2.2.2 節において、学習プロダクトを構成するための設計段階（Instruction Design Step）について述べる。2.2.3 節では、先に述べたインストラクション・デザインの設計段階に本研究で提案する日本語教材設計を位置づける。

2.2.1 インストラクション・デザインの特徴

インストラクション・デザインとは学習プロダクトをシステム的に企画、設計、開発、実施、評価する手法とされる。特に、企業における人材教育用の学習プロダクト開発で用いられた手法であり、この手法に基づいて、さまざまな教育プログラムが開発され、その効果も検証されている。

例えば、清水（2003）によれば、米国の IBM 社では、社員向けの人材開発教育に SATE（System Approach To Education）を取り入れることにより、教育費用を 12%減少させることに成功した。また、この取り組みは、プロダクトの開発だけにとどまらず、全社的に実施されている教育全体にも適用され、効率的なカリキュラム開発と教育方法の選択が行われたとされる。この IBM 社のインストラクション・デザインは、（ⅰ）分析（Analysis）、（ⅱ）設計（Design）、（ⅲ）開発（Development）、（ⅳ）実施（Implementation）、（ⅴ）評価（evaluation）というきわめて基本的な設計段階であった。しかし、人材開発経費の削減効果は大きく、その後の米国において多くの企業でインストラクション・デザインが導入されるきっかけとなった。

また、マサチューセッツ生命保険会社では、インストラクション・デザインに基づいて CBT（Computer Based Training）プログラムを開発し、保険外交員の知識習得と対人関係能力の向上に大きな成果を上げたとされる。このプログラムは、企画において、ニーズ分析や学習者分析、タスク分析を行い、その結果からデザイン、および開発、さらには実施、評価へと一連の段階を経て開発が行われた。この段階は、以下に示す 8 つのステップとしてまとめられる。

（ⅰ）　ニーズ分析（Needs Analysis）
（ⅱ）　内容収集（Content Gathering）
（ⅲ）　取り扱い（Treatment）
（ⅳ）　記述と設計（Writing/Design）
（ⅴ）　制作（Production）
（ⅵ）　追加制作（Post-Production）
（ⅶ）　試験（Testing）
（ⅷ）　評価（Evaluation）

　このようにインストラクション・デザインは、システム的思考（System Approach）を取り入れることにより、学習プロダクトの品質のばらつきを最小に抑え、「投資」に見合う「効果」を保証する開発手法として注目されている。

2.2.2　インストラクション・デザインの設計段階

インストラクション・デザインは、学習プロダクトを構成するための設計段階としていくつかのIDステップ（Instructional Design Step）を提案している。その代表的なものとして米国コンピュータメーカーであるDEC社のIDステップがある。図2-1のように、DEC社において提案されているIDステップは、管理（Management）と測定（Measurement）の2つから構成されている。さらに、問題の定義（Define）、設計（Design）、開発（Development）、供給（Deliver）の4つの段階がある（清水2003）。これらの4段階ごとに、下位段階が定義されている。これらの一連のIDステップを定めることにより、学習プロダクトの企画から、設計、開発を行い、実施、評価を体系的にすすめることができる。

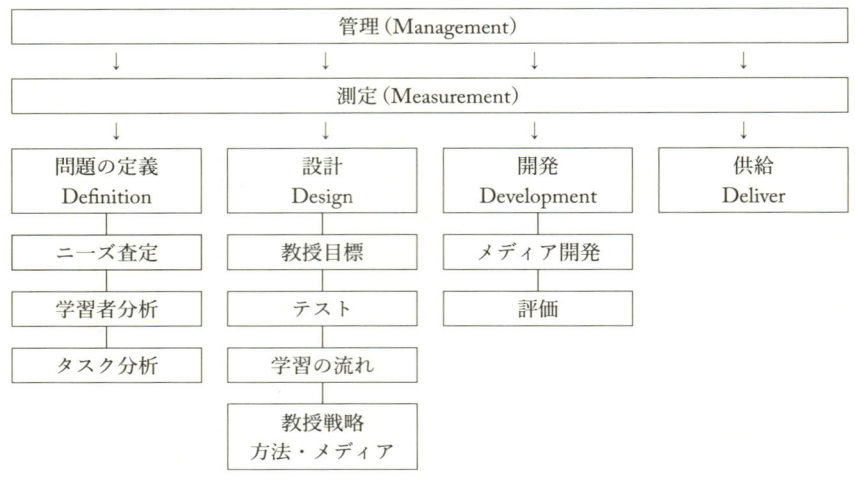

図 2-1　ID ステップ

　本研究で提案する日本語設計モデルは、図 2-1 の設計（Design）の段階にあたる。つまり、教授目標の設定、到達度テスト、学習の流れ、教授戦略、およびメディアの決定という一連の ID ステップである。

2.2.3　日本語教材設計における教授設計の適用

2.2.2 節では、インストラクション・デザインの設計（Design）段階に本研究で提案する日本語教材設計を位置づけた。設計段階は、図 2-1 に示すような、教授目標の設定、到達度テスト、学習の流れ、教授戦略、およびメディアの決定という一連の ID ステップから成り立つとされる。

（1）　教授目標の設定

本研究は、「研究論文」講読において、外国人留学生に対する内容理解支援を対象とする。第 4 章では、外国語教授における言語能力の測定研究、および言語能力テスト研究に基づいて文章理解能力を定義する。文章理解能力は、時間軸にそって文章の価値を読み取る「等価処理」理解と文章全体の相対的な重要性を基準にして命題を選択する「弁別処理」理解とに大別される。

（2） 到達度テスト

先の「教授目標の設定」で述べた2つの文章理解である「等価処理」と「弁別処理」は、2つの評価方法により測定される。まず、「等価処理」理解では、時間軸にそって文章の価値を読み取る評価課題が用いられる。このような課題では、前方照応的な語彙項目を解消し、接続詞の関係を手がかりに意味を特定する。具体的な出題形式としては、参照すべき文を特定した空欄補充問題や正誤判断問題として実現される。

一方、「弁別処理」課題としては、陳述の正誤を対象とはせずに、相対的な重要性を基準にして命題を選択し、特定事項を選択する評価課題がある。このような課題では、文章中のどの部分がまとまり、談話として一貫性を持つようになっているかを見極めることが求められる。具体的な例としては、複数の選択肢から、段落の要約として最も適切な陳述を選択させる問題などが考えられる。

（3） 学習の流れ

「研究論文」講読に必要な文章理解能力は、「等価処理」理解と「弁別処理」理解とに大別された。これら2つの教授目標に対して、それぞれの理解を促進する「学習課題(task)」が準備される。これらの学習課題は、4.2.5節の「文章理解にかかわる読解方策」において詳述される。学習課題として、4つの読解方策「用語法」、「結束法」、「整合法」、「情報移転（図示情報利用）」による練習問題が実現される。さらに、2つの評価指標（等価・弁別）に照らして、これら4つの練習問題が適切に組み合わされ、全体の学習が構成される。

（4） 教授戦略、およびメディアの決定

教授戦略として、先に述べた「学習課題」をどのように組み合わせて、また配列するかなどに関わる知識があげられる。このような知識は、学習プロダクトの設計（Design）から開発（Development）段階へとすすめるために必要なものとされる。本研究では、第5章において実証実験を行い、具体的な教材構成に関わる知見の整理を行い、複数の教授知識としてまとめる。

以上のように、本研究で提案する日本語教材設計は従来のインストラクション・デザインの設計（Design）段階に位置づけられる。この設計段階は、教授目標の設定、到達度テスト、学習の流れ、教授戦略、およびメディアの決定という一連のIDステップから構成され、日本語学習教材の設計においても適用可能である。

2.3　教授設計の変遷

前節では、主に企業教育において、eラーニング環境における高品質の教育プロダクトの開発手法として注目を集めるインストラクション・デザインについて述べた。さらに、その手法の言語学習コンテンツ開発への応用の可能性についても検討し、本研究が対象とする領域をIDステップとの関わりにおいて論じた。

　一方、教育工学、および教授設計においても、教授者主導で伝達すべき知識や技能を予め最適化された処方に従ってすすめる「教授設計（Instructional Design）」が提案され、また実践も積み重ねられてきた。しかし、1980年代後半から、学習者の主体的な興味や関心を尊重し、学習者自らが、学習を方向づける新たな教育の可能性が論じられるようになった。このような背景により、従来の行動主義的なアプローチから、学習過程を重視した構成主義的学習（Constructivistic Learning）へと学習パラダイムが大きく変化した。Chi et al.(1989)によれば、構成主義的学習では、学習過程において学習者が主体的に活動を行うことによって「知識が再構成される（internal process of reorganization）」ことをねらいとしている。このような構成主義の影響を受け、図表を描く、自己報告をする、内省を行うなどの認知的活動が学習に及ぼす影響が様々な学習領域において検討されている（Chi et al. 1989、1994、Van Meter 2001、Ainsworth & Th Loizou 2003）。

　本節では、2.3.1節において、従来の授業設計を概観し、その問題点について論じる。2.3.2節では、新しい教授・学習理論である構成主義の特徴について述べる。2.3.3節では、構成主義と次章で述べる「関連性理論」（3章5節）との共通点を明らかにし、さらに、認知的アプローチに基づいた新しい

日本語教材設計への応用の可能性について論じる。

2.3.1 行動主義に基づく教授設計

教育工学、および教授設計においては、教授者主導で伝達すべき知識や技能を予め最適化された処方に従って進める「教授設計 (Instructional Design)」が提案され、また実践も積み重ねられてきた。その代表的な理論として、Gagne の提唱した「学習階層理論」があげられる (Gagne 1962)。「学習階層理論」の基本的なアプローチは、目標能力をさらに小さな前提能力へと分割し、それをさらに小さな部分へと分割する漸進的改良法をとる。つまり、目標となる能力から出発し、その知識が成立する以前に「どのようなことが達成されていなければならないか」を記述する階層的な学習モデルである。そして、このアプローチの背景には、一般的な知識を段階的に獲得していくことを「学習の基本」とする考え方がある (小林 1997)。

しかしながら、すべての学習において、最終目標から逆算され、そこから導かれた基礎的な内容を順次積み重ねていくという形式的、ならびに完結的性質が成り立つのであろうか。Mandel & Lesgold (1988) では、このような「学習階層理論」の特殊性を指摘するともに、この教授法が効果を発揮する条件として、下位目標の凝集性 (coherent) と線形性 (linearity) をあげている。ここでの凝集性とは、学習の扱う領域が十分に小さく、複数の下位目標間に相互作用が認められないことを意味する。また、線形性とは、下位目標をどのような順序で呈示するかという教授内容の系列化に関わる性質である。つまり、最終目標を目指して、下位目標を段階的に習得していくという段階づけを意味する。しかし、下位目標の凝集性 (coherent) と線形性 (linearity) は、教授内容の持つ特殊な性質に依存しており、教材構成の一般的な原理とはなりえない (Mandel & Lesgold 1988)。したがって、学習階層理論では、教えるべき知識が十分に記述されておらず、下位問題を相互に結びつけたり、下位問題を上位問題に関連づける構造を持っていないことが問題点とされている。また、下位目標を一つずつ学習していくだけでは、凝縮性 (coherent) のある核心的内容だけが中心となり、周辺的項目、あるいは他と関連性を持つ発展的項目については学習効果が期待できないことも不十分な点とされる

(Mandl & Lesgold 1988)。

　学習階層理論は、このような限界は指摘されているものの、明確なカリキュラム設計の理論的方法を提唱したという点において、多くの CAI (Computer Assisted Instruction) 開発の理論的根拠とされる。また、Gagne & Brigges (1979) により具体的な授業設計、およびシステム開発のための学習様式 (Learning Frame) も提案されており、現在も依然として教授設計において強力な影響を持ち続けている (鈴木 2002)。

2.3.2　認知的学習理論に基づく教授設計

1980 年代後半から、従来の行動主義的なアプローチから学習過程を重視した構成主義的学習 (Constructivistic Learning) へと学習パラダイムが大きく変化した。それに伴って、学習者の主体的な興味や関心を尊重し、学習者自らが学習を方向づける新たな教育的な可能性が論じられるようになった (中野 1991)。

　Jonassen (1991) では、学習パラダイムにおける目的主義と構成主義という対極に位置する 2 つを比較し、新たな教授設計の可能性を論じている。Jonassen (1991) によれば、これまでは、教師から学習者への知識伝達が中心であり、教師が予め設定した目標や授業モデル、および評価法に基づいて授業が行われてきた。したがって、「現実的」で、しかも「有意味」な学習環境は、教授者間で共有される概念であり、また学習者とは関係なく存在することが前提となっていた。一方、構成主義的な立場からは、「現実性」や「有意味性」は、個人の経験や解釈によって個人内に生成されると考えられている。さらに、Spiro et al. (1991) が指摘するように、構成主義は、従来の教授法に欠如していた現実世界の知識領域の複雑性や非構造性を考慮に入れ、複雑な概念の獲得や他の状況への知識転移という発展的な学習目標を持っている。さらに、この目標を達成するためには、同じ教材を異なる文脈や目的において学習する認知的な柔軟性を取り入れた手法が効果的であると論じている。

　また、学習評価についても、構成主義では、学習状況と同じく、現実世界の文脈において行われるべきであること、また高次の知的過程を反映させる

学習成果を対象とするべきであることが指摘されている (Jonassen 1991、Mandl & Lesgold 1988)。

近年、構成主義が提案する能動的に学習を進める学習環境が、情報処理技術の発達により可能となりつつある。また、eラーニングとよばれる通信技術を応用した学習環境において様々な情報を関連づけて主体的に知識を習得する学習形態が注目を集めている。しかし、実際にコンピュータ上で学習者の興味や関心に応じた活動を行う場合、学習が発散的になること、さらに、学習者の持つ先行知識や興味によって、学習効果が大きく左右されることも問題とされている。その結果、学習者の主体的役割を重視した新しい学習環境では、教授者主導の従来の学習と比較して、十分な成果をあげることが難しいとの指摘もある (CTCV 1991)。

そこで、新しいeラーニング環境における教材設計では、構成主義などの認知的なアプローチを応用すると同時に、従来の行動主義的アプローチにおいて主張された教育目標からの明確なカリキュラム設計、および教材構成理論を融合した新しいインストラクション・デザインが求められている。そのためには、学習者にとって現実的で有意味な学習環境を整える条件と、それを実現する手法について十分な検討が必要となってくる。

2.3.3 認知的アプローチに基づく言語学習環境の設計

構成主義に基づいたインストラクション・デザインでは、学習者の経験、信念、知識構造によりどのような知識が構成されるかを問題としていた。つまり、学習者の経験や解釈によって生成される概念の獲得がそれぞれ異なることに着目し、学習者にとって現実的で有意味な学習環境を整える条件を明らかにすることを研究対象とした。

構成主義に代表される認知学習理論では、学習者の「既有知識」の役割とそれを主体的に用いる学習者側の活動の重要性を示している。Chi et al. (1989) によれば、構成主義的学習も学習者が主体的に活動を行うことにより「知識が再構成される (Internal Process of Reorganization)」ことをねらいとしている。このような立場から、図表を描く、自己報告をする、内省を行うなどの認知的活動が学習に及ぼす影響が検討されている (Chi et al. 1989、

1994、Van Meter 2001、Ainsworth & Th Loizou 2003)。

　このような個人差に着目する視点は、コミュニケーションにおける人間の情報選択、認知の働きを説明した「関連性理論」(3章5節)と一致する。関連性理論は、Sperber & Wilson (1986)によって提案され、文章の理解過程と様々な情報利用を明らかにする認知言語理論である。

　関連性理論では、読者の記憶や一般常識などに積極的な役割を与え、「関連性を持つ」情報として談話解釈と結びつけている。その場合、読者が多様な現象を対等に扱わず、ある特定の現象に他の現象よりも注意を多く払おうとする選択が働くとしている。その選択がうまく働くように、つまり、読者が仮説を立てやすいように著者側から手がかりが提供されているとしている。このように関連性理論では、文章を理解する読者側からの理解モデルを提出することにおいて、認知的な言語理論として位置づけられている。したがって、読者側の要因を実際の文章(提示教材)や理解活動との関わりにおいて明らかにしていくという立場をとる。

　そのため、認知的言語理論、つまり関連性理論は、「知識の能動的な構成を基本とする」という意味で「構成主義」的認識論とされる(佐藤1996)。このような立場から、関連性理論は、談話研究だけでなく言語教育における様々な情報利用の理論化へも応用できる。さらに、この枠組みを学習の系列化を規定する「構成主義」と結びつけることにより、学習者にとって現実的で有意味な学習環境を整えることも可能とされる。

2.4　文章理解研究からの認知環境の検討

本節では、認知心理学における文章理解過程の研究から日本語教材設計のための指針を抽出することを目的とする。特に、文章理解に影響を与える要因として、言語要因と図示情報を取り上げ、読者の持つ領域知識との関連から検討を行う。さらに、文章理解において、読者にとって最適な関連性を持つ情報とは何か、またその情報をいかに利用すべきかについても論じる。

　まず、2.4.1節では、言語要因である結束性、および一貫性が文章理解に与える影響について検討する。2.4.2節では、図示情報が文章理解に与える

影響を読者の特性との関連において概観する。2.4.3節では認知学習方略が文章理解に与える影響を概観する。2.4.4節では、学習者にとって現実的で有意味な学習環境が整えるべき条件について述べる。特に、実証実験から明らかにされた文章理解における図示情報の役割に着目する。さらに、その利用が効果的に行われる条件を明らかにする。

2.4.1 　言語要因が文章理解に与える影響

文章理解に談話構造が影響を及ぼすことについて、実証的研究が積み重ねられている。その代表的な理論としてKintsch(1994)の状況モデルがある。状況モデルとは、文章全体の意味構造であるマクロ構造(Macro Structure)とそれらが既有知識に結びついた状態と定義される。したがって、文章の表層構造から抽出された命題と命題間の関係によるミクロ構造(Micro Structure)だけでなく、読者の内部に形成された表象も含むとされる。この状況モデルの生成に影響を与える要因として、(1)文章の構造的要因、(2)読者の領域知識、(3)読解能力があげられている(Moravcsik & Kintsch 1993)。

　Kintsch(1994)は、心臓疾患を扱った科学的な文章理解を取り上げて、ある領域について背景知識が豊富な読者と少ない読者に、個々の命題(Proposition)について質問し、知識の相違を「状況モデル」として表現することを試みている。さらに、McNamara & Kintsch (1996)では、大学生を対象にベトナム戦争を題材として、「文章の一貫性」と読者の「背景知識の有無」によって内容理解(マクロ構造理解・ミクロ構造理解)がどのように異なるかを実証的に検討している。Kintsch et al. の実験では、多肢選択課題(Multiple-Choice Tests)により局所的ミクロ構造理解を、また、語彙分類課題(Keyword-Sorting Tests)により大局的マクロ構造理解の測定を試みている。その結果、局所的理解は、読者の背景知識の有無に関係なく、文章の一貫性が高いほうに効果が高かったとされる。しかし、大局的理解では、背景知識が豊富な読者の場合、文章の一貫性が高い場合より低い場合において理解が促進されるという結果が得られた。この結果について、Kintsch(1994)は、文章の一貫性の高い場合、背景知識が豊富な読者は既有知識を確認するだけにとどまり、活性化を行わないが、文章の一貫性の低い場合は、読者が

自らの知識に基づいて局所的、および大局的一貫性を確立するという説明を行った。つまり、知識が豊富な読者は、文章の一貫性が低い場合のほうが、状況モデルの精緻化が活発に行われるという仮説を示したのである。

　Lehman & Schraw (2002) においても、Kintsch et al. の実験と同じように、文章の構造的特徴が内容理解に与える影響を検討している。言語要因として、「結束性」と「首尾一貫性」の操作を行い、「局所的理解 (Local Comprehension)」と「大局的理解 (Global Comprehension)」に与える影響を複数の指標から検討している。特に、大局的理解の指標として「要約 (Essay)」を取り上げ、Graesser et al. (1994) の先行研究を参考に、どの程度、内容が統合されているかについて、全体的状況モデル (Holistic Situation Model) に基づいて5段階評価を行っている。その結果、結束性の操作は、局所的、および大局的理解に影響しなかったが、首尾一貫性は、局所的理解には影響は少なく、むしろ、大局的内容統合に影響を及ぼすことが明らかにされた。

　これらの実証実験の共通点として、結束性や首尾一貫性などの「言語要因」を内容理解に影響を与える要因として取り上げている。また、読者要因として、「背景知識」に着目している点などもあげられる。さらに、文章理解の評価を「局所的理解」と「大局的理解」の2つの指標から検討しているという点でも一致している。

2.4.2　図示情報が文章理解に与える影響

年少者や母語話者を対象とした文章理解研究からも、挿絵（内田1983、丸野・高木1979）や図の見出し (Caption) (Caplan & Schooler 1999) などの視覚情報が文章理解を促進することが報告されている。このように視覚情報は、学習者に対する情報提示の手段として、心理学の分野において実証的な研究が積み重ねられている。

　Mayer et al. の一連の研究から、文章を視覚情報や要約と組み合わせて呈示することにより、複雑な自然科学テキストの内容理解が促進されることが明らかにされつつある (Harp & Mayer 1997、Mayer & Anderson 1992、Mayer et al. 1995、1996)。Mayer の初期の研究では、年少者を対象としたも

のであったが、Mayer et al.(1996)では、大学生が複雑な自然科学テキストを理解する過程についても実証実験を行っている。この実験では、理解の評価指標として、文章再生課題(Explanative Recall)と問題解決課題(Problem-Solving Transfer)の2種類により図表呈示の効果を検討している。その結果、文章再生課題では文章のみの呈示が最も効果が高く、一方、問題解決課題では図と文章の呈示が内容理解を促進すると報告されている。また、Mayer et al.(1996)では、大学生を対象とした実験で、要約つき説明図(Mayer et al. 1995、Harp & Mayer 1997)などの視覚情報の呈示が文章理解を促進する可能性が示されている。しかし、Harp & Mayer(1997)では、文章理解における説明図(Explanative Illustration)と写真(Seductive Illustration)の提示効果を比較し、写真を付加した場合が、他の場合より理解が妨げられる可能性も指摘されている。

　また、Reid & Beveridge(1986)では、中学生向けの科学教科書に関して、図表呈示の効果を検証している。実験では、3種類の異なる情報源(図、文章、図と文章)に基づく内容理解課題を作成し、それぞれの課題ごとに図表呈示の効果を調べている。その結果、科学が得意な学生では、図表呈示により内容理解が促進されるが、科学が不得意な学生では、図表呈示がむしろ内容理解を阻害する可能性が明らかにされた。これは、図表呈示の効果は学習者の背景知識の有無によって異なること、また、その呈示が必ずしも内容理解を促進しないことを示すものである。

　このようにMayer et al.の一連の研究から、図示情報がその性質により、必ずしも文章理解を促進しないことが明らかにされた。さらに、Reid & Beveridge(1986)では図表呈示の効果が学習者によって異なること、また、その呈示が必ずしも内容理解を促進しないことが明らかにされつつある。しかしながら、これらの実験は、言語能力の高い母語話者を対象とした文章理解研究であり、言語能力が限られた外国人学習者を対象とした場合は異なる影響が予想される(加藤 2002)。

2.4.3　文章理解過程における認知方略研究

2.4.2節では、図示情報は、情報呈示の手段としてだけでなく、文章理解過

程に影響を与えることが報告された。このような図示情報は、あらかじめ提示されるだけでなく、図表を描くなど構成主義的な認知的活動としても利用されている (Chi et al. 1989、1994、Van Meter 2001、Ainsworth & Th Loizou 2003)。Van Meter (2001) では、「解説文の内容を読者に描かせる」という描図方略 (Drawing Strategy) に着目し、この方略が文章理解に及ぼす影響を詳細に検討している。Van Meter (2001) の実験では、小学5年生・6年生を対象とし、描図条件が科学テキストの内容理解に与える影響を2種類の課題を設定して検討している。この実験では、描図方略のみを用いた場合と内容理解に関わる質問と組み合わせた場合など、複数の条件を設定して、多肢選択課題(再認式)と内容要約(内容統合式)から評価を行っている。その結果、多肢選択課題においては各条件間に差が見られなかったが、内容要約では、描図と質問を組み合わせた条件群が、描図条件群よりも内容的統合を示す記述が多く見られたと報告されている。

　これらの実験結果から、描図方略が二つの文章理解過程、つまり多肢選択課題と要約課題に対して異なった影響を与えることが明らかになった。つまり、文章中の前方照応や接続詞の関係などを問う多肢選択課題は、等価処理 (Assimilation) とされ、描図方略の影響は小さかった。一方、文章全体の構造を把握し、その重要度を判断する要約課題は、弁別処理 (Discrimination) であり、描図方略条件の相違により差が見られた。したがって、描図方略は、文章理解において等価処理よりも弁別処理において効果が高いことが示されたと考えられる。さらに、この結果から認知的方略を適切に使用することで、内容の統合的理解を促進することが期待される。また、描図方略を含む認知的方略は、常に同じ効果を期待することができず、利用場面や読者要因により効果が異なる可能性も示された (Van Meter 2001、Lehman & Schraw 2002)。

　Ainsworth & Th Loizou (2003) の実験では、図示情報が他の認知方略 (Self-Explanation) の効果を促進する条件として、その呈示効果が検証されている。Ainsworth & Th Loizou らの実験では、Chi et al. (1994) と同じ実験材料(心臓の機能説明)を用いて行われ、文章情報を用いる場合より図表情報を用いたほうが他の認知方略 (Self-Explanation) の効果が高かったと報告してい

る。

これらの実験結果から、認知的方略の利用においては、それを利用する学習者要因だけでなく、「どのような場面」で、また「どう利用されるか」を詳細に検討する必要があることが示されている。

2.4.4 認知方略研究から教授設計理論への示唆

文章理解研究から、認知的方略の効果は、それを用いる場面や読者要因により異なることが明らかになった。そこで、これらの実験結果を踏まえ、支援対象とする学習者との関わりから、学習目標とする「知識の性質」とその「習得過程」を詳細に分析し、効果的な学習環境が備えるべき条件を抽出することを試みる。

このような教授・学習過程における個人差の影響に着目した研究は、1980年代から、ATI（Aptitude-Treatment Interaction：適性処遇交互作用）研究、およびTTTI（Trait-Treatment-Task Interaction：特性処遇課題交互作用）研究として、教育工学の分野で注目された（Cronbach & Snow 1977、中野 1991）。実際に、学習者の特性と教授法の間に交互作用があることは経験的に認められており、学習者に適合した教授法を選択すべきであるという主張とも一致する（東 1968）。この知見は、教授設計に関わる様々な研究が一般化された「平均的学習者」を想定して行われたことへの反省から、「平均的学習者」から「個々の学習者」へという教育パラダイムの転換とも位置づけられる（中野 1982）。このように教授設計における「学習者の発見」は、教師中心の教授から学習者一人一人の「学習」へと視点を移す重要性を示唆しているといえる。

実際に、「個々の学習者」に応じた学習・教授の最適化は、目標の設定から、実施、評価までをシステムとして捉え、学習過程に関わる諸要因を予め明らかにすることにより可能となる（中野 1982）。このような立場から、対象とする学習者の特性を明らかにした上で、学習目的から適切な処遇を設定する必要がある。ここでの処遇（Treatment）とは、「学習効果を高める操作可能な変数」（Cronbach & Snow 1977）であり、個々の学習課題の設定から教授方略の選択など、学習における外的な状況を整えるものとされる。

したがって、教授設計に基づいて日本語教材の設計をする場合、学習者要因、および学習目標との関わりから、処遇としての「文章教材の設定」および「学習過程の段階制御」の方法を明らかにする必要がある。さらに、学習目標に照らして、様々な処遇における「学習効果」を分析することが重要となる。

そこで、前節で概観した文章理解研究を「特定の性質を持つ学習者に対して、どのような処遇(教授方略)が適切であるか」という観点から、効果的な日本語教材設計のための知見を整理する。

(1) 文章教材の設定

研究論文などの解説文を対象とした文章理解研究では、文章教材に含まれる属性(情報の性質や内容の構成)が、特定の教育目標において、どのような学習者にとって効果的であるかを特定することが行われてきた。これらの実証実験から、文章教材に含まれる内容理解に影響を与える要因として(1)言語情報、(2)図示情報に着目した。さらに、これらの研究では、母語話者のみを対象としていたため、個人差を生み出す要因としては文章内容に関わる背景知識の有無を取り上げていた(Kintsch 1994、McNamara & Kintsch 1996、Reid & Beveridge 1986)。また、学習効果の測定については、大局的理解として「弁別処理課題」を、また、局所的理解として「等価処理課題」を使用していた。

a. 学習者要因が言語情報利用に与える影響

McNamara & Kintsch (1996)、および Lehman & Schraw (2002) では、解説文章の構造的特徴が内容理解に与える影響を背景知識が豊富な読者と少ない読者を対象に検討している。その結果、学習者要因、および学習目標によって、解説文章に含まれる言語要因の影響が異なることが報告されている。

例えば、McNamara & Kintsch (1996) の実験では、局所的理解は学習者要因に関わりなく、文章の一貫性が高いほうに効果が高かった。一方、大局的理解は、背景知識が豊富な読者の場合、文章の一貫性が高い場合より低い場合に理解が促進されるという予想とは反する結果が得られた。しかし、背景知識の少ない読者では、文章の一貫性が低い場合では理解が促進されなかっ

た。Lehman & Schraw (2002) では、2種類の言語要因（結束性・首尾一貫性）の操作を行い、大局的、および局所的理解に与える影響を検討している。その結果、首尾一貫性の操作は、局所的理解には影響は少なく、むしろ、大局的内容統合に影響を及ぼすことが明らかにされた。一方、結束性の操作は、局所、および大局的理解に影響を及ぼさないことが明らかになった。

これらの実証実験から、局所的理解は大局的理解においてより、言語的要因の影響をより強く受ける可能性が示された。逆に、大局的理解は言語的要因よりも背景的知識の有無など他要因の影響により効果が異なることが示された。

b. 学習者要因が図示情報利用に与える影響

Reid & Beveridge (1986) の実験から、内容知識が豊富な読者では図表呈示により文章理解が促進されるが、知識の少ない読者では図表呈示がむしろ理解を阻害する可能性が示されている。これは、図表呈示の効果が学習者の背景知識の有無によって異なること、また、その呈示が必ずしも内容理解を促進しないことを示すものである。これらの実験結果から、背景知識が豊富な読者と比較的少ない読者とでは、適切な教授方略が異なることが明らかにされている。

また、Mayer et al. の一連の研究からは、文章を視覚情報や要約と組み合わせて呈示することにより、複雑な自然科学テキストの内容理解が促進されることが実証的に示されている (Harp & Mayer 1997、Mayer & Anderson 1992、Mayer et al. 1995、1996)。これらの実験では、教材の設定条件の相違が、文章理解に与える影響を2つの評価指標（文章再生課題・問題解決課題）から明らかにしている。その結果、文章再生課題では文章のみの呈示が最も効果が高く、一方、問題解決課題では図と文章を同時に呈示することが内容理解を促進すると報告されている。

また、Harp & Mayer (1997) においても、文章再生などの理解指標では、要約や複数の図表を加えた条件設定よりも、解説文と図表のみの組み合わせが最も得点が高かったと報告している。さらに、内容と関連性の低い写真の呈示は、読者の興味を引くが、理解を妨げる可能性が示されている。このように文章理解における図示情報の利用は、上記の言語要因よりも設定が複雑

であるといえる。つまり、図示情報は、学習者要因に加えて、文章内容とどの程度関連するかによって内容理解に与える影響が異なる可能性が示されている。

（2） 学習過程の段階制御

2.4.2 節では、図示情報を単なる情報呈示の手段でなく、文章理解過程に影響を与える認知的方略として位置づける研究を概観した。2.4.1 節で述べたように、図示情報は、あらかじめ提示されるだけでなく、図表を描くなど構成主義的活動としても利用されている。ここでは、認知的学習方略として図示情報の利用に着目し、文章理解を促進するための条件を整理する。

まず、Van Meter et al. (2001) の実験では、認知的学習方略である描図方略が内容理解に与える影響を検討している。その結果、単に解説文を読み、図を描くという活動だけでは、内容理解を促進せず、正確な描図を誘導する質問と組み合わせた場合に理解が促進されることが明らかにされた。また、内容理解の評価も、多肢選択課題（再認式）では、各条件間に差が見られなかったが、内容要約（内容統合式）では、描図と質問を組み合わせた条件群が、描図条件群よりも内容的統合を示す記述が多く見られたと報告されている。この結果から、描図方略が二つの文章理解過程、つまり多肢選択課題と要約課題に対して異なった影響を与えることが明らかになった。特に、内容の統合的理解においては、正確な描図を行うという認知的方略が内容理解を促進する可能性が示されたと考えられる。また、Ainsworth & Th Loizou (2003) からも、図示情報が、他の認知方略（Self-Explanation）の効果を促進する可能性が示されている。このように、図示情報は、統合的な理解と関わりが深く、内容理解を促進する有効な手段として位置づけられる。しかし、一方で、先に述べた Mayer らの一連の実験、および Reid & Beveridge (1986) らの実験結果が示すように、図示情報の不適切な利用は理解を妨げる可能性も指摘されている。したがって、図示情報は、教授目標に照らして適切に使用され、また、学習者の特性や学習過程を考慮してその利用条件が十分に整えられる必要がある。

2.5 コンピュータを用いた日本語教材の開発

コンピュータを利用した日本語教材の開発は、プログラム学習理論、第二言語習得理論、および認知科学などの成果を取り入れて研究が進められている比較的新しい研究分野である。近年、高度通信技術や音声処理に代表される自然言語処理の応用分野として、様々な学習支援システム、およびコーパスなどのデータベースの開発が行われている（越智ほか 1998、1999、2000、川村ほか 2000、北村 1999、劉 1999、仁科 2000、仁科ほか 2002、Kato 1999、Miwa 1999、Nishina et al. 2002、Ohoso & Sugiura 1999、Uemura & Murano 1999）。

Shin et al. (2001)、および Chapelle (2001) では、コンピュータを利用した言語学習教材の特徴を複数の観点から分析している。例えば、教授学的設計、言語的な特徴への注意、インターフェイスデザインの質、マルチメディア利用度などである。これらの観点からコンピュータによる言語学習教材を評価した場合、現在、開発されている教材は教育的（認知的）モデル、あるいは精密な工学的なモデルに基づいて行われておらず、理論的基盤が堅固ではないとされる。そこで本節では、コンピュータを利用した日本語読解教材を概観し、実現されている機能の整理を行う。

2.5.1 日本語読解教材の開発

近年、情報通信技術を応用し、効率の良い読書環境を支援する「多読支援システム」、および文法や漢字語彙の解説機能を持つ「読解教材バンク」の開発がすすめられている（寺ほか 1996、1997、北村ほか 1999、仁科 2000）。しかし、通信技術を応用した教材開発では、未習語彙の提示（川村ほか 2000、寺ほか 1996、1997、北村ほか 1999）などの部分的な読解学習支援にとどまり、学習効果という面からの評価も十分に行われていないとされる。これらの読解学習支援を改善していくには、技術の応用分野としてだけでなく、教育的な側面からの学習機能の検討、および評価が必要である。

そこで、本節では現在開発されている日本語読解教材を機能面から「部分的読解の学習支援」（寺 1997、寺ほか 1996、1997、越智ほか 1998、1999、

2000、劉 1999、北村ほか 1999、川村ほか 2000、Kawamura 1999）と「統合的読解支援」（深田 1994、加納 1993、1997、鈴木 1998、鈴木ほか 1998、Suzuki et al.1999、仁科 2002、仁科ほか 2003）に大別する。さらに、それぞれの利点、および欠点を技術的側面と教育的側面から検討する。

（1） 部分的読解教材

部分的な読解支援を実現させた教材として、越智ほかの JUPITER（越智ほか 1998、1999、2000）、および北村・小森の MOKO System（Kitamura & Komori 1999）があげられる。これらの教材は、文章中の漢字語彙をその属性データ（読み方、使用例、書き順）などとリンクさせることにより、語彙を中心とした知識習得を目的として開発されている。例えば、寺らの DL、さらに改良を加えた DL2（寺 1997、寺ほか 1996、1997、北村ほか 1999）、および、川村ほか（2000）のリーディングチュウ太では、WWW ブラウザ上で学習者が指定する語彙の辞書引きを自動的に行う機能を実現し、マルチプラットフォームにも対応している。これらの教材の利点としては、自然言語処理などの高度情報処理技術を言語教育に応用することにより、汎用性のある学習基盤を提供することである。しかし、形態素解析の解析誤りへの対応が不十分であること、また、教材において利用する辞書語彙数の制限などの技術的問題も指摘されている（北村ほか 1999）。

　一方、教育的効果という側面から分析すると、これらの読解教材では、文章理解における「言語用法」の習得を目的とした教材と位置づけられる。したがって、提供されている支援機能も、従来、学習者自身が「自習」として行っていた学習活動を支援するにとどまり、新しい教授法に基づいた読解学習を支援する教材とは言いがたい。

（2） 統合的読解教材

総合的な学習環境を提案する言語学習教材として、加納による CATERS、鈴木ほかの「新書ライブラリー」、仁科ほかの「あすなろ」などがあげられる。これらの教材は、語彙、文章単位の英訳を提供する機能（加納 1993、鈴木 1998、鈴木ほか 1998、仁科 2000、仁科ほか 2002）が実現されている。さ

らに、文章理解質問(加納1993)や構文構造提示(加納1993、仁科2000、仁科ほか2002)なども準備されている。

　これらの教材では、日本語教員も開発者として参加しているため、実際の学習者の困難点に対応した機能が備えられている。しかし、開発に非常に時間がかかること、また、実現された機能の教育効果について実証的データは十分に提示されていないなどの問題点がある。さらに、鈴木ほか(1998)が指摘するように、開発者が期待するほど利用の効果があがらないという報告もある。実際に、鈴木ほかの多読教材の使用実験では、教材の使用前と後で、読む速さについては効果が認められたが、語彙力や読解力の向上は見られなかったとされる。また、加納の評価実験からも、構文解析機能などの様々な機能を備えても、学習者からの評価は、辞書機能が最も評価が高く、1文単位での構文解析表示は評価が低かったと報告されている。さらに、複数の学習機能が実装されているが、それぞれの相互関連性が示されていないため、学習者によりその使用方法が異なることも十分な学習効果が得られない原因とも考えられる。これらの開発例から、語学教師の経験に基づいた日本語読解教材の開発においても、学習者が必要とする支援の特定、およびコンピュータ環境を利用した読解支援の実現が困難であることが示唆されている。

2.5.2　文章理解に向けた言語学習教材の設計

Shin et al.(2001)が指摘するように、コンピュータを利用した言語学習教材の設計にあたっては、教授学的設計、言語的な特徴への注意、インターフェイスデザインの質、マルチメディア利用度などの観点から十分な検討が必要である。さらに、学習の目的、学習者の特性との関連から、教材上で実現された機能を評価し、さらに改良を加えることが求められる。

　現在、開発されているコンピュータ利用による言語学習教材は、従来から読解学習で行われている活動をシステム上の機能として実現するにとどまり、実現された機能の相互関係などについて教授学的な検討が行われているとは言いがたい。つまり、従来と同じ学習活動を単にコンピュータ上で実現したに過ぎず、様々な文章理解研究から明らかになった学習促進の条件を十

分に反映させる構成とはいえないのである。

　また、従来のプログラム学習で実現されてきた学習目標に照らした診断機能を持つ言語学習教材は少なく、学習者の自由な利用、つまり「自律学習」（北村ほか1999）を前提としている。したがって、学習に関わる様々な機能が実現されているものの、その利用は学習者の主体的な判断に委ねられている。これは、Gagne（1979）らにより提案されてきた学習階層段階や系列化などが考慮されておらず、学習を促進する適切な教材構造を十分に備えているとは言い切れない。さらに、学習に対する評価、およびフィードバックが十分には行われていないことも問題点といえる。

　現在、コンピュータ利用による言語学習教材は、通信技術の応用分野として開発され、従来よりも利便性や操作性は格段に進歩したといえる。しかし、教授学的な理論からの十分な裏づけがないため、「どのような学習を支援するのか」、また「その目標達成のために何をすべきか」が明確にされていない。そのため、学習者、および指導者から好意的に受け入れられている状況とはいえ、教育現場でのコンピュータ利用教材の実践報告も非常に少ない状況である。

　そこで、効果的な言語学習教材を設計するためには、従来から提唱されてきた学習階層段階、および学習活動の前提条件を十分に検討した上で、新しい言語学習パラダイムを提案していくことが必要とされる。そのためには、外部から与えられた知識を内面化するだけでなく、学習者自身の主体的な活動により、既有知識を他の学習領域に発展的に使用する学習活動の支援も含むべきであるとされる（小林1997）。このような状況を改善していくには、学習目標とする「知識の性質」とその「習得過程」を支援する条件を詳細に吟味し、システム環境として実現していくことが求められる。

　本研究では、「開かれた学習環境（Open-Ended Learning Environment）」の実現に向けて通信技術を利用する立場（飯吉2002）をとり、認知的学習理論とインストラクション・デザインとを関連させた教材設計理論を提案する。さらに、開かれたeラーニング環境において学習者の認知的な負荷を軽減させ、より能動的な知識獲得活動を促進するための教材設計、および開発をすすめていくことを目的とする。

2.6 結言

本章では、インストラクション・デザインの視点から、文章理解に関わる様々な言語情報、および図示情報を整理し、関連性のある学習環境を実現するための日本語教材設計の指針を明らかにした。2.3 節では、近年の教材設計における行動主義から構成主義への教授理念の変化について概観した。2.4 節では、複数の実証的実験から明らかにされた文章理解の促進要因を「文章教材の設定」と「学習過程の段階制御」の 2 点から整理を行った。さらに、2.5 節では、現在、開発されている言語学習教材の特徴を概観し、効果的な日本語教材設計のための前提条件としてまとめた。

第3章
認知言語理論に基づく談話理解

3.1 緒言

1970年代から、コミュニケーションを目的とした言語学習が、「特定の目的のための英語教育（English for Specific Purpose）」とともに盛んに提唱されるようになった。また、談話分析や語用論研究などが、コミュニケーションを目的とした言語学習上の実践的な問題を解決する理論として注目を集めるようになった。このような新しい言語研究を背景に、コミュニケーションを言語学習上の目的とすることには、多くの語学教授者の間でも基本的な一致が見られている。しかし、この考え方を教材構成に生かそうとする場合、コミュニケーションの複雑な仕組みの解明と談話を扱う能力を養成する教授手段を考え出すことが求められてくる。つまり、コミュニケーションの能力とは「何」であるか、また、学習者のコミュニケーション能力を最もよく伸ばすためには「いかに」すべきかについて新たな枠組みが必要とされている。

そこで、本章では、学習支援対象とする「研究論文講読」とは何かを、「学習目的」の観点から定義し直すとともに、その構造的な特徴を明らかにするための談話分析の手法、および談話法についても概観する。加えて、読者の談話理解が活性化される条件を認知言語理論である「関連性理論」を踏まえて検討を行う。

3.2 言語教授理論の変遷

従来の構造言語学では、意味は意味論で扱われ、言語形態の中に記号化されて組み込まれていると考えられてきた。したがって、コミュニケーション能力の習得とは、言語の抽象的な知識の獲得、つまり形態をコードとして身につけることとされた。このような言語理論に基づいた教授法では、言語項目の段階づけは言語構造の複雑さや構造上の類似性という観点から行われており、しかも現実のコンテクストから切り離されて教えられていた。

しかし、1970年代から、コミュニケーションを目的とした言語学習が、「特定の目的のための英語教育（English for Specific Purpose）」との関わりで提唱されるようになった。また、談話分析や語用論研究が盛んに行われ、コミュニケーションを目的とした言語学習上の実践的な問題を解決する理論として注目を集めるようになった。このような言語運用に着目した言語理論、すなわち語用論では、言葉の意味は発話行為（Speech Act）遂行の中で言語が持っている可能性が現実にあわせて見出されるという立場をとる。したがって、言語の意味は、「言語の形態に本来的に備わっている意義」と「コンテクストという外的な要素」のかかわり合いから生まれてくるとされる。このような立場をとることから、語用論は「話し手や書き手が発話や文章に託したメッセージを聞き手や読み手がいかにして解釈するか」という談話解釈の学と定義されている（今井 2001）。

語用論の中でも、関連性理論は、コミュニケーションにおける談話解釈の枠組みを与えるものとして注目を集めている。関連性理論では、読者がいかにしてコンテクスト上の要因を考慮して妥当な解釈に到達するのか、また著者が意図したコンテクストに関わる仮定を読者はいかに選択するかについて有力な仮説を提示している。この理論を言語教育に応用し、コミュニケーションの能力とは「何」であるか、また、学習者のコミュニケーション能力を最もよく伸ばすためには「いかに」すべきかについて新たな枠組みを提案することが可能であると考えられる。

以下、3.2.1節では、コミュニケーションにおける言語用法と言語使用という2種類の概念の違いが説明される。また、従来の言語学習においては主

に言語用法が重視されてきたことについても述べる。続く 3.2.2 節では、言語使用を目的とした言語学習を成り立たせるための条件について論じる。

3.2.1 　言語学習における言語使用と言語用法の区別

言語学習においては、統語知識を用いて正しい文を作り出す能力が含まれるが、それは言語能力の一部でしかないとされる。むしろ、コミュニケーションを重視した言語学習においては、特定のコンテクストにおいて、どのような文を用いれば適切かを見極める能力を習得することも含まれる。つまり、言語の習得においては、孤立した言語単位として正しい文を産出したり、理解したりすることを学ぶだけでなく、コミュニケーションの目的のために様々な文を適切に用いることを身につける必要がある。

　このような能力の区別は、古くから指摘され、ソシュールのラング (Langue) とパロール (Parole)、あるいは、チョムスキーによる言語能力 (Competence) と言語運用 (Performance) にも関連している。前者は、言語用法 (Language Usage) と呼ばれ、言語体系 (Language System) についての抽象的な言語規則に関する知識の提示である。一方、後者は、言語使用 (Language Use) とされ、文や文の一部を実際のコミュニケーションにおいて効果的に使用できることを意味する。

　言語用法と言語使用は正常な言語行為において自然に一致するものとされる。しかし、Widdowson (1978) では、外国語授業における言語用法と言語使用の提示例を考察し、言語用法と言語使用が別個のものとして扱われる傾向があることを指摘している。実際、外国語の授業では、言語組織 (Language System) を成り立たせている規則が様々な文においてどのように例示されているかを教えるために言語項目が選ばれてきた。例えば、新たな文型の導入において、教授者が現実場面で使用する可能性が極めて低い「あなたは外国人です」という文を提示する場面が見られる。このような活動は、正しい文を作る能力の習得を目標とした一連の規則の用い方を示す例であって、意味のあるコミュニケーション活動の一例として位置づけられない。

3.2.2　言語使用に基づく教授内容の決定

言語用法に基づいて教授内容が決定される場合、それぞれの言語項目が持つ構造的複雑性や類似性を原則として段階づけが行われる。したがって、言語用法を重視した学習においては、言語教授者は、言語資料に含まれている語彙と文法構造を教えることが主要な仕事であり、それらを教えれば、学習者がコミュニケーションに必要な能力が獲得されると考えられている。しかしながら、このような教授では、普通に言語を運用する場合では無視している様々な特徴に学習者の注意を向けさせることになり、自然な言語学習の機会を阻害しているともいえる。

一方、言語使用と関連づけた教授内容の選択では、特定のコミュニケーションにおいて言語項目が持つ価値を反映させた段階づけが必要となってくる。つまり、言語項目の段階づけが特定のコミュニケーションで用いられる構文の価値を反映することが重要となってくる。そこで、言語使用に結びつけた教授内容の選択・提示を行うためには、まず第1に、コミュニケーションが行われる言語の使用領域を特定することが必要である。つまり、使用領域を考慮し、それに基づいて言語項目の選択、段階づけ、および提示を行うことが求められる。そのためには、目標とするコミュニケーションの特質を明らかにし、それを特徴づける内容の設定が行われることが前提となる。これらの条件を満たすためには、従来からの構造言語学に基づいた「言語用法」の教授だけでなく、談話における意味解釈を明らかにする語用論に基づいた「コミュニケーションの解明」がなされなければならない。

3.3　談話法に基づくコミュニケーション理解

文を超えた言語、つまり談話の持つ規則性は、談話法と呼ばれる意味的な規則（結束性・整合性）によって決定される。言語表現が解釈される文脈は談話の進行に伴って構造化され、動的に変化する構造としてとらえられている。したがって、意味を明らかにするためには、言語表現に顕在化しない言語使用者の意図、共有するタスク領域（非言語的文脈構造）なども考慮する必要がある。このような談話構造を明らかにする試みとして、談話分析が注

目を集めている。談話分析では、結束性と整合性という2種類の概念を用いて、談話の特徴を「構造的」ではなく「意味的」に明らかにすること目的としている。

以下、3.3.1節では、まず、言語使用では談話を対象とすることが述べられ、さらに、談話構造を明らかにする談話分析の手法が説明される。同時に、談話の特徴を決定する整合性と結束性という2つの概念についても説明する。3.3.2節では、整合性により、談話構造を階層的木構造として表現する分析手法について述べる。

3.3.1　文章理解における談話法の解明

従来からの言語学習では、文法的な文と非文とを分別する違反不可能な文法規則を中心的な学習内容としてきた。文法理論は文(Sentence)という言語単位を仮定し、その統語構造と意味解釈を定める規則の理論化を行ってきた。

一方、言語使用では複数の文からなる談話を対象としている。この談話について、形式的・機能的意義を発見し、そこに共通する談話法を理論化する手法は談話分析(Discourse Analysis)と呼ばれている。この談話分析では、談話の自然さ、わかりやすさを統御する違反可能な優先規則を解明することを目的としている。実際の文章理解では、この談話法と文法の双方を統合することによって、文法が残す多義性を文脈利用により解消することが求められている。

このような談話構造を明らかにする試みとして、Haliday & Hassan (1976)では、「結束性(Cohesion)」と「整合性(Coherence)」という2つの概念を用いて分析を行っている。結束性とは、様々な「言語手段」を使っての談話の言語的つながりを示す。例えば、「言語手段」としては、指示表現、代用表現、接続表現などがあげられる。一方、整合性は、談話全体の「自然さ」あるいは「すわりのよさ」というような談話の「意味的なつながりの善し悪し」を意味している。この整合性を決めるのは言語要素だけでなく、読み手の常識、推論、連想など非言語的要素も含まれるとされる。

（1） 結束性（Cohesion）

結束性は、指示表現の解消などあらゆる「言語的なつながり」を定めたものとされる。具体的には、指示表現、代用表現、接続表現（明示的言語表現）、省略（非明示的言語表現）などが含まれる。Halliday & Hassan（1976）では、結束性として、1. 指示（Reference）、2. 代用（Substitution）、3. 省略（Ellipsis）、4. 接続（Conjunction）、5. 語彙的結束性（Lexical Cohesion）の5種類の区分が提案されている。この分類のうち、1. 指示、2. 代用、3. 省略は閉じた系を含んでおり、明らかに文法的な性質を持つと考えられる。また、4. 接続は、後述する整合関係と深いかかわりを持つ。亀山（1999）では、Halliday & Hassan（1976）の分類をさらに整理し、(1) 指示表現、(2) 代用表現、(3) 文の情報構造の3点として以下のように整理している。

a. 指示表現（Referring Expression）

指示表現の主なものとして、固有名詞、確定詞や修飾詞などを付加した普通名詞句、「こ・そ・あ」などの指示名詞句、およびゼロ代名詞などが含まれる。上述のHalliday & Hassan（1976）の分類では、指示（Reference）、省略（Ellipsis）、さらには語彙的結束性（Lexical Cohesion）などを含めた内容となる。例えば、固有名詞では、同一語、上位語、反意語を用いることにより、テキストの異なる箇所同士が結びづけられ、結束性が高まると考えられる。

b. 代用表現（Substitution）

表層文レベルで先行する言語表現に代わる浅い素性を表す表現である。例えば、形式名詞の「の」、「もの」あるいは「こと」などがあげられる。あるいは、動詞の代用表現としては、「そう」などがある。

c. 文の情報構造（Information Structure）

結束性を表す言語手段は、語句の単位に限らず、文全体の統語構造やイントネーションなども含まれる。例えば、日本語の格助詞「は」と「が」、語順などの統語的選択は、旧情報・新情報というコンテクストの様相を反映していることなどが指摘できる。

（2） 整合性（Coherence）

1970年代から1980年代にかけて、談話の意味は、談話を構成する言語単位

（発話文や文）の意味の集合でなく、これらの言語単位を結ぶ関係的意味（Relational Meaning）の解明に重点を置くべきであるという主張がなされている。この関係的意味を明らかにすることによって、2つの隣り合う文（言語単位）をより大きな単位としてまとめ、さらに、談話全体の構造を階層的な木構造としてあらわす手法も提案されている。しかしながら、談話が一般的に木構造を持つことは多くの研究者が合意するが、その構造化の概念、および手法については様々な提案が行われている（亀山 1999）。

現在、提案されている代表的な概念として、Grosz & Sidner (1986) の意図・目的構造 (Intentional Structure)、Hobbs (1990) の整合関係 (Coherence Relation)、および Mann & Thompson (1987) の修辞関係 (Rhetorical Relation) などがある。

例えば、Mann & Thompson らの修辞関係理論では、テキストの文間、および節間に、「主張と根拠」、「命題と例示」、「時間的系列」、「列挙」、「詳細説明」という意味的な関係が定義されている（Mann & Thompson 1987）。また、日本語においても、文の連接類型として市川 (1978) が以下のような3分類をあげている。

1. 順接型、逆説型＝論理的結合関係
2. 添加型、対比型、転換型＝多角的連続関係
3. 同列型、補足型、連鎖型＝拡充的合成関係

本研究では、研究論文の大局的な構造を明らかにするため、Hobbs (1990)、および亀山 (1999) らによって提案された整合関係をもとに関係づけを行う。さらに、談話全体の構造が整合関係で結ばれた木構造として構造化するための手法については、3.3.2 整合関係の談話構造の分析において詳しく述べる。

a. 問題設定 (Figure-Ground)
2つの記述 S_i と S_j の間に何か共通した事物の時空的変化やつながりを表すときに成立する関係を指す。後述する類似関係や因果関係よりも一般的で制

表 3-1　談話分析のための整合関係

	整合関係
(1) 問題設定 (Figure-Ground)	背景：設定 Si → 問題 Sj 設定：機会 Si → 成果 Sj
(2) 因果関係 (Causality)	因果説明：原因 Si → 結果 Sj 意義づけ：結果 Si ← 評価 Sj
(3) 類似 (Similarity)	並列：Si 、Sj 詳述：Si → Sj 例証：一般 Si ← 特殊 Sj 一般化：特殊 Si → 一般 Sj 対照：Si ⇔ Sj 例外：Si ← Sj

約が弱いとされる。代表的な例として、説話（Narration）などの時の進行に沿って展開する事のなりゆきなどの記述が該当する。さらに、設定・機会（Occasion）や背景（Background）などと呼ばれる時間的・時空関係など関係も含み、広い意味で弱い因果関係ともとらえることができる（Hobbs 1990）。

b. 因果関係（Causality）
ある特定の因果関係「Si が原因で Sj となる」が成立する場合に見られる関係である。複文内に見られる従属表現にも、また、文と文を結ぶ接続表現にも表れる。談話上の目的において、Si が Sj の間に含意関係（Si supports Sj）が存在する（亀山 1999）。その関係性によって、結果（Result）と意義づけ（Evaluation）に大きく分けられる。

（ⅰ）　結果（Result）：談話上の目的において、Si が Sj の間に含意関係（Si supports Sj）が存在する。Si は Sj の原因・証拠・動機・理由となる
（ⅱ）　意義づけ（Evaluation）：結果での Si と Sj の関係が逆転した場合である同様に含意関係（Sj supports Si）が存在する。Sj が先行する Si の原因・証拠・動機・理由となる

c. 類似関係（Similarity）

2つの記述事象 Si と Sj との間に、何か類似する事物、素性などが対応して確認されたときに確立する関係性である。類似を基にした類似関係（Resemblance）と、類似の否定である対照関係（Contrast）に大別される。

類似関係（Resemblance）
（ⅰ）並行（Parallel）：Si と Sj との間に（限定的な）類似性が存在する
（ⅱ）例証（Exemplification）：Sj が Si の例を記述する
（ⅲ）一般化（Generalization）：Sj が Si を一般化する記述を行う
（ⅳ）詳述（Elaboration）：Sj が Si をさらに詳しく述べる
（ⅴ）まとめ（Summary）：Sj が Si をまとめる

対照関係（Contrast）
（ⅵ）対照（Contrast）：Si と Sj との間に対照関係が存在する
（ⅶ）例外（Exception）：Si と Sj との間に例外関係が存在する

これらの整合関係はその記述事象 Si と Sj の特徴（限定的 Specific・一般的 General）と関係性（肯定性 Positive・否定性 Negative）から以下の表 3-2 に示すように整理できる。

表 3-2　類似関係の特徴

	限定的 specific → 限定的 specific	限定的 specific → 一般的 general	一般的 general → 限定的 specific
肯定的関係 positive	並列 parallel 詳述 elaboration	一般化 generalization まとめ summary	例証 exemplification
否定的関係 negative	対照 contrast 例外 exception	――	――

3.3.2　整合関係による談話構造の分析

談話の意味は、言語単位の意味の集合ではなく、それらを結ぶ関係的意味が加わって全体の意味が明らかになる。この談話構造を明らかにする試みとし

て、図3-1に示すような「ボトムアップ書き換え規則」を用いて、2つの談話節（文）間に何らかの整合関係を明らかにし、さらに大きな談話節としてまとめる手法がある。この手法では、各談話節一つ一つを動的に組み込むことによって、最終的にひとつの談話節としてまとめることが可能となる。さらに、新しい談話情報のつけ足しを可能なノードを右端辺に限定することで、時間列にそった動的な木構造の生成が可能となる（Polanyi 1988）。ボトムアップ書き換え規則に $j \neq k$ 隣接（談話節j、談話節k）という右端辺制約を加えたものが図3-1である。

```
1. 発話文i → 談話節i
2. 整合関係（談話節j + 談話節k）→ 談話節（j+k）
           j ≠ k  隣接（談話節j、談話節k）
```

図3-1　談話構造のボトムアップ書き換え規則

　この書き換え規則により、談話全体を、底辺の談話節（文）の列の上に整合関係で結ばれた中間段階の談話節も含んだ談話構造として定義することができる。したがって、談話構造として、図3-2に示すような中間段階の談話節が明らかにされ、それが段落と呼ばれる言語単位に対応することが指摘されている（亀山1999）。

　このように談話分析では、結束性と整合性という2種類の概念を用いて、談話の進行に伴って構造化され、変化する動的な構造を明らかにすることを試みている。これらの分析手法を「研究論文」の構造分析に適用し、日本語コンテンツの構成原理における内容理解の評価観点への応用を行う。さらに、次節では、言語表現に顕在化しない論文著者（言語使用者）の意図、共有する非言語的文脈構造など考慮して「研究論文」の特徴を検討する。

3.4　研究論文の談話構造理解

研究論文は首尾一貫した論理的な態度で記述されているため、その講読は、専門分野の基礎的知識や研究能力を身につける重要な活動と位置づけられて

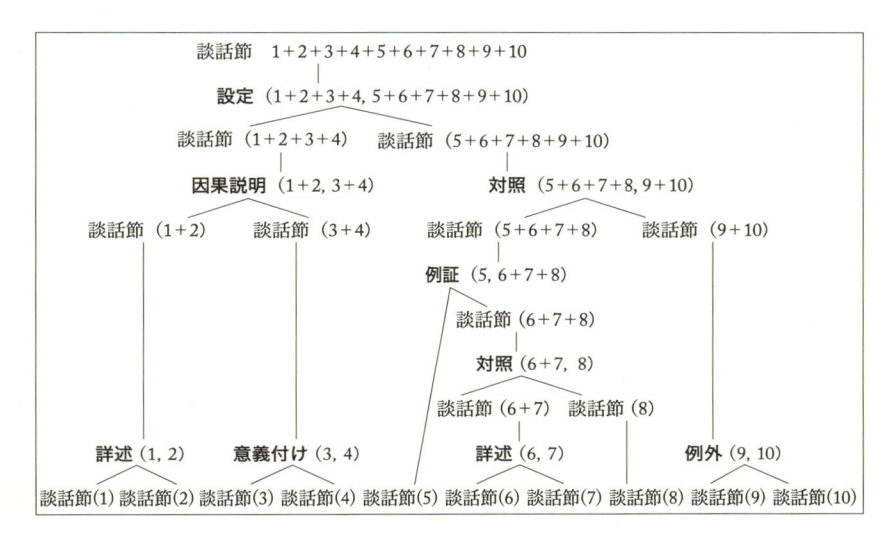

```
談話節  1+2+3+4+5+6+7+8+9+10
          |
        設定 (1+2+3+4, 5+6+7+8+9+10)
       /              \
談話節 (1+2+3+4)    談話節 (5+6+7+8+9+10)
  因果説明 (1+2, 3+4)     対照 (5+6+7+8, 9+10)
  /         \           /              \
談話節(1+2) 談話節(3+4)  談話節(5+6+7+8)  談話節(9+10)
                        例証 (5, 6+7+8)
                           談話節(6+7+8)
                           対照 (6+7, 8)
                         談話節(6+7) 談話節(8)
  詳述(1,2)  意義付け(3,4)  詳述(6,7)    例外(9,10)
談話節(1)談話節(2)談話節(3)談話節(4)談話節(5)談話節(6)談話節(7)談話節(8)談話節(9)談話節(10)
```

図 3-2　談話構造例

いる。しかし、論文を読みこなすためには、その分野において特徴的に見られる典型的な文章構造を理解し、さらに、文章を構成する修辞的表現や結束的表現についての知識を持つことが理解の前提となる。また、文章情報だけでなく、図表、チャートなどの図示表現による情報提示にも注意を向け、その情報を有効に利用することも必要である。つまり、研究論文の講読では、様々な情報を統合し、著者が発展させたいと望む「パターン」や「つながり」などを含めた重要な論点を「見定める」ことが求められている（Moriarty 1997）。

　そこで、3.4.1 節において論文著者の表現意図の観点から、研究論文における各構成部分（序論・方法・結果・議論）のもつ言語的構造を明らかにし、典型的な修辞的表現、結束表現とともに整理を行う。また 3.4.2 節では、研究論文における図示情報の果たす役割と特徴について述べる。

3.4.1　研究論文の構成

Swales & Feak (1994) では、研究論文の特徴として、読者を引きつけ納得させるための方略 (Strategy) と学術的な文章で用いられる修辞法 (Rhetoric) が

バランスよく用いられているとしている。この修辞法とは、研究論文で使用される表層的表現の特徴だけではなく、文章の論理展開も含む内容にかかわるものである。したがって、研究論文の講読においては、修辞的表現が用いられる特徴的なパターンを、使用される場面や文脈、つまり、各構成部分（序論・方法・結果・議論）と関連づけた理解がなされる必要がある。

研究論文の典型的な構成パターンとして、IMRD形式（序論 Introduction、方法 Method、結果 Result、議論 Discussion）が知られており、各構成部分の特徴をその構成様式とともに整理したものを表3–3に示す。

表3–3　学術論文の各構成部分の特徴

	目的	構成様式（修辞的表現）	内容
序論	専門分野で研究を位置づけ著者と読み手の情報ギャップを埋める	記述型（一般→特定） ①文による定義 ②対照による定義 ③比較による定義 歴史的：概念の時間的変化 共時的：複数の専門家見解 目的型（問題→解決） ④問題―解決	1. 研究領域確立 　問題の言明・背景 　先行研究 2. 地位（niche）の確立 　自分が導出した問題 　先行研究への疑問 3. 地位を占める 　研究目的（リサーチクエスチョン） 4. 観察・結果の簡潔記述
方法	他の研究者が実験、計算を再現可能な記述	過程（順序） ①過程の記述：順序・列挙	性質に応じた見出し：方法、材料、検体、手順、
結果	手続きの帰結として起きた事柄の説明	説明 ①記述・観察 ②データ解説	1. 実験の実施理由 2. 実施内容の記述 3. 記述・観察 4. （限定的）解釈
議論	効果の生じた理由・経緯の説明	説明（特定→一般） ①比較による解釈（類似） ②対照による解釈（相違）	1. 結果解釈 　予想と実際との比較・対照 　他者の結果との比較・対照 2. 研究の限界 3. 将来の有益な分野

（1）序論

序論の目的は、論文の理論的根拠を述べ、研究についての概念を与えるとさ

れる。つまり、著者と読み手の情報ギャップを埋めることを目的として、問題の言明と解決によって得られる利益を示し、さらに、主題についてこれまでどのような研究が行われてきたかについて説明がなされる (崎村 1998)。研究論文の序論では、分析や議論のための場面設定が行われる。この主題の特定において、「一般―特定 (General)」と「問題―解決 (Problem-Solution)」といった構成様式 (修辞的表現) が用いられる場合が多い。

　前者の「一般―特定 (General)」では、主題にかかわる情報を整理し、複雑な概念の定義や分類を示すことができる。この場合、一般的に比較による定義 (Comparative Definitions) を用いて、専門分野の鍵となる用語がおかれている複雑な状況が説明される。基本的に 2 つのアプローチがあり、(1) ある概念が時間とともにどう変化したかを説明する方法 (歴史的アプローチ) と (2) 今日の専門家間での見解の相違を概観する方法 (同時的アプローチ) である。

　一方、後者の「問題―解決 (Problem-Solution)」では、現状に疑問を呈することによって、解答の可能性として研究の意義を主張することができる。具体的には、間接疑問文の形式をとるリサーチ・クエスチョンにより、主題に関わる争点および現象を「問題化」する。このような手法により、著者の問題提起力と洞察力を示すことが可能となる。

(2)　方法

方法の目的は、自らの行った手続きを包括的に首尾一貫した形で、正確に記述し、他の研究者がその実験、計算、あるいは統計分析を再現可能とすることである。したがって、行った手続きの性質に応じて、「方法」、「材料」、「検体」、「手順」などの適切な見出しが選ばれる。また、一般的には、小見出しごとに別個のパラグラフが構成される。

(3)　結果

結果の部分では、実験の直接の結果、一定の計算のための図像や数値、観察から導かれる直接の推定が述べられる。結果は、記述・観察の領域に属し、「行った手続きの帰結として何が起こったか」という事実の報告にとどめる

べきとされる。したがって、具体的な内容としては、以下の4項目があげられる (Moriarty 1997)。

(ⅰ) 実験の実施理由
実験（計算、その他）を行った理由を読者に告げ、実験がどのような目的のために役立つかを明らかにする。結果と序論の間の橋渡しとなる。

(ⅱ) 実施内容の記述
実施理由に対して実験、および分析からの応答を与える。この情報は、結果と方法を関連づける。

(ⅲ) 記述・観察
一連の実験における観察から明らかになった事柄を報告する。表、グラフ、図示などを用いる。

(ⅳ) 限定的解釈
結果において最も限定的な結果や決定できる事項を特定して述べる。広範囲な解釈は「議論」の部分に譲る。

(4) 議論
議論の部分では、序論で論じた主題との関わりから結果解釈を行う。つまり、結果に固有の「特殊」な傾向を論じることから出発し、仮説および他者の結果との比較・対照をとおして、次第に一般化を行っていく。したがって、結果の性質の一般的な記述を含む以下の3つの方法に従って、結果の構造化が行われる (Moriarty 1997)。

(ⅰ) 結果解釈
出発点（仮説）と終点（結果）の間に介在している事柄、および現象を説明するために「予想されていた結果」と「実際の結果」との比較・対照を行う。このような展開では、議論は主要な結果の要約から始め、序論で取り上げた諸点と結びつける。一方、「自分の実験から得られた結果」と「他者の結果」との比較・対照では、文献の総括から議論のセッションが始められ、他者の結果との比較において、得られた結果の一般化が行われる。

(ⅱ) **研究の限界**
結果の質を評価し、自分の研究の限界を示す。
(ⅲ) **将来の有益な分野**
構造（形態的な要素）、機能・作用、および進化・成長（より長期間）などの観点から結果の全体的、あるいは一般的な意義について論じる。

3.4.2　研究論文における図示情報

研究論文における図示情報は、本文の主張を支える意味のある根拠を視覚化し、理解を助けるために使用されている。したがって、チャート、表、図式、線画、写真などは、意味のあるデータを客観的に量的に表示することに限定して用いられている。これらの図示情報の研究論文における役割とその形態的な特徴の2点から整理を試みる。

（1）　図示情報の役割

研究論文は、題目、図、著者名、要旨、結論、本文の順に読まれる場合が多く、早く正確に図表から情報を読み取ることは、論文内容の効率的な把握に役立つことが繰り返し指摘されている（Moriarty 1997、中島・塚本 1996、杉原 2001、山崎ほか 1992）。中島・塚本（1996）では、研究論文を冒頭から一字一句精読するより、論文で使用されている図に留意し、視覚情報を活用して論文の話題展開を把握する読み方が紹介されている。このように図表は短時間で複雑な情報量を正確に伝達でき、研究論文の主張を支える根拠を視覚化する重要な手段として位置づけられている（Moriarty 1997）。したがって、チャート、表、図式、線画、写真などの図示情報は、意味のあるデータを効率的に、また客観的に表示する目的で限定して用いられている。

　しかし、あらゆる場合に図示情報が必要なわけではなく、その使用は表現すべき内容との関わりにおいて使用すべきか否かが判断される。例えば、言語情報を用いても単純な質的な関係は記述できるが、複雑で質的な関係では図表を使ったほうがより適切に表現できる。したがって、図示情報は、その使用目的が「正確な数値」であるか、あるいは「量的なパターン、および過程」であるかによって適切な形態が選択される。図示情報は、研究論文の著

者の使用目的と描写される関係の種類によって、以下の表3-4のように整理される（出原ほか1986）。

表3-4 図示情報の使用目的と特徴

	使用目的	関係の種類	典型例
数表	正確な数値の提示 詳細なデータ比較	時間系列 変数の関係(項目順序性)	・時刻表 ・周期表、分布表
図	時間系列的な変化・過程量 的関係（パターン）の提示	時間系列 変数の関係(項目順序性)	・円グラフ、棒グラフ ・折れ線グラフ
線図	関係性の表現	空間的関係 順序関係 全体－部分関係 (因果・接続・依存・合成)	・地図 ・流れ図、 　フローチャート ・装置図、組立図
線画	複雑な対象物の特徴・性質 の強調 作用・手順の説明	空間的関係 全体－部分関係 (因果・接続・依存・合成)	・写真

（2） 図示情報の特徴

図では、意味要素を表す記号として、文字、数字、各種の弁別図形、対象と相似な図形など幅広い表現が用いられる。これらの要素群を視覚的に結びつけるために、配置、指示機能、および形態的特徴が用いられる。さらに、複数の関係表現を組み合わせて、要素間の関係性の強さや階層性などを表現することも可能となる。

　図示情報の特徴は、表3-5に示すような5形式としてまとめられる。さらに、これらのうち、2つ以上の系の特徴を合わせ持つ、地図、三面図、KJ図などの複合系も使用されている（出原ほか1986）。

表3-5 図示情報の形態的特徴

	構成手法	例
配列系	複数の部分集合間の対応を表現関係のある要素群として規則的に並べる 遠近配置：関係要素を近くに配列 配列配置：関係要素群を規則的に配列	・相関表：ソシオ・マトリックス、リーグ戦表 ・行列表：複式簿記、元素周期律 ・配列：魔方陣、数式の記法
連結系	関係のある要素群を直接線分で結ぶ部分集合の形成	・分岐図：樹状図、系統樹 ・網図：リニアグラフ、系統図 ・流れ図：フローチャート
領域系	関係のある要素群の占める領域を線分などで指示し部分集合の形成	・位相領域図：集合図、分割図 ・計量領域図：クラスター分析、配置図、ボロノイ線図
座標系	座標上の位置関係から要素群の関係を、分類カテゴリ、意味の順序配列、数量化、空間により把握する	・棒型：1次元棒グラフ ・面積型：1次元円グラフ ・2次元直交座標：棒グラフ、折れ線グラフ、点分布
形象系	関係構造のおおまかな表現 全体的特徴・概略的な関係性の把握 同型性・アナロジーを利用 詳細な要素間の関係を含まない	・実世界から抽象した形象群、幾何学図形、略図

3.5 関連性理論

前節までは、学習支援対象としての研究論文の構造的な特徴を概観した。本節では、近年、認知言語理論として注目を集める「関連性理論（Relevance Theory）」に基づいて談話理解における読者要因について考察を加える。

関連性理論（Relevance Theory）は、Sperber & Wilson (1986) によって提案された認知的アプローチに基づくコミュニケーションのモデルである。このモデルでは、著者の伝達意図の推測を読者側に可能とさせる原理を探求するものである。つまり、談話解釈に際して読者がコンテクスト上の要因をどう考慮して妥当な解釈に到達するのか、また、どのような基準でコンテクスト情報が選択されるかについて「関連性の原理」を用いた理論化を試みている。

ここでのコンテクスト情報とは、環境について人間が持つ知覚（視覚、聴

覚、触覚)、およびあらゆる知識(記憶、一般的知識、信念)が含まれる。この理論では、読み手の「頭の中から取り出された」記憶や一般常識などの想定(Assumptions)に対して言語解釈に「関連性をもつ」情報としての積極的な役割を見出している。

　実際の文章理解の場面では、著者がその文を用いて伝えようと意図したメッセージを、読者がコンテクストを参考にしながら推論によって把握する。その場合、著者の伝達意図について読者が仮説を立てやすいように著者側から手がかりが提供されているのである。つまり、多様な現象を対等に扱わず、ある特定の現象に他の現象よりも注意を多く払おうとする選択が働くのである。

　特に、関連性理論では、言語解釈において、符号化された意図の「解読的意味」を得ること、およびそれを解釈する「推論」の2つの過程を仮定し、その際に、読み手が最適な関連性をもつ情報を重視するとしている(今井2001、Sperber & Wilson 1986)。このように関連性理論では、「言語が解釈される過程」を読者の認知的な働きに関わる原理から説明している。

3.5.1　関連性の原則 I (Cognitive Principle of Relevance)

関連性の原理 I は、「人間の認知は関連性を最大にするように働く性格を持つ」という人間の認知一般に関わる原理である(Sperber & Wilson 1986)。談話解釈において、人間が頭に思い浮かべる様々な想定(Assumptions)を「認知環境(Cognitive Environment)」と呼び、この認知環境を改善するような情報を求めていると仮定している。その際、なるべく不必要なコストを払うことなく、できるだけ多くの認知環境の改善をもたらす情報を得ようとするのである。そのため、談話解釈において認知環境を改善する効果の高い情報に注意を多く払おうとする選択が働くのである。

　したがって、その場合、「認知効果が高い」とは、以下の3つの方法でコンテクスト情報と相互作用するときである。

(ⅰ)　新しい想定の獲得
(ⅱ)　不確かな想定の確定化

（ⅲ）　誤った想定の放棄、代わる正しい想定の獲得

したがって、「関連性が高い」とは、認知効果の大きさ（認知環境の改善程度）と認知効果を受けるために必要なコストとのバランスの上に成り立っているといえる。

3.5.2　関連性の原則Ⅱ (Communicative Principle of Relevance)

関連性の原則Ⅱは、「すべての顕示的伝達行為はそれ自身が最適な関連性を持つことを当然視している旨を伝達している」というものである（Sperber & Wilson 1986）。この原則Ⅱは、原則Ⅰよりも、コミュニケーションの成立に密接に関わり、最適の関連性の当然視（Presumption of Optimal Relevance）とも呼ばれている。

関連性の原則Ⅱによれば、実際の伝達場面を成立させるには、情報の受け手が、送り手からの談話情報を「顕在的刺激（Ostensive Stimulus）」であるとし、その解釈のために努力することが前提条件となっている。また、情報の送り手も、自分が発した談話が最適の関連性を持つことを当然として、コミュニケーションに参加しているのである。このような前提は、コミュニケーションにおける「最適の関連性の当然視」と定義することができる。また、ここでの「顕在的刺激」とは、送り手と受け手の能力と選択が許す範囲において最も高い関連性を持つ情報であり、以下のような特徴を持つとされる。

（ⅰ）　顕在的刺激は受け手がそれを解釈する努力を払うに値するだけの関連性を持っている
（ⅱ）　顕在的刺激は送り手の能力と選択が許す範囲において最も高い関連性を持つ

関連性の原則Ⅱでは、関連性の原則Ⅰで定義されたような人間の認知に基づいた「理想的な伝達」が常に行われるとは限らないことを指摘している。むしろ、原則Ⅱでは、情報の送り手と受け手の間で行われるコミュニケー

ションは、その参加者の能力と選択において顕在的な性質を持つことを改めて定義しているのである。

3.5.3 認知環境の改善への条件

前節において概観したように認知言語理論は、「発話が解釈される過程とその過程を支配している原理を明らかにする」という言語使用の側面を明らかにする学問であるといえる。その中でも、関連性理論は、「談話解釈に情報の受け手による推論が不可欠かつ大きな役割を果たす」という立場を明確にしている。また、伝達の根底に「関連性の希求」という生得的に備わった原理が存在することを明らかにしたことも意義深いとされる(今井2001)。これは、人間が談話理解において多様な現象を対等に扱わず、ある特定の現象に他の現象よりも注意を多く払おうとする性質を適切に説明しており、この理由から、コミュニケーション研究において多くの研究者の注目を集めている。

このように関連性理論では、言語的刺激のみを扱うのではなく、すべての顕在的な刺激、すなわち意図的伝達のために用いられる刺激が認知環境(Cognitive Environment)を改善するためとしている(Carston 1999)。このような視点から論文理解を考えた場合、論文に存在する様々な情報の中からどの情報が顕在的刺激となりうるかは、情報の送り手からと受け手の相互作用において決定される。つまり、顕在的刺激は、論文の読み手の能力と選択が許す範囲において最も高い関連性を持つ情報が選択されるのである。したがって、言語能力の不足した外国人留学生が情報の受け手となる場合は、送り手(著者)の図示情報や文章表現の伝達的意図が十分に伝わらない可能性も考えられる。

このような関連性理論の枠組みを日本語学習コンテンツの設計に応用した場合、認知環境を改善する顕在的刺激とは何か、つまり、伝達意図の仮説を立てるための手がかりが何であるかをまず明らかにする必要がある。さらに、その顕在的刺激にどのような著者の伝達意図が含まれているかを読者側に推測させる原理を「学習・教授方略」として明確にすることが求められる。

外国人留学生への研究論文の講読指導では、様々な想定から適切な解釈を選び出す方略、および条件を検討することとなる。具体的には、論文理解において、読み手と書き手の間で解釈コストを最小限とする顕在的刺激を、学習環境、および読者要因との関わりにおいて特定することが行われなければならない。その上で、最適の関連性と持つ刺激を実際に「論文理解」にどのように利用するかを、「学習・教授方略」として明らかにすることが求められる。

　一方、実践的な言語教授理論からは、図表などの非文章情報が読み手と書き手の間の顕在的刺激として位置づけられている (Silberstein 1994)。この仮説を裏づけるものとして、文章理解に関わる人間の認知を明らかにする心理実験が行われ、図示情報が関連性を持つ顕在的刺激である可能性が示されている (Harp & Mayer 1997、Mayer & Anderson 1992、Mayer et al. 1995、1996)。しかし、これらの知見を教材設計に生かすためには、教授方略としての図示情報の利用を考案し、さらに、その方略が実際に認知環境を改善するか否かを実証的に検証することが必要となる。

3.6　結言

本章では、学習支援対象とする「研究論文講読」とは何かを、「学習目的」の観点から定義し直した。さらに、談話分析の手法、および談話法により、研究論文の構造的特徴を明らかにした。

　また、Sperber & Wilson (1986) によって提案された関連性理論に着目し、談話理解におけるコンテクスト情報の選択基準を明らかにした。さらに、この理論を研究論文理解に適用し、読者の談話理解が活性化される条件について検討を行った。論文理解支援のための教材設計に応用するためには、読み手と書き手の間で解釈コストを最小限とする顕在的刺激を、学習環境、および読者要因との関わりにおいて特定することが必要となる。

　一方、実践的な言語教授理論から、図表などの非文章情報が読み手と書き手の間の顕在的刺激として位置づけられている。この仮説を裏づけるものとして、文章理解に関わる人間の認知を明らかにする心理実験が行われ、図示

情報が関連性を持つ顕在的刺激である可能性が示されている。

　これらの知見を教材設計に生かすためには、教授方略としての情報利用を考案し、さらに、その方略が実際に認知環境を改善するか否かを実証的に検証することが求められる。また、実際の読解場面における図示情報の利用を「学習・教授方略」として明らかにすることも必要である。

第 2 部
日本語教材モデルの提案と検討

第4章
日本語教材設計モデルの提案

4.1 緒言

本章では、インストラクション・デザイン (Instructional Design) に基づいて、談話理解に関わる様々な言語情報、および図示情報を整理し、関連性のある学習環境を実現するための日本語教材設計モデルとして提示する。まず、4.2節では、外国語教授における言語能力の測定研究、および言語能力テストを概観し、文章理解能力の定義を行う。さらに、認知言語理論から論文理解のための読解方策、および学習項目をまとめ、日本語教材設計モデルとして提案する。4.3節では、4.2節の日本語教材設計モデルと対応づけて、具体的な教材構成法について述べ、4.4節では、文章理解の評価法をまとめる。

4.2 日本語教材設計モデルの提案

新しい教授設計理論に基づく日本語教材を提案するために、4.2.1節において従来から行われてきた外国語教授法の問題点を整理する。4.2.2節では、外国語教授において、言語能力の測定研究、および言語能力テスト開発研究を整理し、文章理解能力について論じる。続く、4.2.3節では、教授設計理論を外国語教育に応用し、文章理解（読解）のための読解方策、および学習項目を体系的に整理することにより、日本語教材設計モデルとして提示する

ことを試みる。

4.2.1　従来からの言語教授法の問題点

これまで行われてきた教授方法では、コミュニケーションを行う言語能力よりも「読む・聞く・書く・話す」などのコミュニケーション技能を分離し、特定の言語技能に習熟するための練習が行われてきた。これらの4つの技能は、表4-1のようにまとめられる。

表4-1　言語学習における4技能

	算出的・能動的 Productive／Active	受動的・能動的 Receptive／Passive
聴覚媒体 Aural Medium	話すこと Speaking	聞くこと Listening
聴覚媒体 Visual Medium	書くこと Writing	読むこと Reading

　伝統的な外国語学習では、言語データは構造的複雑性に基づいて注意深く選択され、また段階づけがなされて徐々学習者に与えられる方法がとられてきた。その結果、外国語学習教材も、このような伝統的な基準に基づいて作成されてきた。その典型的な構成としては、一つの教材はいくつかの単元からなり、その単元ごとに「目的とする技能」とは切り離されたセッションが準備されている。そして、このセクションでは主に、「目的とする技能」の習得とは関係のない「言語用法」に重点をおいた活動が行われるのである。

　例えば、文章読解教材では、まず、文章中の個別の文に初歩的な完成・転換・変形などの操作練習を行わせ、それ以上準備もなく、初見の文章についての要約文を書かせる練習が続くなどの例が見られる。しかし、この例のように要約文を「書く」という複雑な活動を行うための準備段階として、「書く」活動と関係のない言語用法の練習が習慣的に行われている（Widdowson 1978）。例に示したような伝統的言語学習では、談話解釈のための技能を相互に関係づけることなく切り離し、その練習自体が言語学習の目的であるような印象を与える。また、それぞれの活動が談話理解能力を養成するという

目的の下に体系的に位置づけられていないことも問題とされる。

　このような学習項目を「分割・分離」する教授法に対する反省から、「談話を解釈する」言語運用能力の養成を目指した読解指導も提案されている。Widdowson (1978)、および Silberstein (1994) は、言語学習における「教科志向のアプローチ」を提案している。これは、他の学習領域と言語学習を結びつけることによって、学習者に言語学習が難解で不要な知識の集大成ではなく、実用的なコミュニケーションの手段として提示できると主張する。このように外国語をコミュニケーションの手段として実際に使用することを通じて、限られた分野であっても、その分野を扱う言語使用能力として習得されるのである。つまり、言語組織 (Language System) が用いられる文脈、その場の状況によりさまざまな機能を果たすことが学習できる点を強調している。読者に外国語学習とその他の教科との関連を認識させること、すなわち、他の教科からの動機づけの利用や適切な話題の選択により、読者の興味を喚起する環境を作り出すことが可能となる。

　このような立場から、読解教材として学習者にとって必要度の高い専門分野の文献を選ぶことにより、専門教育への橋渡し教育として「言語教育」を位置づけることができる。また、実際に、専門文献の講読を経験させることにより、学習者に専門研究でどのような言語知識が必要であるかを認識させることができるのである。つまり、現実から切り離された「言語学習」ではなく、専門研究のための「コミュニケーション手段」の獲得を目指す学習環境を提案することが可能と考えられる。

4.2.2　認知言語理論に基づく文章理解能力の定義

日本語教材設計においては、言語学習目標に関わる抽象的なレベルから、様々な学習活動において要求される知識・技能のレベルまで具体化することが必要である。まず、一般的な言語学習の枠組みからの専門分野の論文を講読するために必要な知識を特定し、それを文章理解のプロセスと関連した具体的な知識、あるいは技能として記述することを試みる。

　特に、コミュニケーションを重視する外国語教授では、文章理解における知識と技能の区別が提案されている。つまり、「文章理解」能力を、言語使

用に関する知識(Knowledge)と、その知識を実際の文章理解場面において適応する技能(Skill)からなると定義し、一つの包括的(Global)能力ではなく、いくつかの独立した下位能力から構成される複合的(Integrated)能力として捉えている(Canale & Swain 1980、Canale 1983)。このような枠組みは、言語能力の測定研究の検証結果からも支持され、さまざまな言語能力テスト開発にも引き継がれている。

4.2.3 総合的言語能力の分類

単文を超えた談話を対象とした文章理解では、どのような能力が必要となるのだろうか。この問いに対して、総合的な言語能力の測定法研究から、言語能力の定義とそれを測定するための方法論が提案されている。

その中でも、1960年代から総合的な言語能力測定法として、クローズ法(Cloze Method)が言語教育において利用されてきた。この測定法は、Taylor, W.L. (1953)によって開発された空所補充テストとして知られ、その後、母語話者の読解力、さらに英語教育における総合的能力測定法として研究されてきた。Oller (1979)は、クローズ法で測定される言語能力が、TOEFLなど標準化が行われ評価が確立している外部テストとの相関比較が高いことから、総合的な言語能力の測定が可能と主張している。さらに、このような様々な言語活動に共通する言語能力を「予測文法(Expectancy Grammar)」とよび、クローズ法は、この「総合的な言語能力」を測定する手段として研究が重ねられてきた。

門田・野呂(2001)では、Bachman (1982、1985)を参考に、クローズ法において、削除される言語項目の機能を整理し、4段階の分類を提案している。すなわち、クローズ法による言語知識として、統語的能力、結束的能力、整合的(方略的)能力、一般的(スキーマ)的能力の4基準を明らかにしている。これらの言語能力の規準とその特徴をまとめたものが、図4-1である。

図4-1に示した統語的能力は、1文内、または節内での文字、語彙や句の理解など文法的関係を把握する能力である。また、結束性は、1文内、あるいは隣接する文の関係について理解する能力である。これらの統語的能力と結束的能力は、統語的・局所的拘束性に依存した言語情報についての知識で

あり、「言語用法」に関わる能力とされる。
　一方、整合的能力は、1文を超え、談話全体の構造的規則性を見出す高次の読解能力に関わるといえる。また、一般的知識も整合的能力とあわせて、「言語使用」で用いられる能力と考えられる。

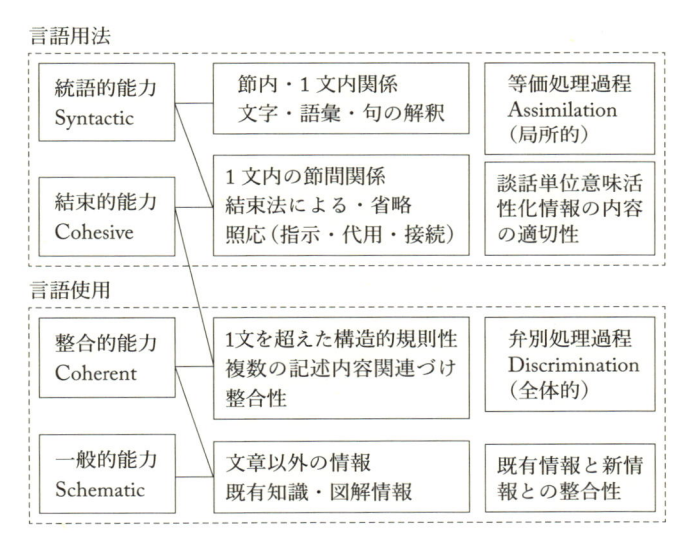

言語用法

| 統語的能力 Syntactic | 節内・1文内関係 文字・語彙・句の解釈 | 等価処理過程 Assimilation （局所的） |
| 結束的能力 Cohesive | 1文内の節間関係 結束法による・省略 照応（指示・代用・接続） | 談話単位意味活性化情報の内容の適切性 |

言語使用

| 整合的能力 Coherent | 1文を超えた構造的規則性 複数の記述内容関連づけ 整合性 | 弁別処理過程 Discrimination （全体的） |
| 一般的能力 Schematic | 文章以外の情報 既有知識・図解情報 | 既有情報と新情報との整合性 |

図4-1　言語知識の4基準

4.2.4　前提知識の分類

図4-1に示したように、統語的能力、結束的能力、整合的能力、一般的能力の4基準が、具体的な言語活動を支える総合的な能力構成として提案されている（門田・野呂 2001）。実際の談話理解において、つまり、単文を超えた談話を対象として、これら4つの基準から文章理解をすすめる場合、どのような知識が必要となるのであろうか。ここでは、総合的な言語能力を「一般的な談話理解」から「特定分野の文章理解」に適用する場合に必要な言語知識について考察を行う。特に、先に述べた言語能力基準との関わりにおいて「文章理解」に必要な言語知識の体系的な整理を行い、言語学習を規定する要因として抽出する。具体的な分類は、図4-2に示すとおりである。

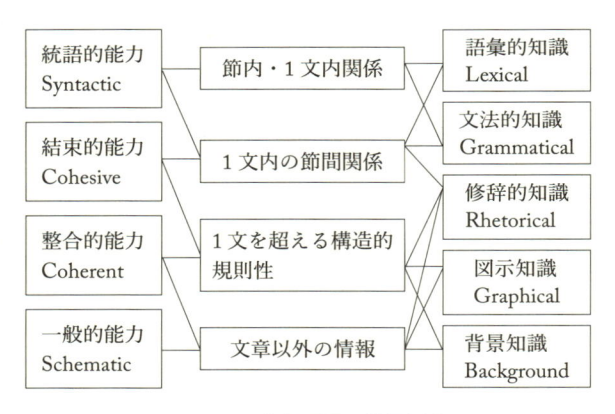

```
統語的能力              語彙的知識
Syntactic    節内・1文内関係    Lexical

結束的能力              文法的知識
Cohesive    1文内の節間関係    Grammatical

整合的能力    1文を超える構造的    修辞的知識
Coherent      規則性          Rhetorical

                          図示知識
                          Graphical

一般的能力    文章以外の情報    背景知識
Schematic                 Background
```

図4-2　文章理解の前提知識

(1) 統語的能力

文章において、文字上の意味を解釈することが「どの程度正確にできるか」に関する能力である。つまり、語彙(Vocabulary)、語活用(Word Formation)、文変換(Sentence Formation)、発音(Pronunciation)、表記法(Spelling)、言語的意味(Linguistic Semantic)などの言語記号の形式と法則に関わる能力を意味する。中でも、専門用語や漢字などの知識を含む「語彙的知識」と、言語形式の操作に関わる「文法的知識」が、文章理解において重要な下位知識と考えられる。

(2) 結束的能力

まとまりのある文章を理解するために、言語形式と意味を組み合わせる能力をいう。つまり、どのように文を構成して「より意味のある単位」を構成するかに関わる能力とされる (Richards & Weber 1985)。つまり、文法的関係や語彙的関係から、個々の節、句、文などの文法的な言語単位をどのように関連づけて解釈するかに関する能力である。具体的には、代名詞、同義語、接続詞、省略などを用いて個々の文を結びつけ、ひとつの構造と機能を持った単位 (Text) としてまとめあげることに関わる。さらに、日本語においては、助詞「は」と「が」、語順などの統語的選択も、結束性を表す言語手段として位置づけられる (亀山 1999)。したがって、結束的能力では「語彙的

知識」と「統語的知識」が下位知識とされる。さらに、整合的能力とも関わる文と文の関係を表す「修辞的知識」も含まれる。

(3) 整合的能力
文章全体の意味は、文章を構成する言語単位（文）の意味の単なる集合だけにとどまらない。これらの言語単位を結ぶ関係的意味（Relational Meaning）が加わってはじめて全体としての意味をなすとされる（亀山 1999）。このような言語単位間を結ぶ関係的意味（整合関係）を認識する能力を整合的能力とよぶ。これらの整合関係は、結束的情報を使用して決定する場合と、意図・目的面からの決定する場合に大別される。

接続詞などの言語的つながりを重視した場合は、結束的情報である「語彙的知識」、「統語的知識」が利用される。一方、意図・目的面では「修辞的知識」および、文章の内容に関わる「背景知識」が利用される。さらに、著者の表現意図や視点を反映させた図表を理解するための「図示知識」も利用される（Silberstain 1994）。

(4) 一般的能力
一般的能力は、文章理解に必要な内容に関わる「背景知識」を利用する能力と考えられる。また、研究論文に特徴的な表現としての「修辞的知識」についての理解が必要である。加えて、学術雑誌や研究論文は学問領域によって形式が異なるとされるが、同時に、研究論文の目的と構成については、共通点を持つことが明らかにされている（Huckin & Olsen 1983、Silberstein 1994）。例えば、研究論文の各部分（序論、方法、結果、議論）は、その統一性や一体性をもつことが知られている。さらに、関連する事柄の全部にわたって包括的な記述と説明を与えることで、各部分ごとに構造的な首尾一貫性が保たれるとされる。したがって、特定の分野に特有の「伝統的約束」や「修辞上のパターン」に習熟することが重要であるとされる（Silberstain 1994）。さらに、効率的に著者の表現意図や視点を把握するために「図示知識」の積極的な利用も効果的であると考えられている（Moriarty 1997、中島・塚本 1996、杉原 2001、山崎ほか 1992、Silberstain 1994）。

以上のように、文章理解においては、言語情報を利用するための知識として「語彙的知識」、「統語的知識」が利用される。一方、意図・目的の情報を利用するためには、「修辞的知識」や「背景知識」さらには「図示知識」が利用されると考えられる。

4.2.5 文章理解に関わる読解方策

前節で述べた文章理解を規定する「言語知識」との関係から、読解方策（Reading Strategy）の分類を試みる。言語知識は、「文章理解」のための前提条件とされ、言語学習を規定する要因とされる。一方、「読解方策」は、前提となる知識をどのように活性化させるか、また、新たな知識を選択的に獲得して体制化や統合化を行う情報処理過程で用いられるとされる（Weinstein & Mayer 1986）。また、外国語学習においても、1970年代から「優れた読者（Good Reader）」の特性を明らかにするための記述的調査がなされてきた。この初学者から経験者へと「技能や知識の熟達化」の過程は「第二言語習得過程モデル」として記述が行われてきた（Anderson 1976、1983、1991、Bialystock 1978、Clark & Clark 1977、Faerch & Kasper 1983、Rubin 1975）。これらの第二言語習得過程モデルでは、情報処理モデルの影響を受けて、言語学習に関わる要因が、入力、知識、出力の3つの階層的レベルから記述される。また、モデル構成要因は、情報の伝達過程を示すために不可欠な「情報処理過程（Information Processing）」と随意的な「言語学習方策（Language Learning Strategy）」とに区別されている（Bialystock 1978）。

「言語学習方策」とは、このような言語習得モデルにおいて、言語の熟達を促進するための随意的な方法（Optional Means）と位置づけられる。Anderson（1991）では、文章上の新情報を獲得、貯蔵、検索する場合に、読者が援用する意図的な認知手段と定義している。また、Kirby & Cantwell（1988）も、言語技能（Skill）と対照することにより、言語学習方策は情報過程における意図的選択や意思決定という認知作業過程に深く関わるものと定義している。つまり、言語技能（Skill）は「特定の課題を遂行するための既存の認知的ルーティン（Routine）」であり、言語学習方策は、「そのような認知的ルーティンを選択したり、組み合わせたり、再構築するための手段」と

している。このように言語学習方策は、認知プロセスにおいて、その知識を使用するかについて意図的な選別と意思決定を行うこととされる。さらに、読者自身の認知プロセスを制御・調整することにも深く関わる。したがって、文章理解においては、すべての読み手に有効な「読解方策（Reading Strategy）」を明らかにするよりも、読者の熟達度、あるいは利用される場面との関係から、適切に読解方策を援用するための知見を明らかにすることが求められている（門田・野呂 2001）。

　本節では、文章理解の前提となる知識と関連づけて、図 4-3 に示すように読解方策の整理を行った。実際の日本語設計にあたっては、この分類に基づき、読者要因と相互関係をさらに詳細に検討する必要がある。また、複数の読解方策についても、それらを効果的に組み合わせて読解過程を援用するための条件を明らかにすることが重要となる。このような条件を明らかにし

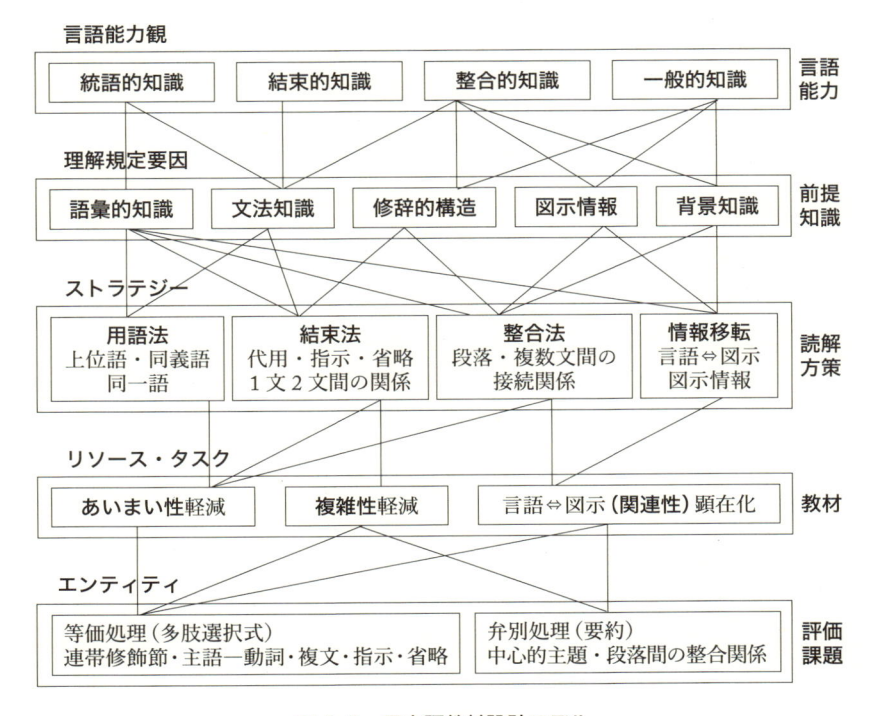

図 4-3　日本語教材設計モデル

た上で読者に提示する「文章教材」、および理解を促進する「学習課題(Task)」として、日本語教材の設計を行うことができる。

4.2.6　日本語教材設計における読解方策
（1）　用語法（用語方策）

研究論文理解において、専門用語や漢字などの知識を含む「語彙的知識」を効果的に用いるための学習方略である。文章理解において読者が行う方略としては、語彙推測、品詞からの文法範疇の認定、語族や語形成からの意味認識などがあげられる（門田・野呂 2001、Barnett 1989）。これらは、文章全体の理解よりも局所的理解に関わる読解方策として位置づけることもできる（Block 1986）。

　特に、Moriarty（1997）が指摘するように、研究論文では、専門分野の読者を対象としているため、概念の記述において、簡潔な用語や外来語のカタカナ表記が選択され、一般的に経験が浅い読者にとってわかりにくい場合が多い。これらの文章理解上の困難点について、適切な助言を行うことが求められる。

（2）　結束法（結束的方策）

結束法（結束的方策）とは、研究論文理解において、言語形式と意味を組み合わせる能力を促進するための学習方略をいう。つまり、指示表現、代用表現、接続表現などの言語手段を理解し、どのように独立した文を組み合わせて「より意味のある単位」が構成されるかに関わるものである（Haliday & Hasan 1976）。これらは、用語法と同様に、文章全体の理解よりも、むしろ局所的理解に関わる読解方策として位置づけられている。

　研究論文の文構造は、入れ子構造や従属節などを用いて表現されており、その解釈にあいまい性を含んでいる。したがって、これらの複雑な構造により表現された1文は、同じ情報量を複数の短文をつらねた形に変形することによって、複雑性やあいまい性を軽減することが可能となる（Widdowson 1978, Moriarty 1997）。

（3） 整合法（整合的方策）

整合法（整合的方策）とは、研究論文理解において、コンテクスト（Context）に照らして言語情報を解釈する過程を促進する学習方策である。したがって、結束法による言語的文脈（Co-Text）と常識、推論、連想など非言語的状況（Situation）を統合するための方策とされる（亀山 1999）。これらは、用語法と同様に、文章全体の理解よりも、むしろ局所的理解に関わる読解方策として位置づけられている。

Barnett（1989）の読解方略の分類によれば、概要把握読み（Skimming）や検索読み（Scanning）などの概略理解は、全体的理解に関わる読解方策として位置づけられる（Block 1986）。

（4） 情報移転（図示情報利用法）

論文に含まれる情報のすべてが、談話情報を生み出す通信手段であり、その解釈対象を純粋な言語現象に限る必要はないとされる（亀山 1999）。つまり、論文理解においては、様々な情報を利用して、重要な論点を「見定める」ことが求められている。その情報伝達の有効な方法として図示情報があり、著者の表現意図や視点を把握する手段として位置づけられる（Moriarty 1997、中島・塚本 1996、杉原 2001、山崎ほか 1992、Silberstain 1994）。また、「関連性理論」の立場からも、図示情報が読者と著者者の間で解釈コストを最小限とする顕在的刺激（Ostensive Stimulus）として認識され、有効な情報伝達の手段として位置づけられる（今井 2001、Silberstein 1994）。このような図示情報を活用した読解方策は、2つに大別される。

一つは、スキーマ理論に代表される認知的学習理論に基づいて、図示情報により読者の「既有知識」を活性化させる方策である。これは、文章の概要を把握するために、図示情報を概要把握読み（Skimming）や検索読み（Scanning）のための情報として利用する方法ともいえる。

もう一つは、文章情報の内容を詳細に理解することを目的として、言語情報と図示情報の項目相互の関係を読み取る方略である（Silberstein 1994）。このような活動では、図示情報を単なる視覚的補助とは捉えず、理解していることを自然な形であらわしていくための手段とする。したがって、言葉で表

示された情報をグラフや表を使って示すことにより、図示情報を自然な文脈との関わりにおいて解釈することが可能となる。これにより、コミュニケーションが成立する言語環境に照らして非言語的形態を解釈する能力を促進するとされる。

本節では、日本語教材(エンティティ)として具体化するために、文章理解に関わる様々な言語情報、および図示情報を使用するための読解方策を整理し、日本語教材設計モデルとして提示することを試みた。4.2.3 節では言語活動一般に関わる総合的な能力構成について述べた。4.2.4 節では、文章理解に必要な言語知識を体系的に整理し、4.2.5 節では読解方策についてまとめた。

4.3 日本語教材設計におけるの教材構成法

4.2 節の日本語教材設計モデルで記述された条件をどのように実現するかという教材構成法について述べる。特に、Widdowson によって提案された言語運用能力の養成を目指した指導法との関わりから、4.3.1 節では、読解練習用の文章が備えるべき特徴についてまとめる。さらに、4.3.2 節では、読解練習のための文章教材、および練習問題の提示方法について学習過程の制御という視点から検討する。また、コミュニケーションを遂行するために必要な学習者のもつ非言語的側面についての知識とそれを関連づける練習についても言及する。具体的な教材構成法は「文章教材の設定」と「学習過程の段階制御」の 2 点から論じる。

4.3.1 文章教材の設定

4.2 節で論じた日本語教材設計モデルの前提知識に対応した文章教材の選択、および難易度の操作について述べる。これは、学習者側に文章理解に必要な「前提知識が十分に備わっていない場合、文章の難易度をどう操作するか」、および「どのような文章を選択するか」という観点から具体的な教材構成法について述べる。

（1） 文章教材の難易度の操作

一般的に、読解用の文章は、抜粋（Extracts）とそれらに手を加えた書き直し（Simplified Version）や書き下ろし（Simple Accounts）に分類される。実際の新聞記事や論文から抜粋した文章は「生（Genuine）」の例であるため、真のコミュニケーションの例、つまり言語使用と考えられている。しかし、Widdowson(1978)は、これらの文章において言語使用の練習が行われるか否かは、提示された文章そのものの特性に依存するのでなく、文章と読者との関係によって定義されるとしている。すなわち、文章に対して読者がふさわしい反応がなされるかに関係しているのである。つまり、読解学習では、文章に読者が興味を持ち、自分の持っている「言語用法」についての知識に依存しながら同時に「言語使用」についての知識を拡張することも行われなければならない。

このような目的を達成するには、読者の注意を引き付け、自然な言語使用としての現実性を与える環境が求められている。これは、単に生の教材に接触するだけでは成し遂げられない条件といえる。その方法として、抜粋を修辞的にひとまとまりの全体に組み込み、そのトピックが学習者の他の学習分野に関連するようにすることである。この工夫により、抜粋の文章にコミュニケーションとしての現実性を与える可能性がある。言語学習において、適切な「文章教材」を選択し、コミュニケーションの真性(Authentic)、つまり、真のコミュニケーションを学習者に経験させることができるとされる。

（2） 文章教材の選択基準

日本語教材としては、専門的な内容を扱った文章を取り上げようとする場合、対象とする留学生の専門分野が多岐にわたるため、それぞれに応じた日本語教育を行うことは予想以上に多くの困難を抱えている。そのため、実際の日本語の授業では、専門的な内容を扱う読み物や評論を取り上げるにとどまり、専門論文の講読にまではつながりにくい（深田 1994、深尾 1994）。一方、専門教官からは、一般的な読み物ではなく、むしろ早い時期から専門論文の講読をすすめたほうがよいという意見もある（辻井 1983）。

文章教材として研究論文を取り上げる場合、コミュニケーションとしての

現実性を与える素材を選ぶことが重要であるとされる（Widdowson 1978）。このような視点から考えると、研究論文の序論は、「多くの読者の注意を引き付け」、また「著者と読み手の情報ギャップを埋める」ために書かれており、専門分野に関わりなく多くの留学生が興味を持つ読解教材となる可能性がある。また、「序論」は、論文の執筆者が自らの研究を研究分野の中に位置づけ、研究の目的を明確にするという様々な研究分野に共通した役割をもつ。(Swales & Feak 1994)。一方、「結果・議論」では、「序論・方法」での内容を発展させており、その部分だけを取り出して読解教材として用いることは難しいと考えられる。また、「方法」では、専門によって形式が決まっており、様々な分野の留学生を対象とした読解教材にはなりにくい。したがって、「序論」は、様々な専門の留学生を対象とした日本語教育の読解教材として適切であり、また、学習効果も期待される。このように「序論」を教材として用いることにより、専門教育に向けた「自然な言語使用」を学習者に体験させることが可能なる。つまり、論文に特徴的な修辞的表現、および論理展開を実際の使用場面と関連づけて学ぶことができるのである。

(3) 用語法の難易度操作

文章教材が学習者にとって意味のある「文章」として扱われるための条件として、文章に含まれる言語用法の難易度があげられる。つまり、抜粋を文章教材とした場合、その文章で扱われている言語が難しすぎて読者の言語処理能力を超えることもあり得る。しかし、文章解釈は言語技能も備わっていることを前提としているため、提示教材に読者の理解を超えた統語構造や語彙項目が理解を妨げるほど多く含まれる場合、真のコミュニケーションの例、つまり言語使用となり得ないのである。このような難しい言語用法の対処策として、Widdowson (1978) は2つの方法を提案している。

a. 用語への注釈 (Priming Glossaries)

読者が文章を読み始める前に、語句とその意味のリストを与え、あらかじめ語句を体験させておく方法をいう。この方法は、練習用の文章に含まれる語彙が、読者の解釈能力を超えると考えられる場合に与えられる。この場合、2つ種類の意味の与え方が考えられる。一つは、言語用法（言語組織におけ

る言語要素としての定義）を与える方法であり、もう一つは言語使用（この文脈に限って持つ価値）を与える方法である。

b. 語彙項目への注釈（Prompting Glossaries）
実際に文章を読みながら、意味がわからない語彙がある度に、その文脈に結びつけて与えられる語彙の説明をいう。この説明は、文章の後に置かれ、困難な語彙に出会うたびに参照される。しかし、このような語彙注釈では、文脈にあった意味が自動的に与えられるため、読者が発見的に意味を見つけ出すという活動を行う機会が失われてしまうとされる。

（4） 複雑な言語構造への対応

抜粋を文章教材として用いた場合の学習上の困難点を解決するために、読者の語学能力にあった新しい文章を作り出す方法も試みられている。それが「書き直し（Simplified Version）」や「書き下ろし（Simple Accounts）」である。

a. 書き直し（Simplified Version）
原文の抜粋の語彙、および文構造を、読者の語学力内にあると思われる表現に置き換えて得られる文章をいう。この問題としては、命題の各要素の相対的な重要度が原文のものとは変わり、元の要素の機能が変わってしまう可能性が指摘される。これは、言語用法を書き直すとき、原文の歪みを回避することは難しく、また、書き直した文章は言語用法を例示する傾向を持つことによる。

b. 書き下ろし（Simple Accounts）
原文の持つ命題的展開および発話内的展開を書き換えることに集中し、言語用法よりも言語使用のほうをやさしくすることを指す。つまり、与えられたディスコースをもとに全く異なったディスコースを作り出すことである。例えば、複数の情報源をもとに、一般の人にわかりやすく解説した雑誌や教科書の文章などは、「書き下ろし」の例といえる。

（5） 言語難易度の操作方法

日本語能力の限られた外国人学習者が日本語の学術論文を講読する場合、文章を構成する一文の長さ、および、その構造の複雑さが内容理解に影響を与

えていることが報告されている（深尾 1994、山本 1995）。実際、外国人技術者を対象とした読解コースのアンケート結果からも、専門文献の講読上の困難点として、専門語彙よりも構文の複雑さや文の長さが上位にあげられている（山本 1995）。また、Moriarity (1997) によれば、研究論文は、専門家を対象として書かれているため、専門用語などを使用して、記述を簡潔に行う傾向がある。このような点も、留学生、および専門領域の知識をもたない語学担当教官にとって困難であると考えられる（深尾 1994）。

a. 複雑性の軽減

外国人学習者が日本語の学術論文を講読する場合、構文の複雑さや文の長さが困難点として上位にあげられている（山本 1995）。このように文章を構成する一文の長さ、および、その構造の複雑さが内容理解に影響を与えていることが報告されている（深尾 1994、山本 1995）。また、コンピュータ操作マニュアルの可読性の調査（高橋・吉田 1990、高橋・牛島 1991、浅野・小川 1991）からも、漢字語彙や数字などの字面要因だけでなく、文の長さや構造的な複雑性が、影響を与えることが明らかにされている。例えば、平均文節数、平均文長、重文・複文頻度、名詞修飾節（逆茂木文）の多用などが、理解を難しくする要因として指摘されている（高橋・牛島 1991、深尾 1994、山本 1995）。

b. あいまい性の軽減

Moriarty (1997) によれば、科学的な視点で書かれた研究論文は、専門家を対象としているため、簡潔な用語が選ばれ、また文を切り詰めて、重複する要素を省いているとされる。文章理解においては、専門用語のもつ意味を理解し、さらに、結束法を用いて、照応関係や省略を解消することが求められる。また、名詞修飾節の範囲の決定なども、あいまい性を含んだ問題として指摘される。

4.3.2　学習過程の段階制御

文章理解能力を養成する環境を実現するためには、読者の注意をひきつけ、自然な言語使用としての現実性を与える環境が求められている。これは、単に提示する教材の性質だけでなく、談話理解過程を促進する活動との関わり

においても実現が可能である。ここでは、4.2.5節で論じた日本語教材設計モデルの読解方策の部分に対応し、言語学習過程との関わりから文章教材、および練習課題の提示方法を整理する。

Widdowson (1978) では、読解練習用の文章教材、および練習問題の段階的接近法 (Gradual Approximation) を提案している。この方法を言語情報と図示情報の提示に応用し、学習過程で摂取 (Intake) する情報量の制御を試みる。

（1） 段階的接近法 (Gradual Approximation)
Widdowson (1978) は、読解練習用の教材の提示において言語情報と非言語情報 (図表) を組み合わせて、やさしいものから複雑なものへとすすめることを提案している。ここでは、言語情報は言語用法の基礎を与え、非言語情報 (図示情報) はコミュニケーションのコンテクストを与える役割を持つ。さらに、学習者の能力と談話の種類にあわせて提示する文章と図示情報との組み合わせを変えることができる。

さらには、提示する教材について (ⅰ) 最初の段階で提示する文の数、(ⅱ) 言葉の難易度、(ⅲ) 図の詳細度、(ⅳ) 文が図に依存する程度、などを操作することによって、特定の学習者に合うように調整できるとしている。つまり、非言語的・言語的作業の両面から、学習者が必要とする情報量、および難易度を調節することができるのである。このように段階的な文章教材の提示によって、学習者がしなければならない解釈作業の種類を制限し、その結果、言葉の困難さによる不適切な学習状況を避けることができる。加えて、量、および難易度の異なる課題 (Task) を複数準備することによって、学習者のレベルに応じて理解に必要な情報量を調整することが可能となる。

（2） 情報の移し変えによるコンテクスト理解
上述した段階的接近法では、段階に応じた情報の制御が行われるが、言語情報の書き換え、あるいは言語情報と非言語情報との情報の移し変えなどが行われる場合もある。以下の2つの例を提示する。

a. 非言語情報によるコンテクスト理解

Widdowson (1978) は、「地下水についてのコミュニケーション」の例として以下に示すような段階づけられた活動例を紹介している。特に、この方法では、学習者への情報の提示において、地図、表、図、式、グラフなどの非言語的表現 (Non-Verbal Representation) が談話理解のための適切な文脈を与える役割を果たすことを重視している。同様な活動例は、Silberstein (1994) でも行われている。

　まず、第1段階では、2つの情報源（言語・非言語）とそれを判断基準とする内容理解課題が提示される。まず、図の該当する部分を説明する文章とその内容を示す図が学習者に与えられ、さらに、内容理解課題として、図から読み取れる命題を表現した一連の文が示される。この文には、文章および図示情報と一致するものと一致しないものの両方が含まれる。学習者は、文章から情報を読み取り、図の該当する部分を参照することによって、語彙注解にとらわれず、命題文の正誤を判断することができる。続く第2段階では、正しい命題を表現している文を組み合わせ、やさしい「書き下ろし（要約）」を考案する活動が行われる。この書き下ろし文により、第1段階での判断の正確さ、また語彙の意味について立てた予測が確認されるのである。

　このような課題ごとに、その理解を確認する質問（設問）を準備することによって文章理解を段階的にすすめることが可能となる。

b. 図示情報への情報の移し変え (Information Transformation)

2.4.2節において論じたように、認知的学習理論においても、図示情報は談話理解を促進する情報と位置づけられている。言語学習の過程においても、地図、表、図、式、グラフなどの非言語的形態 (Non-Verbal Representation) が言語表現との関連でどのように機能するかが、談話解釈上の重要な点とされる。

　例えば、Silberstein (1994) では、談話（読解用文章）を読んで、「図に表示 (Label) をつけなさい。電流の流れを矢印で示しなさい。」など文章で述べられた情報を図表に書き込ませる解釈活動が紹介されている。このような言語情報から非言語情報への情報の移し変えは、言語による説明を理解しながら、それに基づいて図やグラフを完成することなど日常行う活動とも対応す

る。したがって、理解していることを自然な形であらわしており、単なる視覚的補助とは異なる。情報の移し変えは、コミュニケーションが生じる言語環境に照らして非言語的形態を解釈する能力と関わりをもつと考えられる。さらにまた、非言語的表現により情報を導入し、それを参照しながら文を組み立てたり、文章を書いたりする活動を展開することができる。このような言語から非言語、あるいは非言語から言語への情報移転は、談話理解における解釈能力の促進する効果が期待されている。

(3) 修辞的変形の練習

導入的な語彙注釈の代わりに、一連の文を理解し、その後これらの文を組み入れた文章を読むという段階的接近法を用いることができる。さらに、複雑な文構造についても、文法構造を理解させるための文変形練習（完成・転換・変形）と組み合わせて、同等とみなせる別の構造に置き換えることができる。この段階的な構成による文法練習を行うことによって、語彙や文法項目の言語用法の理解を実際に談話を理解する読解にまで発展させることができる。さらに、準備練習によって、学習者自らが「書き下ろし」文を作り出し、より難しい読解練習用の文章に取り組む準備をしていることになる。このように教授者によって、「やさしい書き下ろし」が学習者に提示されるのではなく、学習者自身が、完成・転換・変形など様々な操作を行って、理解を助ける「書き下ろし」を作り出すことが求められているのである。

4.3.3 質問形式による教材構成

言語学習理論、および認知学習方略の研究から、教えるべき学習内容については、その概要が明らかにされつつある。この学習内容を用いて、効果的な読解練習を実現するためには、適切な質問形式（Question-Based）を備えた教材構成が必要とされる。

　従来の CAI（Computer Assisted Instruction）開発においても、一方的な講義形式による学習形態ではなく、学習者の理解を逐次確認する「質問形式」が用いられてきた。質問形式は、次節で述べる「評価」の過程を含むことによって、学習者に応じた適切なフィードバック、およびさらなる学習支援が

可能となる。

4.4 日本語教材設計における理解評価

読解練習のために適切な質問を準備しようとする場合、談話理解に関わる言語能力・技能を整理した上で、学習者からどのような反応を求めるかについて論じる必要がある。言語学習においては、言語用法と言語使用が明確に区別され、それぞれに対応する質問が提案されている。言語用法参照の質問 (Usage Reference Question) では、文脈から切り離された語彙や文法の知識を扱うものである。一方、言語使用推論の質問 (Use Inference Question) は、読解能力に関わり、文脈から意味を推論する能力を問う課題である。これらの質問では、文章を談話として扱う読解能力を対象としている。この言語使用は、文が現れる順序に従って、即時的に談話を理解する等価処理 (Assimilation) と、主要な点を抽出し、相対的な重要度を決定する弁別処理 (Discrimination) に大別される。

4.4.1 言語用法参照の質問

言語用法を参照させる質問では、語彙や文法項目を理解して、文章中の特定の文に注意を向けさせるものである。つまり、質問文と文章中の文の意味がどのように関連しているかが理解できれば、正しい答えを出すことができる。したがって、読解用の文章を走り読み、語彙と文構造の面で質問に対応する文を本文から探し出すことが行われる。このような活動では、文全体の理解までは要求されておらず、文構造が関連しているという認識が求められている (Widdowson 1978)。

4.4.2 言語使用推論の質問

言語使用推論を問う質問では、文が表す命題、文がコンテクストの中で行う発話内行為に向けさせる。談話の中で文がどのように使われているか学習者が見出させるような課題が設定される。これは、文の構造的な理解ではなく、質問で問われている命題の持つ役割がいかなるものかが求められる。例

えば、命題が、例示や意味の限定、あるいは一般化などの価値を持つかを認識することであり、以下の2種類に分類される。

(1) 等価処理課題
等価処理課題とは、時間軸に沿って文章の価値を読み取る課題と定義される。つまり、前方照応的な語彙項目を解消し、接続詞の関係を手がかりに複数の文をまとめることなどが含まれる。これは、文の表層的な理解ではなく、質問で問われている命題の持つ役割がいかなるものか、つまり、例示や、意味の限定、あるいは一般化などの価値をもつかを認識することが求められている。具体的な課題例は以下の示すとおりである。

(ⅰ) 説明的な解き方の提示問題（Solution Exercise）
読解練習の文章中に説明的な「陳述（解き方）」を挿入し、学習者に考察を促すことを試みる。このような課題の目的は、文章の解釈に必要な筋道や考え方に積極的に取り組ませることにある。具体例としては、参照すべき文を特定した空欄補充問題や正誤判断問題などがある。

(ⅱ) 文脈を参照させる問題（Contextual Reference Exercise）
人称代名詞や関係代名詞のような前方照応を示す要素に対応する情報を読み取らせる問題がある。また、文脈がなければ意味が漠然としている「こと」や「もの」などの形式名詞句の内容を特定させる練習もある。このような練習は、文章の対応部分を特定することにより、文章の各部分を文脈から切り離し完結した陳述に変えていく作業とも考えられる。

(ⅲ) 言い換えによる問題（Paraphrase Exercise）
文脈中の同意的表現に焦点を合わせて、文章中の一部分（フレーズ）を他の表現に置き換え、意味がはっきりするように書き直す課題がある。これは、文脈中の同意的表現に焦点をあわせる練習である。

(2) 弁別処理課題
弁別処理課題では、陳述の正誤を対象とはせずに、相対的な重要性を基準にして命題や特定事項を選択する練習である。したがって、弁別処理としての

読解では、文章中のどの部分がまとまり、談話として一貫性を持つかを見極めることが求められる。具体的な例としては、複数の選択肢から、段落の要約として最も適切な陳述を選択させる問題や特定の事柄に関する陳述と一般的な事柄に関する陳述との違いを指摘させる問題などが考えられる。

(3) 読解課題のまとめ

このように言語教育の分野で様々な読解問題が用いられてきたが、それを機能面から再分類することを試みた。対象とした読解問題は、(1)言語用法参照の質問と(2)言語使用推論の質問に大別された。(1)言語用法参照では、質問に対応する文構造が関連しているところだけを認識し、本文全体の理解を問わないという特徴を持つ。

一方、(2)言語使用推論の質問は、文の構造的な理解ではなく、質問で問われている命題の持つ役割がいかなるものかを対象とする。この言語使用に関する質問は、「等価処理問題」と「弁別処理問題」に分けられる。等価処理課題とは、時間軸に沿って文章の価値を読み取る課題であり、前方照応的な語彙項目を解消し、さらに、接続詞の関係を手がかりに複数の文の内容理解が求められる。弁別処理課題では、相対的な重要性を基準にして命題、および特定事項を選択する練習である。

4.5 結言

本章では、教授システム理論の視点から、談話理解に関わる様々な言語情報、および図示情報を整理し、関連性のある学習環境を実現するための日本語教材設計モデルとして提示した。まず、外国語教授における言語能力の測定研究、および言語能力テスト開発研究を整理し、文章理解能力について論じた。さらに、認知的言語理論を教授設計理論に応用し、文章理解（読解）のための読解方策、および学習項目を体系的な整理を行った。これを日本語教材設計モデルとして提示した。

4.3節では、前節の日本語教材設計モデルと対応づけて、具体的な教材構成法を「文章教材の設定」と「学習過程の段階制御」の2点から整理した。

また、内容理解の評価観点との関わりから提示教材の難易度や学習上の困難点を軽減する具体的なタスク実現方法についても述べた。4.4 節では、言語能力の評価する質問として、言語用法参照と言語使用推論との区別について論じた。さらに、言語使用推論を用いた談話理解において、局所的な理解を問う等価処理課題と全体的な内容理解を問う弁別処理課題について具体例をあげて説明した。

第5章
日本語教材設計モデルの妥当性の検討

5.1 緒言

前章では、日本語教材設計においては、言語学習目標に関わる抽象的なレベルから、様々な学習活動において要求される知識・技能のレベルまで具体化して記述することを試みた。

本章では、日本語教材設計モデルにおいて記述された、研究論文講読のための知識、および、読解方策の妥当性を実証的に検討する。特に、「図示情報」の役割に着目し、文章構造要因、および読者（学習者）要因との関係において、文章理解に与える影響を複数の実験から明らかにすることを試みた。実験では、日本語教材設計モデル上の「情報移転（図示情報利用）」方策と、文章構造要因、および学習者要因との組み合わせにより、表5-1に示すような16実験を計画した。

研究論文を講読するために必要な知識、および読解方策の妥当性の検討において、文章構造要因、および読者（学習者）要因との関係を16実証実験により明らかにすることを試みた。

文章構造要因としては、言語要因の複雑性、あいまい性、および図示情報と文章情報の関係性などに着目した。また、文章理解の評価に関しては、2つの評価指標（等価処理・弁別処理）を用いて検討した。

読者（学習者）要因として、「日本語能力」と文章内容に関わる「背景知識」を取り上げ、日本人学生と外国人留学生の比較を行った。16実験は、実験

で扱う要因の種類によって図 5-1 のようにまとめられる。さらに、図 5-2 に示したような実験結果から、「図示情報」を内容理解に効果的に利用するための条件を導き出した。

表 5-1　実験における要因の整理

実験	読解方策	文章構造要因		読者(学習者)要因		評価
		図示	言語	言語能力	背景知識	
1	情報移転の有無	領域系解説図	原文	論文講読経験の有無 ・図示未経験群 22名 ・図示経験群　20名 ・非呈示群　　21名		等価処理／空所補充
2		配列系説明表				
3		座標系 1次元 棒グラフ		1年 16名 2年 22名	----	等価処理(文章再生) 多肢選択式
4					----	弁別処理(問題解決) 多肢選択式
5	図示情報呈示条件	領域系解説図		1年 16名 2年 22名	専門知識なし	等価処理(正誤判断) 情報源　・図のみ 　　　　・言語のみ 　　　　・図と言語
6		座標系 折れ線グラフ			専門知識あり	
7	図示情報呈示条件	領域系解説図		上位 15名 下位 15名	----	自由記述データから図示情報読み取り方略抽出
8		座標系 折れ線グラフ		上位 14名 下位 14名	専門知識あり	情報移転課題困難度分析
9	情報移転 ・呈示無 ・正確 ・不正確	領域系解説図		日本人 48名	情報系 22名 人文系 26名	等価処理(多肢選択)
10				外国人 41名	情報系 20名 人文系 21名	弁別処理(要約)
11	情報移転 ・正確 ・不正確			日本人 48名	情報系 22名 人文系 26名	等価処理(多肢選択)
12				外国人 39名	情報系 18名 人文系 21名	弁別処理(要約)
13	情報移転 ・正確 ・不正確	領域系解説図	原文の複雑性軽減	外国人 36名	長文群 23名 短文群 13名	等価処理(多肢選択)
14						弁別処理(要約)
15			原文の曖昧性軽減	外国人 35名	原述群 23名 詳述群 12名	等価処理(多肢選択)
16						弁別処理(要約)

第5章 日本語教材設計モデルの妥当性の検討　81

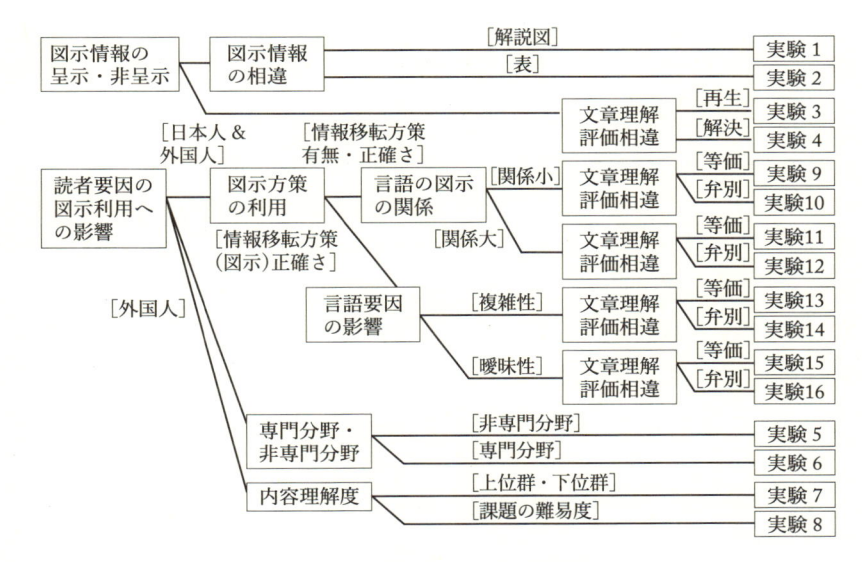

図5-1　16実験における要因の関係

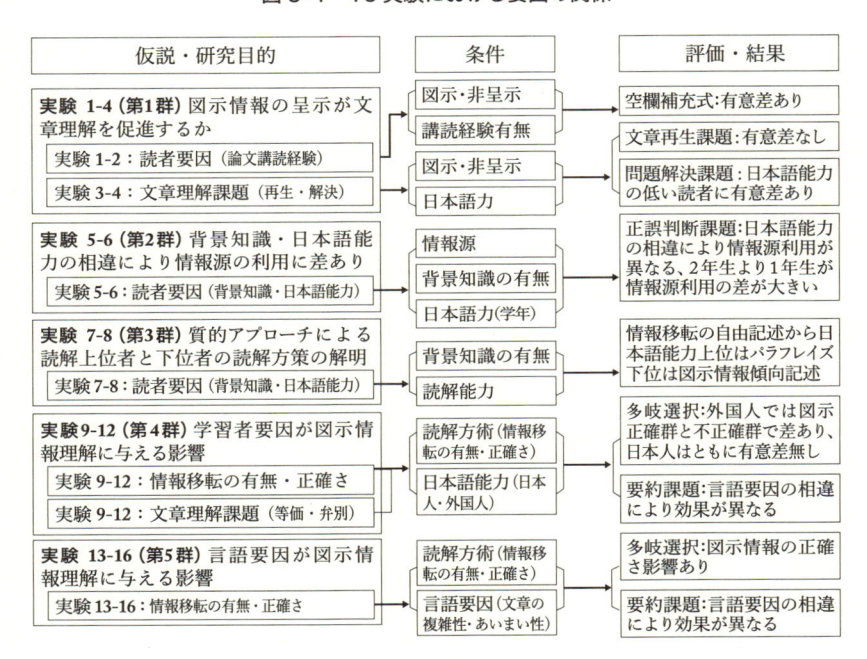

仮説・研究目的	条件	評価・結果
実験1-4（第1群）図示情報の呈示が文章理解を促進するか 実験1-2：読者要因（論文講読経験） 実験3-4：文章理解課題（再生・解決）	図示・非呈示 講読経験有無 図示・非呈示 日本語力	空欄補充式：有意差あり 文章再生課題：有意差なし 問題解決課題：日本語能力の低い読者に有意差あり
実験5-6（第2群）背景知識・日本語能力の相違により情報源の利用に差あり 実験5-6：読者要因（背景知識・日本語能力）	情報源 背景知識の有無 日本語力（学年）	正誤判断課題：日本語能力の相違により情報源利用が異なる、2年生より1年生が情報源利用の差が大きい
実験7-8（第3群）質的アプローチによる読解上位者と下位者の読解方策の解明 実験7-8：読者要因（背景知識・日本語能力）	背景知識の有無 読解能力	情報移転の自由記述から日本語能力上位はパラフレイズ下位は図示情報傾向記述
実験9-12（第4群）学習者要因が図示情報理解に与える影響 実験9-12：情報移転の有無・正確さ 実験9-12：文章理解課題（等価・弁別）	読解方術（情報移転の有無・正確さ） 日本語能力（日本人・外国人）	多岐選択：外国人では図示正確群と不正確群で差あり、日本人はともに有意差無し 要約課題：言語要因の相違により効果が異なる
実験13-16（第5群）言語要因が図示情報理解に与える影響 実験13-16：情報移転の有無・正確さ	読解方術（情報移転の有無・正確さ） 言語要因（文章の複雑性・あいまい性）	多岐選択：図示情報の正確さ影響あり 要約課題：言語要因の相違により効果が異なる

図5-2　実験の目的と得られた成果

5.2 図示情報の呈示効果の検証

実験1–4では、「図示情報」を呈示することが、外国人留学生の文章理解を促進するか否かについて実証的に検証した。5.2.1節では、実験1と実験2において、学習者要因として「研究論文の講読経験」を取り上げた。5.2.2節では、実験3と実験4において、日本語能力の異なる2学年を対象に2種類の文章理解課題を用い、図示情報呈示の効果を明らかにした。これら一連の実験結果から、図示情報の呈示効果は、論文講読経験、および日本語能力により異なることが明らかにされた。特に、日本語能力が低い読者群に対して、図示情報の呈示が内容理解を妨げる可能性が示された。

5.2.1 図示情報が内容理解に与える影響（実験1–2）

図示情報呈示の有無が内容理解に与える影響について検証するために、2種類の図示情報（解説図・説明表）について図示情報呈示群（図示群）と呈示しない群（非図示群）を設定して比較実験を行った。図示情報は、実験1では解説図を、実験2では説明表を用いた。

（1）目的

実験1と実験2では、図示情報を呈示する群（図示群）と呈示しない群（非図示）を設定し、図示情報が内容理解に与える影響について「図示情報の呈示は文章の理解を促進するため、図示の有無によって内容理解が異なる」という仮説を検討した。

（2）方法

（i）被験者

日本の大学・大学院に在籍する外国人留学生63名を対象とした。日本語学習歴は、平均3年で日本語は上級レベルである。

（ii）テスト教材

情報処理学会論文誌に掲載された「災害緊急時におけるモバイルコンピューティングの活用」（『情報処理学会論文誌』40巻3号、p998–1005）の「第2

章 前書き」をテスト教材とした。前書きの部分は3小節からなり、それぞれが図示情報を含んでいる。図示情報の呈示効果を調べるため、表5–2に示すような2種類の教材テストを作成した。図示テストは、論文の図示情報とそれを説明した文章を含む「前書き」の部分をそのまま用いた。一方、非図示テストとして、最初（第1節の図1）と最後（第3節の表2）の図示情報を削除し、1つの表のみを含む教材テストを作成した。

表5–2　実験1・2のテスト教材の構成

図示テスト		非図示テスト
文章　図1 空欄補充問題	実験1 （第1節）	文章のみ 空欄補充問題
文章　表1 空欄補充問題	予備テスト （第2節）	文章　表1 空欄補充問題
文章　表2 空欄補充問題	実験2 （第3節）	文章のみ 空欄補充問題

論文の内容理解を調べるために、空欄補充問題を設定した。空欄補充問題は、文章から適切な言葉を選んで文章全体の要旨をまとめる課題（2問）である（Appendix 1参照）。第1問は、論文の枠組みに関する問題、第2問は、災害情報の時系列的変化に関する問題とした。また、被験者にモバイルコンピューティングに関する予備知識、論文講読経験、日本語学習歴などの背景知識についてもたずねた。

(ⅲ)　手続き

実験の実施は、図示群、非図示群ともに、調査用紙を郵送によって配布した。図示群42名、非図示群21名、合計63名の調査用紙を回収した。

(3)　結果

図示情報呈示群（図示群）は、学術論文の読解経験により、論文講読経験がないグループ（図示未経験群）と講読雑誌があるグループ（図示経験群）に層別化を行った。日本語読解能力を比較するため、予備テストとして用いた第2節の空欄補充問題の得点を比較したところ、表5–3に示すように、図示未

経験群、図示経験群、および非呈示群に有意な差は見られず、2つの呈示群と非呈示群は、ほぼ同程度の日本語能力を有すると考えられる。

表5-3　実験1・2の各群の得点（単位：点）

	実験1（解説図）	予備テスト	実験2（表）
図示未経験 （N = 22）	2.95 (2.06)	4.59 (1.10)	3.64 (1.56)
図示経験 （N = 20）	3.95 (1.90)	4.80 (0.41)	4.05 (1.50)
非呈示群 （N = 21）	4.62 (1.98)	4.85 (0.36)	4.05 (1.16)

（　）内は標準偏差

　次に、仮説「図示情報の呈示は文章の理解を促進するため、図示の有無によって内容理解が異なる」について検討する。表5-3は、各節ごとの内容理解度を示す空欄補充問題について、平均点と標準偏差を、呈示群未経験、呈示経験群、非呈示群別に示したものである。実験刺激は、実験1（第1節）では解説図とし、実験2（第3節）では表を用いた。その結果、実験1の解説図については非呈示群が呈示未経験群より平均点が有意に高かった（$t(41) = -2.77, p < .01$）。しかし、実験2では表呈示の有無によって内容理解に有意な差は見られなかった。

（4）　考察

仮説である「図示情報の呈示は文章の理解を促進するため、図示の有無によって内容理解が異なる」は、支持されず、図示が文章理解を促進するという結果は得られなかった。むしろ、実験1においては、解説図の呈示が空欄補充問題で示された文章理解を促進しないことが示された。この理由として、実験1の図1「災害時情報の時系列」（Appendix 1参照）では、具体例な日時を示して、災害時情報の優先度を示す内容であったため、本文全体の内容をまとめるものではなかったことが考えられる。したがって、図示群のうち、未経験者は内容全体をまとめる言葉より図で用いられた言葉を選びがち

で、文章全体を要約する空欄補充問題の得点が低くなったと考えられる。

また、実験1で用いた解説図（第1節）は、一般的に使用されている記号などを用いていないため、必ずしもわかりやすい図とはいえなかった。したがって、言語能力が限定され、学術論文の講読経験の少ない外国人留学生にとって、実験で用いた解説図は、内容理解を促進するよりむしろ妨げる要因となった可能性も考えられる。

実験1–4では、「図示情報」を呈示することが、外国人留学生の文章理解を促進するか否かについて実証的に検証した。5.2.1節では、学習者要因として、「研究論文の講読経験」を取り上げた。次の5.2.2節では、日本語能力の異なる2学年を対象に、2種類の文章理解課題を用いて図示情報呈示の効果を明らかにする。

5.2.2　日本語能力と図示情報の影響（実験3–4）

実験1と実験2の比較実験の結果から、図示が必ずしも内容理解を促進しないことが明らかになった。また、論文の講読経験者よりも未経験者に対して、図示は文章理解を妨げる可能性が示された。そこで、Mayer et al. (1996)、およびCaplan & Schooler (1999)の先行研究を参考に、実験3では文章再生課題（Explanative Recall）を、実験4では問題解決課題（Problem-Solving Transfer）を設定して、文章理解における図示の影響を検討した。

（1）　目的

実験3では文章再生課題（Explanative Recall）を、実験4では問題解決課題（Problem-Solving Transfer）を設定して、文章理解における図示の影響を検討するため以下のような仮説を設定した。

仮説1：日本語能力の高い読者と低い読者では文章理解における図示の効果に差がある
仮説2：文章再生課題と問題解決課題では文章理解における図示の効果に差がある

（2） 方法

（ⅰ） 被験者

私立大学の経営学部で学ぶ中・上級レベルの外国人留学生1年生16名、2年生22名を対象とした。外国人留学生は、中国、台湾、韓国など、すべて漢字圏出身者であった。

（ⅱ） テスト教材

情報処理学会論文誌に掲載された「デジタルシティにおける情報検索のための地図インターフェイス」(『情報処理学会論文誌』41巻12号、p3314-3322)の一部「第5章3節　検索機能の利用分析」を用いた。この部分は、開発したシステムの各機能の使用傾向を3種類の図示情報（配列系数表・座標系1次元棒グラフ・座標系1次元円グラフ）を用いて解説している。

　図示情報の呈示効果を調べるため2種類のテスト教材を作成した。表5-4に示すように、3種類の図示情報（表、棒図、円図）を含んだ図示テストと第2節の図1（棒図）を削除して2つの図示情報しか含まない非図示テストを作成した。削除した図示情報は、情報検索の割合を表した棒グラフである（Appendix 2参照）。

　また、図示効果が文章理解に与える影響を検討するために正誤判断式の内容理解問題（10題）を用いた。Mayer (1996)を参考に、文章や図示情報と同一の情報をそのまま用いた文章再生課題（Explanative Recall: 5題）と推論が必要な問題解決課題（Problem-Solving Transfer: 5題）の2種類を作成した（Appendix 2参照）。

表5-4　実験3・4のテスト教材の構成

図示テスト		非図示テスト
文章　表1	第1節	文章　表1
文章　図1（棒図）	第2節	文章のみ
文章　図2（円図）	第3節	文章　図2（円図）
内容理解問題 文章再生課題（5問） 題解決課題（5問）		内容理解問題 文章再生課題（5問） 問題解決課題（5問）

(ⅲ) **手続き**

実験は、日本語授業の一部として行い、被験者 38 名に対して非図示テストと図示テストの 2 種類のテストを 1 週間の間隔をおいて 2 回実施した。半数の被験者である 19 名に非図示条件→図示条件、残りの半数に対しては図示条件→非図示条件とし、実施順序による練習効果をカウンターバランスした。

(3) **結果**

表 5-5 は、経営学部の 1、2 年生 38 名について、学年別に条件ごとの平均点と標準偏差を示したものである。1、2 年生 38 名を対象として、内容理解問題 (10 点) の得点について t 検定を行った結果、図示・非図示条件の効果は有意であった ($t(37) = 3.09, p < .01$)。さらに、学年別に比較したところ、1 年生では、図示条件より非図示条件において平均点が有意に高かった ($t(15) = 3.09, p < .01$)。しかし、2 年生では、両条件に有意な差はみられなかった ($t(21) = 1.60, n.s.$)。

表 5-5 学年別各条件の内容理解問題の得点 (単位：点)

	図示	非図示
1 年生	7.63	8.75
(N = 16)	(1.59)	(1.44)
2 年生	7.91	8.50
(N = 22)	(1.51)	(0.80)
全体	7.79	8.61
(N = 38)	(1.53)	(1.10)

(　) 内は標準偏差

次に、内容理解問題を構成する 2 種類の課題について、条件別、学年別に平均点を比較したところ、表 5-6 に示すような結果が得られた。

まず、文章再生課題に関して、1、2 年生 38 名全体では図示条件と非図示条件との差は見られなかった ($t(37) = 1.06, n.s.$)。学年別に比較した結果も、1 年生、2 年生ともに図示条件と非図示条件との差は見られなかった。

一方、問題解決課題に関しては、1、2年生38名全体では両条件に有意な差が見られた（t(37) = 3.28, p < .01）。さらに、学年別に比較したところ、1年生では両条件の平均の差は有意であった（t(15) = 2.78, p < .05）。しかし、2年生では両条件の平均点の差は有意傾向にとどまった（t(21) = 1.91, .05 < p < .10）。

表5-6　実験3.4の課題・学年別各条件の得点（単位：点）

	文章再生課題		問題解決課題	
	呈示	非呈示	呈示	非呈示
1年生	4.44	4.69	3.19	4.06
(N=16)	(0.73)	(0.48)	(1.17)	(1.12)
2年生	4.41	4.50	3.50	4.00
(N=22)	(0.67)	(0.67)	(1.06)	(0.62)
全体	4.42	4.58	3.37	4.02
(N=38)	(0.68)	(0.60)	(1.10)	(0.85)

（　）内は標準偏差

（4）考察

仮説1の「日本語能力の高い読者と低い読者では文章理解における図示の効果に差がある」について学年ごとに内容理解問題の得点を比較した。その結果、1年生では、図示情報呈示の影響を大きく受け、図示・非図示による条件の差は有意であった（t(15) = 3.09, p < .01）。しかし、2年生では両条件の平均点の差は有意でなく、1年生ほど大きな条件間の差は表れなかった。この結果から、仮説1は支持され、図示情報呈示の影響は、日本語能力によって異なり、日本語能力の高い被験者よりも低い被験者に対して顕著に表れる可能性も示唆された。

次に、仮説2の「文章再生課題と問題解決課題では文章理解における図示の効果に差がある」に関しては、内容理解問題を構成する2種類の課題ごとに平均点の比較を行った。その結果、文章再生課題においては、1、2年生38名全体として図示条件と非図示条件の差はなかった（t(37) = 1.06, n.s.）。また、学年ごとの比較においても、条件差は見られなかった。一方、問題解決課題では、1、2年生38名全体として図示条件と非図示条件との間に有意

差が見られた（t(37) = 3.28, p <.01）。また、学年別の比較でも、1年生では両条件の平均の差は有意であり（t(15) = 2.78, p <.05）、2年生では有意傾向であった（t(21) = 1.91, .05 < p <.10）。したがって、仮説2は支持され、文章再生課題よりも問題解決課題において図示効果がより強く表れる傾向が明らかになった。

5.2.3 実験1–4のまとめと教授方略1–2

実験1からは、図示（解説図）が論文理解において必ずしも理解を促進しないことが示された。さらに、論文講読経験者よりも未経験者に対して理解を妨げる可能性が示唆された。一方、説明表を用いた実験2では、図示と非図示条件に有意な得点差が見られずに、論文理解に図示情報が影響を与えることは確認されなかった。しかし、実験1と同様に、非図示群の平均点が図示群の論文講読未経験群の平均点より高く、図示情報の呈示が内容理解を促進しない傾向が見られた。

　実験1、および2から「論文講読経験の少ない読者への図示情報の提示は内容理解を促進しない」ことが示され、「論文講読の少ない読者へは図示利用を促さない」という教授方略1が導き出される。

　さらに、実験3では文章再生課題、実験4では問題解決課題を用いて、日本語能力の相違により図示の効果がどのように異なるかを検討した。その結果、文章再生課題よりも問題解決課題において、図示が内容理解を促進しないことが明らかになった。また、その傾向は、日本語能力の高い2年生よりも低い1年生において顕著に見られた。

　このような実験3と実験4で得られた結果は、母語話者を対象としたMayer et al.(1996) の実験結果と部分的に一致する。Mayer et al. の実験から、母語話者においては、文章再生課題では文章のみの呈示が最も効果が高く、問題解決課題では図と文章の呈示が最も効果が高かったと報告されている。外国人留学生を対象とした本実験においても、文章再生課題では、図示・非図示条件による差異は認められなかった。この理由として、文章再生課題では、文章の構成に留意し、注意深く内容を読み取ることが要求されるため、図示情報の影響が表れにくいことがあげられる。したがって、母語話

者と外国人留学生の双方において、図示が文章再生課題に与える影響は小さかったと考えられる。

　一方、問題解決課題では、文章や図示情報を情報源として正誤判断を行うため、複数の情報を結びつけて推論を行うことが求められる。十分な言語能力を備えた母語話者では、図示情報から複雑な情報量を正確に受け取り、それを正誤判断に活用できたため、図示条件のほうが非図示条件よりも得点が高かったと予想される。しかし、言語能力が限定された外国人留学生の場合、図示に含まれる複雑な情報を文章と統合して理解することが難しいために、図示が内容理解を妨げる要因となったのではないかと考えられる。これは、実験4において、日本語能力の低い1年生では、図示情報を呈示することにより、問題解決課題の理解を妨げたが、日本語能力の高い2年生では、図示情報の呈示・非呈示の影響が見られなかった結果とも一致する。

　これらの実験3と4から、日本語読者が学術論文の講読する場合、論文中の図示情報が内容理解を促進しない可能性が示されたと考えられる。特に、文章や図示情報と同一の情報をそのまま用いた文章再生課題よりも、推論が必要な問題解決課題において、図示情報を呈示することが内容理解を妨げる傾向が見られた。さらに、読者の言語能力の高低によって「図示情報」の影響に相違が見られた。つまり、日本語能力の高い読者では、図示情報の影響が少なかったが、日本語能力の低い読者では、図示情報が内容理解を妨げる傾向が明らかにされた。実験4から「日本語能力の低い読者（1年生）への図示情報呈示は内容理解を促進しない」ことが示され、「日本語学習経験の少ない読者へは問題解決課題で図示利用を促さない」という教授方略2が導き出される。

5.3　情報源としての図示情報の利用

実験1-4では、「図示情報」が外国人留学生の文章理解を促進するか否かについて、量的アプローチから検証した。その結果、図示が必ずしも論文理解を促進しない可能性が示された。この結果をふまえて、実験5、および6では、Reid & Beveridge (1986) を参考に言語能力が限られた外国人留学生が研

究論文を読む場合に、読者の背景知識が情報利用に与える影響を実証的に明らかにすることを試みた。

Reid & Beveridge (1986) では、専門知識が文章理解における情報利用に与える影響を明らかにするために、3種類の異なる情報源（図、文章、図と文章）に基づく内容理解課題を設定している。専門知識の有無により、情報源の異なる課題の正答率がどのように異なるかを詳細に検討している。その結果、科学が得意な学生では、図示情報呈示により内容理解が促進されるが、科学が不得意な学生では、図示情報呈示がむしろ内容理解を阻害する可能性が明らかにされた。さらに、この傾向は、図と文章の両方を情報源とする課題において顕著に見られたとされる。

このような母語話者や年少者を対象とした量的アプローチから、図示の効果が学習者によって異なること、また、その呈示が必ずしも内容理解を促進しないことが明らかになっている。また、外国人留学生を対象とした加藤ほか (2001) においても、論文に掲載されている図示情報を呈示することが必ずしも内容理解を促進しない可能性が示されている。

そこで、Reid & Beveridge (1986) を参考に、5.3.1 では、実験5が読者の専門分野を、また、実験6が非専門分野を対象として、背景知識の相違が、情報源（図、文章、図と文章）の利用に与える影響を検討した。5.3.2 では、2種類の実験から得られた結果をまとめた。

5.3.1　図示情報が内容理解に与える影響（実験5–6）

Reid & Beveridge (1986) の先行研究を参考に、図表などの図示情報、言語情報、その両方を判断基準とする内容理解課題を作成し、異なる情報源がどのように活用されているかについて実証的に検討している。そこで、先行実験を参考に、実験5と実験6では、読者の背景知識の有無と3種類の情報源（図、言語、図と言語）の利用との関係を明らかにすることを試みた。

（1）目的
実験5では、実験1で用いた情報処理学会論文誌の掲載論文を取り上げた。情報処理学会論文誌の論文は、被験者の専門領域とは関連性が低い、非専門

分野の論文（Appendix 1）であり、内容および図示情報が初見である可能性が高い。このような論文の講読では、内容についての背景知識を十分に持ち合わせていないため、情報活用の手がかりを得にくいと考えられる。一方、実験6では、専門領域の内容を扱った専門分野の論文（Appendix 3）とし、被験者が内容、および図示情報について背景知識を持ち、情報活用の手がかりを見つけやすいと考えられる。このような分野の異なる2種類の論文を対象として、日本語能力の相違により、3種類の情報源（図、文、文と図）がどのように活用されるかについて、以下の2つの仮説を検討した。

仮説1：非専門分野の論文講読において1年生と2年生では情報源の活用に差がある。
仮説2：専門分野の論文講読において1年生と2年生では情報源の活用に差がある。

（2） 方法
（ⅰ） 被験者
私立A大学の経営学部で学ぶ中・上級レベルの外国人留学生1年生19名、2年生22名を対象とした。語学クラスは、日本語能力別クラス編成（A・B・C）を行っており、1年生はCクラス（日本語能力試験2級受験レベル）、2年生Aクラス（日本語能力試験1級合格）であり、日本語能力に相違があった。外国人留学生は、中国、台湾、韓国など、すべて漢字圏出身者であった。

（ⅱ） テスト教材
被験者の非専門分野と専門分野から2種類の論文を選び、その一部をテスト教材として用いた。表5-7に示すように、非専門分野の論文として、実験1と同様に、情報処理学会論文誌に掲載された「災害緊急時におけるモバイルコンピューティングの活用」（『情報処理学会論文誌』40巻3号、P998–1005）の「第2章 前書き」をテスト教材とした。この部分は、災害の時系列変化について「解説図」を用いて説明を加えている（Appendix 1参照）。

一方、専門分野の論文は、経済レポートから「景気の現況と変化」（『みずほ証券マクロ経済見通し』2001年6月28日）の一部を取り上げた。この部分

は、鉱工業生産指数 DI「折れ線図」により先端分野の生産活動の変化について 400 字程度で記述している（Appendix 3 参照）。

表 5-7　実験 5・6 のテスト教材の構成

実験 5（非専門テスト）	実験 6（専門テスト）
文章 　（情報処理学会誌「災害緊急時におけるモバイルコンピューティングの活用」） 解説図 　（災害の時系列変化）	文章 　（みずほ証券経済レポートの一部「景気の現況と変化：先端分野の落ち込み」） 折れ線図 　（鉱工業生産指数 DI）
正誤判断課題（各 3 問） 　(1) 図から判断課題 　(2) 文章から判断課題 　(3) 文章／図の判断課題	正誤判断課題（各 3 問） 　(1) 図から判断課題 　(2) 文章から判断課題 　(3) 文章／図の判断課題

　それぞれの内容理解については、Silberstein (1994) の読解課題を参考として、図示情報のみを判断基準とする課題（課題 1）、文章のみを判断基準とする課題（課題 2）、図示情報と文章の両方から判断可能な課題（課題 3）の 3 種類を、実験 5（非専門分野）、および実験 6（専門分野）についてそれぞれ作成した。この 2 種類のテストに関して、各 9 項目について弁別力を調べたところ、削除すべき項目はなかった。

(iii)　手続き

実験は、経営学部の日本語授業の一部として行い、被験者 41 名に対して専門テストと非専門テストの 2 種類のテストを 1 週間の間隔をおいて 2 回実施した。

(3)　結果

a.　実験 5（非専門分野）

実験 5 の内容理解問題を構成する 3 種類の課題について、条件別、学年別に平均点を比較したところ、表 5-8 に示すような結果が得られた。

表5-8　実験5（非専門）の各条件の平均点（単位：点）

	図	文章	図／文章
1年生	2.53	1.84	2.89
（N = 19）	(0.84)	(0.96)	(0.32)
2年生	2.86	2.68	2.77
（N = 22）	(0.35)	(0.72)	(0.53)

さらに、分散分析を行った結果、学年と課題の交互作用が有意であった（F(2, 117) = 5.49, p < .01）。そこで、各要因の単純効果を分析した結果、表5-9の分散分析表に示すとおりとなった。

表5-9　実験5（非専門）の分散分析表

要因	SS	df	MS	F
学年	3.78	1	3.78	8.08**
図	1.16	1	1.16	2.70
文章	7.19	1	0.15	16.72**
図／文章	0.15	1	7.19	<1
課題	7.26	2	3.63	8.44**
1年	11.64	2	5.82	13.53**
2年	0.34	2	0.17	<1
学年×課題	4.72	2	2.36	5.49**
誤差	50.28	117	0.43	
全体	66.04	122		

**p < .01

学年別に平均点を比較したところ、文章から判断する課題のみ、1年生と2年生の間に有意な差（F(2, 117) = 16.72, p < .01）が見られた。しかし、図、および図と文章の両方を情報源とする課題においては有意ではなかった。また、課題ごとに平均点を比較した結果、2年生では有意な差が見られなかったが、1年生では有意な差が認められた（F(2, 117) = 13.53, p < .01）。そこで、1年生の平均点について、LSD法による多重比較を行った結果、図、および図と文章から判断する課題の平均点が、文章のみを判断基準とする課題より有意に高かった（MSe = 0.43, 5％水準）。

したがって、仮説は支持され、非専門分野の論文講読において、1年生と

2年生では言語情報の活用に相違が見られることが明らかになった。また、それぞれの情報源の活用という点においても、1年生では、内容の判断基準として文章より図示情報の活用が容易であることが確認された。一方、2年生では、内容理解課題において情報源の相違による得点の差異は見られなかった。

b. 実験6（専門分野）

表5-10は、1、2年生41名について、専門テストにおける各課題ごとの平均点と標準偏差を学年別に示したものである。

表5-10　実験6（専門）各条件の平均点（単位：点）

	図	文章	図／文章
1年生	2.89	2.37	2.47
(N=19)	(0.32)	(0.76)	(0.70)
2年生	2.95	2.32	2.91
(N=22)	(0.21)	(0.84)	(0.43)

表5-11　実験6（専門）の分散分析表

要因	SS	df	MS	F
学年	0.67	1	0.67	1.94
課題	6.98	2	3.49	10.09**
学年×課題	1.32	2	0.66	1.91
誤差	40.49	117	0.35	
全体	49.46	122		

$**p < .01$

2（学年：1年、2年）×3（課題：図、文章、図・文章）の分散分析（ANOVA）を行い、学年と課題との関係を分析した。その結果、表5.11に示すように、課題の主効果が有意であった（$F(2, 117) = 10.09, p < .01$）。しかし、それ以外の主効果と交互作用は有意ではなかった。そこで、課題について、LSD法による多重比較の結果、図から判断する課題と文章から判断する課題との平均点にのみ有意な差が認められた（$MSe = 0.35$、5％水準）。

したがって、仮説2「専門分野の論文講読において1年生と2年生では情

報源の活用に差がある」に関しては学年の差は認められなかった。むしろ、課題によって情報源の活用に相違が見られた。したがって、専門分野の論文理解では、1年生、2年生ともに言語情報の活用は難しく、図示情報は理解が容易であることが示された。

5.3.2　実験5-6のまとめと教授方略3

実験5と実験6では、経営学部で学ぶ日本語能力の異なる2学年を対象に、専門分野と非専門分野の論文を用いて情報源の活用について実験を行った。背景知識が十分でない非専門分野の解説図（災害の時系列変化）では、言語情報を情報源とする課題においてのみ有意差が表われた。特に、他の情報源と比較して言語情報の活用において、学年間で内容理解の差が拡大する傾向が見られた。

　学年別では、日本語能力の高い2年生において課題間の差は見られず、文章と図示情報の双方を情報源として活用し、内容を理解している可能性が示された。一方、日本語能力の低い1年生では、文章による課題と比較して、図、および図と文章の両方に基づく課題の正答率が有意に高いことが明らかになった。したがって、日本語能力の低い1年生では、文章を情報源として活用することは困難であり、図示情報を内容の判断基準としていることが明らかになったと考えられる。これは、言語能力が限定的であるため、複数の情報源ではなく、図示情報のみに着目して内容判断を行っている可能性が示されたともいえる。

　被験者の専門領域である被験者の経済・経営の専門知識を活用できる経済指標（鉱工業生産指数DI「折れ線図」）では、内容理解において学年の差が認められなかった。また、言語情報については、非専門分野の論文では学年差が見られたが、専門分野の論文では学年間の差は認められず、背景知識などを活用することによって日本語能力の低い留学生の内容理解が促進される可能性が確認された。つまり、専門分野の論文講読では、日本語能力の影響が比較的小さかったことから、専門領域の知識などの言語以外知識を活用することにより、日本語能力の不足が補われる可能性が示されたと考えられる。しかし、情報源の比較では、非専門分野と同様に専門分野においても図

示情報より、それを説明した言語情報の読み取りが困難であるという結果が確認された。

これらの実験から、言語能力の限られた外国人留学生の論文講読においては、非専門、専門分野の双方において、言語情報の活用は難しく、図示情報は理解が容易であることが示された。この結果から教授方略3として「日本語能力の不十分な読者に対しては図示情報自体よりも言語情報の理解を支援する」が導き出された。

5.4 図示情報利用の読解方策

実験1-4（第1群）と実験5-6（第2群）では、「図示情報」が外国人留学生の文章理解を促進するか否かについて、量的アプローチから検証した。その結果、図示が必ずしも論文理解を促進しない可能性が示された。

しかし、日本語教材設計に有効なモデルを確立するために、量的なアプローチだけでなく質的アプローチからも、実際の学習場面において外国人留学生が抱える困難点や学習方策を明らかにしていくことも重要と考えられる。実際に、質的アプローチにより、学習者の段階に応じた様々な問題点や理解過程が明らかになりつつある（加藤1997、金ほか1997）。そこで、本節では、金ほか（1997）の研究例を参考に、外国人留学生から情報読み取りに関する自由記述データを収集し、情報活用パターンの類似度から文章理解に有効な図示情報の活用方略の抽出を試みた。

実験7では、講読経験の有無と被験者の日本語能力により、図示効果が異なることを踏まえて、質的なデータを分析対象とした。5.4.1では、質的なデータ分析により、学習者の特性の違いによりどのように図示情報の読み取りが異なるかについて検討を行った。

5.4.2では、実験5-6と同じ図示情報を対象に、文章理解能力が高い被験者群と低い被験者群では、どのような図示情報において読み取りの正答率が異なるかについて検討した。さらに、5.4.3では、質的データ分析の結果をまとめた。

5.4.1 　図示情報が内容理解に与える影響（実験 7）

5.2 節では外国人留学生を対象とした実験 1–4（第 1 群）から、学術論文に掲載されている図示情報を呈示することが必ずしも内容理解を促進しないこと、特に、学術論文の講読経験の少ない外国人留学生に対して理解を妨げる可能性が示された（加藤 2002）。しかし、これらの実験では、講読経験の有無と、被験者の日本語能力、および、具体的な図示からの情報読み取り方略に関して十分な検討が行われなかった。

そこで、実験 7 では、質的なデータ分析から内容理解につながる図示の取り読み取り方略とはどのようなものかを明らかにすることを試みた。

（1）　目的

実験 7 では、加藤ほか（2001）の実験において収集した自由記述データの分析により、内容理解につながる図の取り読み取り方略とはどのようなものかを明らかにすることを目的とした。さらに、先行実験で用いた読解力テストの得点を参考に、日本語読解力の高い上位群と低い下位群の 2 群に分け、「日本語読解力の高い上位群と低い下位群とでは図示情報の読み取り方略が異なる」という仮説を設定し、日本語能力との図示情報活用能力との関係を明らかにすることを試みた。

（2）　方法

（ⅰ）　被験者

加藤ほか（2001）と同様に、日本の大学・大学院で研究する外国人留学生 42 名を対象とした。日本語学習暦は、平均 2.9 年（1.5 年から 6 年）、文科系 21 名、理工系 21 名である。

被験者を読解力テストの得点により、上位 15 名（上位群：文科系 7 名、理工系 8 名）、下位 15 名（下位群：文科系 8 名、理工系 7 名）の 2 群に分けた。読解テスト（30 点満点）の平均点は、上位群では 26.5 点、下位群では、18.7 点であった。また、日本語学習歴については、上位群では平均 3.4 年、下位群では、2.6 年程度であった。したがって、被験者の日本語能力は、母語話者と比較して限定されており、論文講読において文章のみを手がかりとして

内容を理解している可能性は低いと考えられる。

(ⅱ) **テスト教材**

テスト教材として、情報処理学会論文誌に掲載された「災害緊急時におけるモバイルコンピューティングの活用」の「第2章 前書き」をテストとして用いた。加藤ほか(2001)の実験より、図示によって理解に有意な差が見られた前書きの第1節を対象とした。第1節は、災害時情報の優先度の変化を時系列的に整理した解説図と400字程度の解説文が付与されている。解説図では、横軸に地震発生からの時系列的変化、縦軸に情報の優先度が示されている(Appendix 1 参照)。

(ⅲ) **手続き**

被験者に、解説図「災害時情報の時系列」とその説明文(400字)を呈示して、「図示情報をみてわかったことを5つ以上書きなさい」と指示を与え、図示情報から読み取れる情報を自由に記述させ、時間的制約は設けなかった。調査の実施にあたっては、用紙は郵送によって国内の16大学・大学院へ配布し、42名の協力を得た。

金ほか(1997)の韓国人学習者の発話データ分析を参考に、自由記述データを文節単位に分け、「どの構成要素に着目しているか」という観点から「図示情報を情報源としたものか」、あるいは「文章表現を情報源としたものか」に分類し、情報源の同定を行った。さらに、図示情報、および文章の情報活用パターンに関してクラスタ分析を行い、文章理解に有効な図示情報の読み取り方略の抽出を試みた。この読み取り方略ごとに出現頻度を集計し、日本語読解力の高い上位群と低い下位群とで論文理解と図示活用方略との関係を検討した。

(3) **結果**

a. **自由記述データの分析**

実験の対象とした解説図は、災害情報の優先度の変化を時系列的に整理している。収集したデータは、表5-12に示すように、「特定の時期(時間情報)」に「特定の情報(災害情報)」が「〜である」という形式で表される場合が多く、1文に時間情報、災害情報、および、陳述部(優先度・変化)などの複

数の要素を含んでいた。そこで、金ほか (1997) の分析を参考に、文節 (idea unit) にわけて「図示情報上のラベル情報か得たものか」あるいは「文章の表現を情報源としたものか」を同定し、以下の手順によって、情報源・内容・時間の3要素からなる38種類のカテゴリを作成し、分類を行った。

(i) 情報源の特定 (Text・Figure)
それぞれの文節が「文章中の表現を情報源としたものか（文章：Text）」あるいは「図示情報上のラベル情報から得たものか（図示情報：Figure）」を同定する。ただし、情報の変化・優先度などに関しては、情報源を特定できなかった。

(ii) 時系列情報の特定 (1–4, w, 0)
時間情報について、図示情報の横軸に示された4段階（1/17、1/18、1/19–1/31、2月–3月）、および文章中の4段階（地震発生当日、混乱期、復興・復旧期、1ヶ月以降）を特定する。他は、時系列の変化全体を扱ったもの（Whole）と、あるいは時期の記述が無いものは「記述なし(0)」に分類する。

(iii) 災害情報の特定 (F情報・T情報)
文節の内容を検討し、災害情報を図示情報上のラベル（被害状況、安否状況など12種類：F (Figure) 情報）、および文章中の表現（自分を取り巻く状況、生活を維持していく情報：T (Text) 情報）に分類する。

　表5–12に、実際に得られた典型的な自由記述データ例を示す。例1から例4は、4つの段階、地震発生当日 (1/17)、混乱期 (1/18)、復興・復旧期 (1/19–31)、一ヶ月以降 (2月–3月) にそれぞれ対応している。また、例5は、特定の時期ではなく、時系列全体の変化を扱ったもの（Whole）である。

　表5–12の例2–1のように、図示情報上の「1/18」という具体的な日時を取り上げて、個々の災害情報の優先度を説明する記述が行われていた場合は、各文節は、「図示情報上のラベル情報 (Figure)」と判断されて分類が行われた。

　一方、例2–2のように、文章中の表現である「混乱期」と図示情報上の具体的な災害情報である「医療情報」とを結びつけて記述された場合は、各

表 5-12　実験 7 の被験者の自由記述データ

例 1-1：
1/17 日が地震発生日で／被害状況が／一番知られること
(F 時間 1)(T 時間 1)　　　(F 情報 1)　（優先 1）
例 1-2：
地震発生直後は／被害状況が／最優先され／生活情報や／避難誘導は／優先度が低い
(T 時間 1)　　　(F 情報 1)　（優先 1）　(F 情報 1)　(F 情報 1)　（優先 1）
例 2-1：
1/18 日目の／情報の優先度は／被害状況の／安否　　／交通　　／生活　　／医療情報
(F 時間 2)　　（優先 2）　　(F 時間 2)　(F 情報 2)　(F 情報 2)　(F 情報 2)　(F 情報 2)
例 2-2：
混乱期に／医療情報についての／関心度は低い
(T 時間 2)(F 情報 2)　　　　（優先 2）
例 3-1：
1/19-1/31 日目の／情報の優先度は／ライフライン／交通　　／生活　　／安否　　／行政
(F 時間 3)　　　（優先 3）　　　(F 情報 3)　(F 情報 3)（F 情報 3）(F 情報 3)　(F 情報 3)
例 3-2：
復興・復旧期に／人々が／関心しているのは／ライフライン情報
(T 時間 3)　　（優先 3）(F 情報 3)
例 4-1：
2-3 月の頃、／余震情報が　／しられる
(F 時間 4)　　(F 情報 4)　　（優先 4）
例 4-2：
一ヶ月以降に／ライフライン情報が／優先されている
(T 時間 4)　　(F 情報 4)　　　　（優先 4）
例 5：
交通情報は　／常に優先されている
(F 情報 W)　　（優先 W）

（）はカテゴリー、T：言語情報、F：図示情報、時間：時系列情報、情報：災害情報、優先：優先度、1-4：時系列の段階（1 段階〜4 段階）、0：時間的記述なし、W：全体

文節の情報源として「図示情報上のラベル情報（Figure）」と「言語情報（Text）」の両方が特定された。

b．クラスタの分析方法

文章理解に有効な情報読み取り方略を明らかにするため、被験者から収集した自由記述データを 741 文節（Idea Unit）に分けて、情報源・内容・時間の 3 要素から 38 種類のカテゴリに分類した。さらに、図示情報の読み取りにおいて、どのような情報に着目しているかという情報活用の特徴を明らかにするために、カテゴリごとの出現頻度を用いてクラスタ分析により大分類を行った。このような手法は、先行研究である金ほか（1997）など、質的なデー

タの分析において広く用いられている。本研究においても、クラスタ分析を用いることにより、個々のカテゴリ同士の直接的な関係を比較するのではなく、情報源の読み取り方略をより大局的に吟味することをねらいとしている。

クラスタ分析はウォード法で、データメンバー間の非類似度の指標としてはユークリッド距離を用いた。分析結果は、図5–3に示すとおり、情報源、および図示情報上の情報活用の特徴から、情報読み取り方略として、以下の4つに分かれたと解釈することができる。それぞれの方略（クラスタ）の内容を検討し、「ベクトル」「パラフレイズ」「傾向」「ラベル」と命名した。さらに、この4つの方略の使用頻度が、日本読解力の高い上位群と低い下位群とでは、どのように異なるかを検討した。

(i) *クラスタ1：「ベクトル」*
解説図では、時系列的変化が横軸（X軸）で示され、4段階に分類されている。一方、優先度は、縦軸（Y軸）のベクトルの方向で示されている。このように2軸に関わる時間の経過、分類、優先度などの特定の時間軸ではなく、図示情報全体に関わる7カテゴリを統合して「ベクトル」と名づけた。

(ii) *クラスタ2：「パラフレイズ」*
表5–12の例1-2、2-2、3-2、および4-2など自由記述データ例に見られるように、災害情報の特徴を図示情報（F）と言語情報（T）を組み合わせて説明を行っている。このように、災害情報の説明において図示情報（F）と言語情報（T）との双方を関連付ける19カテゴリを統合して、「パラフレイズ」とした。

(iii) *クラスタ3：「傾向」*
表5–12の例5のように、ある特定時期の個々の災害情報ではなく、複数期に、あるいは全体的な特徴を記述する7カテゴリをまとめて「傾向」と名づけた。

(iv) *クラスタ4：「ラベル」*
図示情報（F）上の第1段階から第4段階までの災害情報の項目（ラベル）である4カテゴリを統合して、図示情報上の「ラベル」と名づけた。

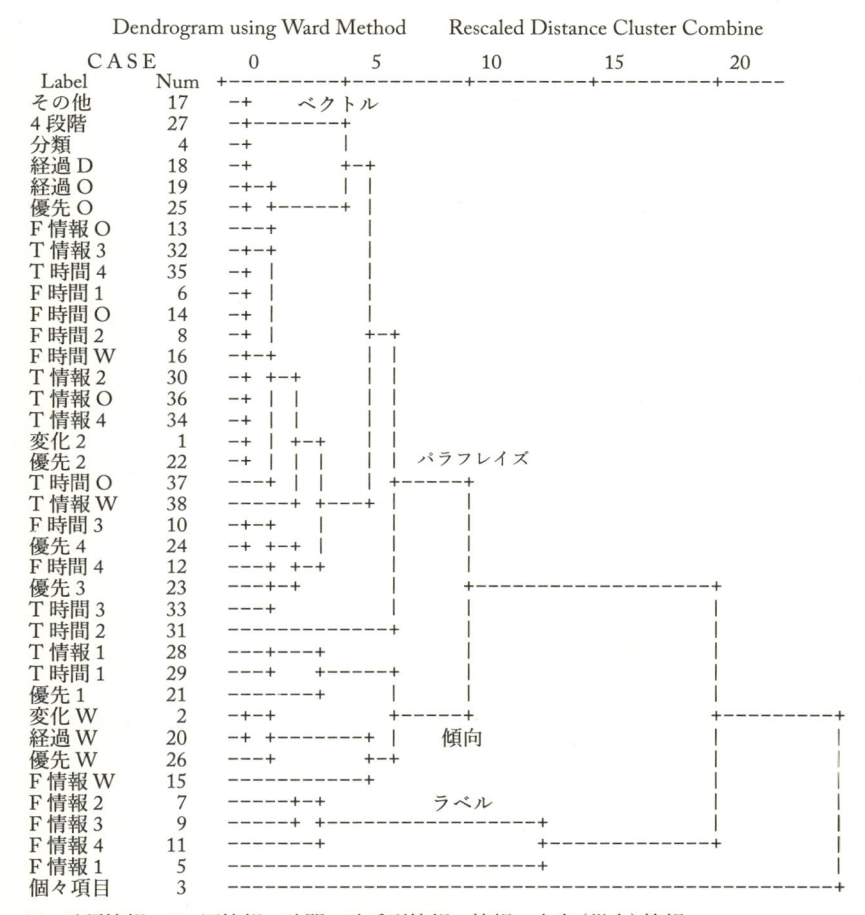

```
                Dendrogram using Ward Method    Rescaled Distance Cluster Combine
        C A S E          0         5        10        15        20
        Label     Num    +---------+---------+---------+---------+-----
        その他     17    -+   ベクトル
        4段階      27    -+-------+
        分類       4    -+       |
        経過 D    18    -+       +-+
        経過 O    19    -+-+     | |
        優先 O    25    -+ +-----+ |
        F 情報 O   13    ---+       |
        T 情報 3   32    -+-+       |
        T 時間 4   35    -+ |       |
        F 時間 1    6    -+ |       |
        F 時間 O   14    -+ |       |
        F 時間 2    8    -+ |       +-+
        F 時間 W   16    -+-+       | |
        T 情報 2   30    -+ +-+     | |
        T 情報 O   36    -+ | |     | |
        T 情報 4   34    -+ | |     | |
        変化 2     1    -+ | +-+   | |
        優先 2    22    -+ | |   パラフレイズ
        T 時間 O   37    ---+ | |   +------+
        T 情報 W   38    -----+ +---+      |
        F 時間 3   10    -+-+   |          |
        優先 4    24    -+ +-+ |          |
        F 時間 4   12    ---+ +-+          |
        優先 3    23    ---+-+   +------------------+
        T 時間 3   33    ---+     |                  |
        T 時間 2   31    ---------+                  |
        T 情報 1   28    ---+---+                    |
        T 時間 1   29    ---+   +------+             |
        優先 1    21    -------+      |             |
        変化 W     2    -+-+   +------+             +-----------+
        経過 W    20    -+ +-------+ | 傾向                      |
        優先 W    26    ---+       +-+                           |
        F 情報 W   15    -----------+                             |
        F 情報 2    7    -----+-+      ラベル                     |
        F 情報 3    9    -----+ +----------------+               |
        F 情報 4   11    --------+                +---------------+
        F 情報 1    5    ------------------------+               |
        個々項目   3    ----------------------------------------+
```

T：言語情報、F：図情報、時間：時系列情報、情報：内容（災害）情報、
O：時間的記述無し、1–4：第1期–第4期

図 5-3　実験 7 のクラスタ分析の結果

c. 情報の読み取りの方略と内容理解の関係

クラスタ分析によって大分類された 4 つの情報読み取り方略ごとに、その使用頻度の平均値と標準偏差を、日本語読解力別に示したものが表 5–13 である。さらに、2（レベル：上位、下位）× 4（情報読み取り方略：ベクトル、パラフレイズ、傾向、ラベル）の 2 要因の分散分析（ANOVA）を行い、被験

表 5-13 実験 7 の各クラスタの平均値と標準偏差

	クラスタ 1 (ベクトル)	クラスタ 2 (パラフレイズ)	クラスタ 3 (傾向)	クラスタ 4 (ラベル)
上位 (N=15)	1.93 (1.84)	5.13 (3.07)	3.67 (2.66)	2.67 (1.80)
下位 (N=15)	1.33 (1.80)	2.27 (2.15)	4.20 (3.08)	2.07 (1.58)

者の日本語読解レベルと図読み取り方略(クラスタ)との関係を分析した。

分散分析の結果、レベルと方略の交互作用が有意であった($F(3, 112) = 2.69, p < .05$)。そこで、各水準ごとに単純効果を分析した結果、表 5-14 の分散分析表に示すとおりに、レベル別ではクラスタ 2(パラフレイズ)にのみ、有意差があった($F(1, 112) = 10.87, p < .01$)。さらに最小有意差(LSD)法による多重比較の結果、上位群では、クラスタ 2(パラフレイズ)がクラスタ 1(ベクトル)とクラスタ 4(ラベル)よりも有意に多く使用されていた。また、クラスタ 3(傾向)については、クラスタ 1(ベクトル)よりも有意に多かった。下位群では、クラスタ 3(傾向)が他の 3 クラスタより有意に多く使用されることが明らかになった($MSe = 5.67$, 5%水準)。したがって、4 種類の情報読み取り方略では、パラフレイズ方略の使用において上位群と下位群との間に有意な差が見られた。さらに、レベル別に比較したところ、上位群では、文章と図示情報を言い換える「パラフレイズ」が多く、下位群では、図示情報の全体的な「傾向」を記述する方略が多用された。このことから、日本語能力の高い上位群と下位群とでは図示情報の読み取り方略が異なることが明らかになった。

表5-14 実験7の分散分析表

要因	SS	df	MS	F
レベル	23.41	1	23.41	4.13*
ベクトル	2.70	1	2.70	<1
パラフレイズ	61.63	1	61.63	10.87**
傾向	2.13	1	2.13	<1
ラベル	2.70	1	2.70	<1
方略	107.89	3	35.96	6.34**
上位群	86.32	3	28.77	5.07**
下位群	67.33	3	22.44	3.56*
レベル×方略	45.76	3	15.25	2.69*
誤差	634.93	112	5.67	
全体	811.99	119		

$*p<.05, **p<.01$

（4） 考察

分析結果から、上位群が個々の項目を説明する「傾向」方略よりも、文章と図を相互に言い換える「パラフレイズ」方略を多用していたことから、情報読み取りが、図のみで行われるのではなく、文章との内容、表現と関連づけて行われていることが示されたと言える。また、これらの結果から、学術論文の講読では、文章と図とに共通の情報を相互に「言い換える（パラフレイズ）」が、論文の内容理解に重要であることが示唆されたとも考えられる。例えば、実際の自由記述データにおいても、表5-12の1-2例、および4-2例などに見られるように文章の時系列表現（地震発生直後、1ヶ月以降）と図の具体的な災害情報（被害状況、ライフライン情報）を結びつけて記述していた例が数多く観察された。

一方、下位群の場合は、図示情報のある項目に着目して、その全体的な特徴に記述する「傾向」が見られた。例えば、表5-12の5例のように、ある災害情報の優先度の特徴についての記述が観察された。また、表5-12の3-1例、および4-1例などに見られるように、図の項目の拾い出しやその変化についての記述、また、項目間の関係（優先度）についての記述も多かった。

クラスタ分析によって抽出された図示情報の読み取り方略から、上位群と下位群の自由記述データの比較をおこなった。その結果、上位群では図示情報と文章の情報を「パラフレイズ」する方略が、図示情報の「傾向」や「ラ

ベル」などの個々の情報を詳しく記述する方略よりも多く使用されていた。一方、下位群ではある項目の「傾向」を記述する方略が他の方略より多く使われていた。この傾向は実際の自由記述データからも観察された。

以上のことから、質的アプローチによる実験7から、学習者が研究論文を読みこなしていくための図示情報利用として、文章と図とに共通の情報を相互に「パラフレイズ」する方略が有効である可能性が示された。

5.4.2 図示情報利用における困難点の検討(実験8)

実験7では、研究論文講読のための読解方策として、文章と図とに共通の情報を相互に「パラフレイズ(言い換える)」が有効である可能性が示された。このパラフレイズ方策の効果をさらに詳細に検討するため、実験8では文章理解に優れた読者と劣った読者との比較を行った。特に、具体的な情報読み取り場面を設定し、「どのように図示情報と言語情報との関連づけ」において相違が見られるかを明らかにすることを試みた。

(1) 目的

実験8では、具体的な情報読み取り場面を設定して、文章理解に優れた読者と劣った読者との比較を行い「内容理解に優れた上位群と劣った下位群とでは、図表と文章の対応づける課題の得点に差がある」という仮説を検討した。

(2) 方法

(i) 被験者

実験6と同様に私立A大学の経営学部1年生、および2年生を対象とした。日本語能力試験2級の読解問題を予備テストとし、内容理解に優れた高得点者を上位群(14名)、劣った低得点者を下位群(14名)とした。被験者は、中国、台湾、韓国など、すべて漢字圏出身者であった。

(ii) テスト教材

実験6と同じく、経済レポート「景気の現況と変化」を一部改変し、鉱工業生産指数DI「折れ線図」を用いて先端分野の生産活動の変化について400

字程度で記述する文章を用いた。Silberstein (1994) の非文章情報読み取りタスクを参考に文章上の情報に対応した図表上の部分を指摘する課題とした。

(iii) **手続き**

図示情報とそれを解説した文章から構成されるテスト教材を配布して記入させた。練習を一回実施した後、本施行を行い、「文章中の下線を引いた表現に対応する部分を図表から探し、該当個所に印をつけなさい」と教示を与えた。

（3）結果

表5-15は、上位群、下位群の各課題ごとの平均点と標準偏差を学年別に示したものである。その結果、問1、2、および4では、上位群と下位群は両者とも正答率も高く、平均点の差が見られなかった。例えば、問2では、「99年から2000年秋まで」のように時期が特定されていた。また、問1、および問4では、「落ち込み」や「75％を超える」など図示情報のある部分を特定しやすい情報が含まれていた。

一方、問3、5、および6では、下位群の平均点が著しく低く、上位群と下位群との間で平均点の差が見られた。例えば、問3の「前回の景気拡張」では、「前回」の時期が明示されておらず、文脈から時期を特定して図表上の該当箇所を見つけ出す必要があった。また、問5と6の「過去の景気拡張局面の生産指数DIがいずれもピーク時で75％を超えている」では、3箇所の景気拡張局面とピーク時が複数存在するため、下位群では、表5-16に示すようなピーク時を一箇所のみ指摘する回答（誤6-1）が多かった。

表5-15 実験8の各問題の平均点、標準偏差（単位：点）

	1	2	3	4	5	6
上位 (N = 14)	1.00 (0.00)	1.00 (0.00)	0.50 (0.52)	1.00 (0.00)	0.93 (0.27)	0.93 (0.27)
下位 (N = 14)	0.71 (0.47)	0.79 (0.43)	0.07 (0.27)	0.79 (0.43)	0.07 (0.27)	0.00 (0.00)

表5-16　実験8の図表読み取り課題例と回答例

問	課題例	回答例
1	今回の景気後退の特色は第1に特定業種の生産活動の<u>落ち込み</u>が大きいことである	（正1）2001年度の下降点 （誤1-1）1998年度の下降点
2	99年の春から2000年秋までの<u>景気の拡張</u>の背景としては情報関連需要の世界的な増勢が挙げられる	（正2）1999後半–2000年半ばの景気拡張期（白の部分）までの範囲 （誤2-1）1994–1997年前半の範囲 （誤2-2）景気拡張期（4箇所）すべて
3	情報関連業種の生産活動が著しく活発化する一方で、非情報化産業の停滞が<u>前回の景気拡張</u>の最も大きな特色である	（正3）1999–2000年半ばの景気拡張期（白の部分）までの範囲 （誤3-1）1994–1997年前半の範囲 （誤3-2）1987–1991年の範囲
4	この生産指数DIは2000年5月に<u>64.1%でピークをつける</u>	（正4）2000年度の最高点▼の部分 （誤4-1）1997年度の最高点
5	<u>過去の景気拡張局面の生産指数DIがいずれもピーク時で75%を超えている</u>	（正5）過去の景気拡張期（白の部分、3箇所）すべて （誤5-1）景気拡張期の一箇所のみ （誤5-1）景気後退期（カゲの部分）
6	過去の景気拡張局面の生産指数DIがいずれもピーク時で<u>75%を超えている</u>	（正6）過去景気拡張期（3箇所）最高点 （誤6-1）1983–1985年の景気拡張期の最高点 （誤6-2）1983–1985年、および1992–1997年の景気拡張期での最高点（2点）

（4）　考察

実験8では、文章理解に有効な図示情報利用の方略を明らかにするため、図示情報と言語情報との対応づける場合にどのような困難点があるかについて考察を行った。特に、上位群と下位群の得点差が大きかった場合（問3、5、6）と小さかった場合（問1、2、4）の比較から、その特徴として以下の2点を明らかにした。

　まず、第1点として言語情報と図示情報の対応関係の複雑さがあげられる。例えば、正答率が高い場合は、問2「99年の春から2000年秋」、および問4「2000年の5月」のように図示情報上の時期が特定された場合、言語情報と図示情報の対応関係の把握が容易であったと考えられる。一方、問5、6「過去の景気拡張局面」、あるいは「いずれもピーク時で75%を超えて

いる」では、3箇所の景気拡張局面とピーク時が複数存在するため、低位群ではすべてを指摘できなかった。この結果から、言語と図示が1対1で対応する場合は理解が容易であるが、言語が図示上の複数の部分と対応する場合はその把握が難しいことが明らかになった。

第2点として、図示情報の理解において文章情報の解釈を必要とすることがあげられる。例えば、問3「前回の景気拡張」では、「前回」の時期が明示されておらず、文脈から時期を特定して図表上の該当箇所を見つけ出す必要があった。このように、図示情報を言語情報と関係づけて解釈する場合に、文章情報の正確な理解が前提となることが明らかにされた。つまり、図示情報を適切に利用するには、文章中に明示的に記述されていない情報を補って、図示情報上の該当情報を特定化することが必要であることが確認された。

5.4.3 実験7-8のまとめと教授方略4-5

本節では、加藤ほか(2001)、および加藤(2002)の先行研究をふまえて、自由記述データ分析による質的アプローチから、研究論文の理解に有効な情報読み取り方略を明らかにすることを試みた。

実験7では、質的アプローチにより学習者が学術論文を読みこなしていくための図示情報活用方略として、文章と図とに共通の情報を相互に「パラフレイズ（言い換える）」することが有効である可能性が示された。この結果から、教授方略4として「内容理解に結びつく読解方策としてパラフレイズ（言い換え）を行わせる」が導出された。

実験8では、具体的な情報読み取り場面を設定して、文章理解に優れた読者と劣った読者との図表情報と文章情報との関連づけ（パラフレイズ）にどのような相違が見られるかを明らかにした。その結果、文章中に明示されない情報を補って図示情報上の該当情報を特定化する場合、正確な情報が得にくいという問題が明らかになった。すなわち、実験8では、日本語能力が低い読者にとって、「言語情報と図示情報が1対1の対応より1対多の対応関係である場合に理解が困難である」を明らかにした。この結果から、「言語情報と図示情報が1対多の対応を中心に指導を行う」という教授方略5が導

かれた。

　これら2つの実験から、内容理解に優れた読者と劣った読者とでは、図示情報利用における困難点が異なることが示された。このような傾向が、日本語能力が限られた留学生に特有の傾向であるのか、あるいは、日本語能力が十分な日本人と共通したものであるかをさらに検討していくことが求められる。

5.5　図示情報利用の前提条件

前節までは、読者(学習者)要因との関係から「図示情報」の呈示が内容理解に与える影響を複数の実証実験から明らかにすることを試みた。しかし、「図示情報」利用を含む認知的方略は、常に同じ効果が期待することができず、場面やそれを用いる学習者要因によりその効果が異なることが指摘されている(Van Meter 2001, Lehman & Schraw 2001)。したがって、認知的方略の利用においては、それを利用する学習者要因だけでなく「どのような場面」で、また「どう利用されるか」を詳細に検討する必要がある。

　そこで、実験9–12(第4群)では、読者の日本語能力、および専門知識により、「図示情報」の効果がどのように異なるかを明らかにする実験を計画した。被験者は、日本人学生と外国人留学生を対象として、言語能力と専門知識の相違が、「図示情報」の利用に与える影響を明らかにすることを試みた。先行研究であるVan Meter (2001)では、小学生を対象に複雑な科学的文章の読み取りにおいて、文章を読みながらその内容を描く読解方策(描図方略)が文章の内容理解に効果的であることが指摘されている。この実験では、複数の条件を設定し、多肢選択課題(再認式)と内容要約(内容統合式)から評価した結果、多肢選択課題においては各条件間に差が見られなかった。しかし、要約では、描図と質問を組み合わせた条件群が、描図条件群よりも内容的統合を示す記述が多く見られたと報告されている。このように、適切な認知方略の使用は、文章再認より、内容統合的理解に影響を及ぼすことが期待されている。

5.5.1 図示情報と学習者要因の関係（実験9）

実験9–12（第4群）では、読者の日本語能力、および専門知識により、「図示情報」の効果がどのように異なるかを明らかにする実験を計画した。認知的方略に影響する要因として、①学習者要因、②呈示刺激（文章教材）要因、③理解過程要因を設定した。実験9から実験12までは、図示情報利用における、①学習者要因と③理解過程要因の影響を検証した。続く、5.6節では、実験13から実験16において②呈示刺激（文章教材）要因と③理解過程要因との関わりから、図示情報利用の効果を明らかにした。

（1） 目的

実験9では、読者要因（専門知識と言語能力）と、図示情報の使用条件（呈示・非呈示、および解釈の正確さ）が文章理解過程（等価処理 Assimilation・弁別処理 Discrimination）に与える影響を明らかにすることを目的とした。以下の①学習者要因と③理解過程要因の影響を検証するために仮説を設定した。特に、日本語能力が内容理解にどのような影響を与えているか検討するために、外国人留学生だけでなく、日本人学生も対象として実験を行った。

仮説1：図示情報の解釈の正確さによって文章理解に差がある
仮説2：専門の相違により文章理解における図示情報の効果に差がある

（2） 方法

(ⅰ) 被験者

日本人学生は、日本の大学・大学院に在籍する情報科学系学生（22名）と人文科学系学生（26名）である。一方、外国人留学生も、日本の大学・大学院に在籍する情報科学系学生（20名）と人文科学系学生（21名）である。外国人留学生は、中国、台湾、韓国など、すべて漢字圏出身者であった。

(ⅱ) 文章教材

情報処理学会論文誌に掲載された松倉隆一ほか（1999）「オフィスの移動を考慮した対面コラボレーション環境の検討」（Vol.40, No.7 の第3節、従来の会議環境と電子会議の比較）を取り上げた。この部分は、図示情報（領域系・

解説図)を用いて従来の会議と電子会議との共通する機能を論じている。解説文は600字ほどの2段落からなる文章であり、図示情報は主に第2段落の内容説明に用いられている（Appendix 4 参照）。

(iii) 条件設定

図示利用群は、原文の図示情報に解説文中の2つのキーワード（個人作業・コラボレーション作業）を書き込ませる課題とした。また、統制群は、図示情報を呈示するだけの条件とした。図示利用群は、表5–17に示すように、キーワード課題の正答率により、図示正確群と不正確群とに分けられた。日本人では、図示利用群24名のうち、図示正確群が19名、不正確群が5名であった。一方、外国人留学生では、図示利用群23名のうち、図示正確群が11名、不正確群が12名であった。

(iv) 手続き

実験は郵送により実験用紙を配布し、個別に実施した。

(3) 結果

実験9では、内容理解の評価として等価処理課題を用いた。使用した問題は、文章中の個々の事実把握に関する多肢選択課題（8問）とした。これは、図表に提示された事実関係を問う課題（図表課題：4問）と文章情報により提示された事実関係を問う課題（言語課題：4問）から構成される。

(i) 日本語能力

表5–17は、日本人学生と外国人留学生89名について、条件ごとの平均点と標準偏差を示したものである。表5–18に示すように、等価処理課題（8点）について2（日本語能力：日本人・外国人）×3（図示条件：統制・正確・不正確）の分散分析を行った結果、図示情報の利用条件においては有意な差は見られなかった。しかし、日本語能力の相違、つまり日本人と外国人とでは、等価処理課題において有意な差が見られた（$F(1, 83) = 13.81, p < .01$）。

(ii) 図示条件

日本人学生と外国人留学生では、等価処理課題において得点差が大きいことが、(i)の分析により確認された。したがって、日本人と留学生を直接比較するのでなく、それぞれの条件間の相違を明らかにすることにした。

表5-17 実験9の各条件別の得点(単位：点、8点満点)

	統制群	正確群	不正確群
日本人 (N=48)	N=24 6.88 (1.33)	N=19 7.21 (0.95)	N=5 7.20 (1.17)
外国人 (N=41)	N=18 6.39 (1.25)	N=11 6.18 (1.19)	N=12 5.33 (1.31)

( )内は標準偏差

表5-18 実験9の分散分析表(日本語能力)

要因	SS	df	MS	F
日本語能力	21.81	1	21.82	13.81**
図示条件	2.46	2	1.23	<1
能力×図示条件	5.54	2	2.77	1.75
誤差	131.16	83	1.58	
全体	160.98	88		

**$p<.01$

　まず、図示情報の解釈の正確さにより、文章理解にどのような相違が見られるかについて検討した。上の表5-17は、図示情報の利用条件ごとに日本人学生と外国人留学生の平均点と標準偏差を示したものである。図示条件の相違が等価処理過程に及ぼす影響について1×3(図示条件)の分散分析を行った(表19、20)。その結果、日本人では、図示条件($F(2, 45) = 0.45$, n.s)であり、条件間に有意な差は見られなかった。しかし、外国人留学生では、図示条件($F(2, 38) = 2.47$, $.05<P<.10$)に有意傾向が見られた。LSD法による多重比較の結果、統制群が図示不正確群より有意に平均点が高かった($MSe = 1.70$, 5%)。

(iii) **専門知識**

　表5-21は、専門分野別に日本人と外国人留学生の平均点と標準偏差を示したものである。専門知識と図示条件が等価処理過程に及ぼす影響について、2(専門・非専門)×2(図示・非図示)の分散分析を、日本人と外国人のそれぞれについて行った。その結果、日本人では、専門($F(1, 44) = 1.03$, n.s.)、

表 5-19　実験 9 の分散分析表（図示条件・日本人）

要因	SS	df	MS	F
図示条件	1.33	2	0.67	<1
誤差	66.58	45	1.48	
全体	67.91	47		

表 5-20　実験 9 の分散分析表（図示条件・外国人）

要因	SS	df	MS	F
図示条件	8.39	2	4.20	2.47†
誤差	64.58	38	1.70	
全体	73.00	40		

† $.05 < p < .10$

および、図示条件（$F(1, 44) = 1.03$, n.s.）において有意な差は見られなかった。同様に、外国人留学生においても、専門（$F(1, 37) = 0.63$, n.s.）、および、図示条件（$F(1, 37) = 2.08$, n.s.）において有意な差は見られなかった。したがって、日本人、外国人ともに、等価処理過程においては、専門知識の相違による差は見られなかった。

表 5-21　実験 9 の専門・条件別の得点（単位：点、8 点満点）

専門分野	情報科学系		人文・社会科学系	
図示条件	統制	図示	統制	図示
日本人 （N = 48）	N = 10 6.70 (1.55)	N = 12 7.00 (1.08)	N = 14 7.00 (1.13)	N = 12 7.42 (0.86)
外国人 （N = 41）	N = 8 6.00 (1.58)	N = 12 5.75 (0.83)	N = 10 6.70 (0.78)	N = 11 5.73 (1.71)

（4）　考察

実験 9 の結果から、日本語能力が十分に備わった日本人では、等価処理課題において、仮説 1「図示情報の解釈の正確さによって文章理解に差がある」

と仮説2「専門の相違により文章理解における図示情報の効果は差がある」の両方が棄却された。しかしながら、日本人では統制群よりも図示方略を用いた群が平均点が高く、図示情報の利用が内容理解を促進する可能性を示すとも考えられる。

　一方、日本語能力が限定的な外国人留学生では、仮説1「図示情報の解釈の正確さによって、文章理解に差がある」は支持された。統制群では、図示情報の解釈が不正確な群より有意に等価処理課題の得点が高く、不正確な図示情報の理解は文章理解を妨げる可能性が示されたといえる。また、仮説2「専門の相違により文章理解における図示情報の効果に差がある」については、日本人と同様に棄却され専門知識の相違により文章理解に有意な差は見られなかった。

5.5.2　弁別処理過程の評価方法

実験9では、文章中の個々の事実を問う多肢選択課題が用いられたが、実験10では、要約課題を内容の統合的な理解に関わる測度として用いた。このような文章理解の測定は、読解練習用の文章に対して、様々な課題を遂行することを通じて行われる。したがって、課題の設定は、学習者が文章を理解したことをどのような反応(形式)で表現させるかに関わってくる。つまり、理解度の最も効果的な測定法との関連において、課題の形式、機能を考えなければならないとされている。

　要約課題は、文章全体の構造を把握し、その重要度を判断するための弁別処理課題と考えられる。また、学習方略の効果を検証する実験においても、多肢選択課題だけでなく、統合的な内容理解に関わる測度として要約課題も広く用いられている (Van Meter 2001、Lehman & Schraw 2002、邑本 1992、佐久間 1989、佐久間 1994)。しかしながら、要約課題は評定者の「主観的な判断基準」による場合が多く、その判断の妥当性、信頼性については十分な検討が必要とされている (邑本 1992)。

　そこで、本節では、文章理解における新しい弁別処理課題の評価法を提案する。この評価法に基づいて、実験10では、この規準に基づいて評価基準を作成し、図示情報の解釈の正確さが、内容の統合的理解に与える影響を検

（1） 文章教材の階層構造の導出

文章構造は、2章において概観したように、Hobbs(1990)、および亀山(1999)らによって提案された手法により、談話全体の構造が整合関係で結ばれた木構造として表現することが可能である。この「文章（談話）構造」の階層的構造化は研究論文の大局的構造を明らかにし、文章構造に基づいた内容の階層的関係性を理解する指標となる。(亀山1999)。このような内容の階層性を「どの程度理解したか」という視点から、弁別処理課題の評価方法として提案する（加藤ほか2003）。

実験10で取り上げた文章教材の構造は、図5-4のように階層的木構造として表現される。図5-4において、2つの談話節を結ぶ整合関係は、9関係が同定される。この談話構造例では、上位に位置する木構造は大局的関係を、下位では局所的な関係を示している。したがって、図5-4の例では、文章教材に含まれるすべての文（談話節）の関係を大局的に定義した関係が「設定」である。一方、隣あう文間（談話節間）の関係を規定した「詳述」、

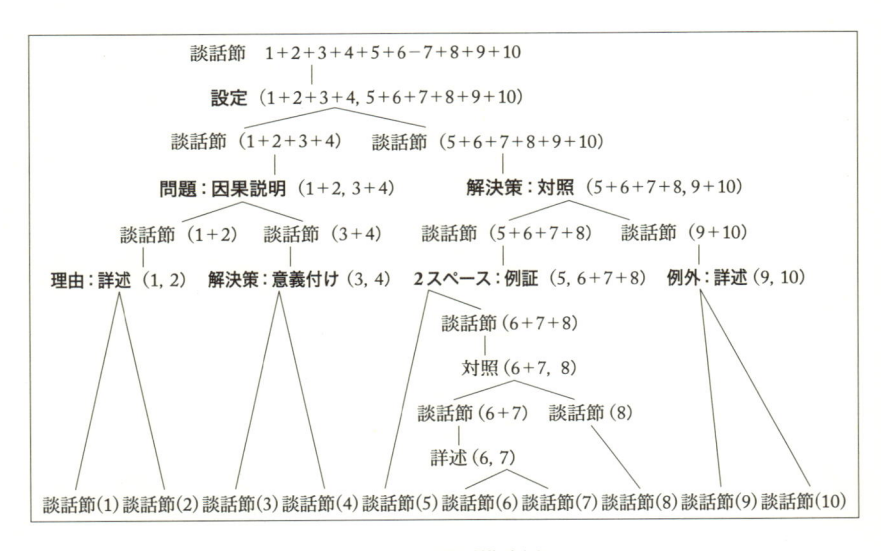

```
談話節　1+2+3+4+5+6-7+8+9+10
            │
     設定（1+2+3+4, 5+6+7+8+9+10）
      ╱                    ╲
談話節（1+2+3+4）      談話節（5+6+7+8+9+10）
問題：因果説明（1+2, 3+4）   解決策：対照（5+6+7+8, 9+10）
  ╱        ╲              ╱              ╲
談話節(1+2) 談話節(3+4)   談話節(5+6+7+8)  談話節(9+10)
理由：詳述(1,2) 解決策：意義付け(3,4) 2スペース：例証(5, 6+7+8) 例外：詳述(9,10)
                              │
                          談話節(6+7+8)
                          対照(6+7, 8)
                          談話節(6+7) 談話節(8)
                           詳述(6,7)

談話節(1)談話節(2)談話節(3)談話節(4)談話節(5)談話節(6)談話節(7)談話節(8)談話節(9)談話節(10)
```

図5-4　談話構造例

あるいは、「意義付け」などは、局所的関係を表している。このような手法により、さらに、底辺の談話節（文）の列の上に、整合関係で結ばれた中間段階の談話節も含んだ談話構造として定義することができる。したがって、この中間段階の談話節は、段落と呼ばれる言語単位に対応することが指摘されている（亀山 1999）。

（2） 要約評価の基準

要約課題は、文章全体の構造を把握し、その重要度を判断するための弁別処理課題と考えられる。また、学習方略の効果を検証する実験においても、文章中の個々の事実を問う多肢選択課題だけでなく、統合的な内容理解に関わる測度として要約課題も広く用いられている（Van Meter 2001、Lehman & Schraw 2002、邑本 1992、佐久間 1989、佐久間 1994）。

つまり、文章（談話）の意味は、その談話を構成する言語単位（発話文や文）の意味の集合でなく、これらの言語単位を結ぶ関係的意味（relational meaning）の解明に重点を置くべきとされている。このような立場から、文と文の整合関係を基準に2つの隣り合う文（言語単位）をより大きな単位としてまとめ、さらに、談話全体の構造を階層的な木構造としてあらわす手法も提案されている。したがって、内容理解の指標として、「構造化された整合関係がどの程度指摘されているか」という視点からの要約評価が可能と考える（加藤ほか 2003）

このような立場から、実際に、日本人話者から要約文を収集し、その類型化により要約産出方策を明らかにしようとする評価手法も提案されている（佐久間 1989、1994、邑本 1992）。邑本（1992）は、様々な要約文を収集し、4つの類型化（凝縮型・具現型・複写型・換言型）を行っている。また、佐久間（1989、1994）では、原文中の各情報が要約文にどの程度残存しているかという視点からの類型化を試みている。

本研究では、原文の「階層的構造関係（整合関係）」と「原文の残存度（複写）」を取り入れて、以下のような「要約評価基準」を作成した。

(3) 要約評価の手順

要約文を構成する各文（談話節）を以下の手順に従って、「整合関係」を記述した文か、あるいか原文を「複写」した文であるかを同定する。また、「整合関係」および「複写」に該当しない文は、「その他」に分類する。

(ⅰ) 原文（文章教材）の「文」と要約の「文」が一致する場合
1) 要約文が単文の場合、「文の指摘」を同定する
2) 要約文が複文の場合は、単文ごとに「文の指摘」を同定する
3) 要約文に「文」と「文」の関係を示す接続詞、副詞などが、用いられた場合「整合関係」を同定する

(ⅱ) 自由記述が呈示刺激（文章）中の「文」と部分的に一致する場合
1) 「文」に記述された内容を示す整合関係を同定する
2) 2文間の関係を指摘した内容は、「局所的整合関係」とする
3) 複数文間を記述した内容は、「総括的局所関係」とする
4) 文章をまとめる最も上位の整合関係を「中心的整合関係」とする

(ⅲ) 原文の内容と無関係な指摘は「その他」に分類する

以上の手順により、要約文を構成する各文は、①中心的整合関係②周辺的整合関係③複写④その他の4種類のカテゴリに分類される。②周辺的整合関係は、「局所的整合関係」と「総括的局所関係」をまとめたものとした。この4つのカテゴリの指摘が行われたか否かにより、読者を割り当てることができる（加藤ほか 2003）。この評価手法を適用して、5.5.3節では、実験10の評価を行う。

5.5.3 弁別処理過程における図示情報の効果（実験10）

実験10では、実験9と同様に、言語能力と専門の異なる日本人と外国人留学生を対象に、3種類の図示情報の利用条件を設定し、内容要約（内容統合式）により評価を行った。

（1） 目的

実験10では、読者要因（専門知識と言語能力）と、図示情報の使用条件（呈示・非呈示、および解釈の正確さ）が文章理解過程（弁別処理 Discrimination）に与える影響を明らかにすることを目的とした。実験9と同様に、以下の①学習者要因（仮説1）と③理解過程要因（仮説2）の影響を検証するために仮説を設定した。

仮説1：図示情報の解釈の正確さによって文章理解に差がある
仮説2：専門の相違により文章理解における図示情報の効果に差がある

（2） 方法

（ⅰ） 被験者

実験9と同じ被験者を対象とした。すなわち、日本人学生（情報科学系22名・人文科学系26名）である。また、外国人留学生（情報科学系20名・人文科学系21名）である。外国人留学生は、すべて漢字圏出身者であった。

（ⅱ）文章教材

実験9と同じく、情報処理学会論文誌に掲載された松倉隆一ほか（1999）「オフィスの移動を考慮した対面コラボレーション環境の検討」（Vol.40, No.7 の第3節．従来の会議環境と電子会議の比較）を取り上げた。

（ⅲ） 条件設定

実験9と同様に、日本人の図示利用群24名は、図示正確群19名と不正確群5名とに分けられた。一方、外国人留学生では、図示正確群が11名、不正確群が12名であった。

（ⅳ） 手続き

実験は郵送により実験用紙を配布し、個別に実施した。まず、実験9の等価処理課題を行わせ、続いて実験10の要約課題を行わせた。

（3） 結果

実験10の弁別処理課題は、文章全体の要旨を100–150字程度でまとめる要約課題とした。

(i) 日本語能力

表 5-22 は、日本人と外国人留学生 89 名について、5.5.2 節で述べた弁別処理過程の要約評価基準（中心的整合性・周辺的整合性・複写・その他）ごとの人数を示したものである。複数の評価基準に当てはまる場合は、弁別処理過程に関わりが深いカテゴリを優先させた。すなわち、①中心的整合性＞②周辺的整合性＞③複写＞④その他とした。

したがって、要約文に中心的整合性と複写が同時に現れた場合、より優先度の高い中心的整合関係のカテゴリに分類される。表 5-23 に示すように、日本人と外国人について、4 カテゴリの人数について χ^2 検定を行った結果、人数の偏りが有意であった（$\chi^2(3) = 11.19, p < .05$）。残差分析の結果、「その他」カテゴリの人数が日本人より外国人が有意に多いことが明らかになった。

表 5-22 実験 10 の専門別の人数

図示条件	中心整合	周辺整合	複写	その他	合計
日本人・情報	8	7	5	2	22
日本人・非情報	10	7	8	1	26
外国人・情報	5	6	3	6	20
外国人・非情報	5	3	5	8	21

表 5-23 実験 10 の日本語能力別の人数

図示条件	中心整合	周辺整合	複写	その他	合計
日本人	18	14	13	3	48
外国人	10	9	8	14	41

(ii) 専門知識

表 5-22 は、日本人 48 名と外国人留学生 41 名を別々に集計したものである。日本人、外国人ごとに専門知識の影響をそれぞれ検討する。日本人では、χ^2 検定を行った結果、人数の偏りが有意でなかった（$\chi^2(1) = 0.02$, n.s.）。同様に、外国人でも、χ^2 検定の結果、人数の偏りが有意でなかった（$\chi^2(1) = 0.09$, n.s.）。

（ⅲ）　図示条件

表 5-24 は、日本人 48 名と外国人留学生 41 名を図示条件別に集計したものである。日本人では、図示情報が不正確である人数が 5 名と非常に少なかったので、図示群としてまとめて統制群との比較を行った。中心的整合関係について χ^2 検定を行った結果、人数の偏りが有意であった（$\chi^2(1) = 5.68, p < .05.$）。したがって、日本人では、図示情報を利用した場合、利用しなかった場合に比べて、中心的整合関係を指摘する人数が多かった。また、中心的整合関係以外の周辺的整合関係や複写などを指摘する人数も、図示情報を利用した場合のほうが多かった。一方、外国人では、χ^2 検定を行った結果、人数の偏りが有意でなかった（$\chi^2(1) = 1.03, \text{n.s.}$）。また、統制群と図示情報を正確に利用した場合について χ^2 検定を行った結果も、人数の偏りが有意でなかった（$\chi^2(1) = 0.46, \text{n.s.}$）。したがって、日本人の場合と異なり、弁別処理過程においては、図示情報が理解を促進しない可能性が示された。

表 5-24　実験 10 の条件別の人数

図示条件	中心整合	周辺整合	複写	その他	合計
日本人・統制	5	9	8	2	24
日本人・図示正確	2	0	2	1	5
日本人・図示不正確	11	5	3	0	19
外国人・統制	3	3	3	9	18
外国人・図示正確	4	3	4	1	12
外国人・図示不正確	3	3	1	4	11

（4）　考察

実験 10 の結果から、日本語能力が十分に備わった日本人と外国人では、図示情報利用の効果が異なった。まず、日本人では、仮説 1「図示情報の解釈の正確さによって文章理解に差がある」は支持されて、図示情報の利用が弁別処理課題の理解を促進する可能性が示された。また、仮説 2「専門の相違により文章理解における図示情報の効果に差がある」は、等価処理課題と同様に棄却された。

一方、日本語能力が限定的な外国人留学生においては、仮説 1「図示情報

の解釈の正確さによって文章理解に差がある」は棄却された。したがって、日本人の場合と異なり、図示情報が弁別処理過程において、理解を促進する効果をもたらさない可能性が示された。また、仮説2「専門の相違により文章理解における図示情報の効果は差がある」は等価処理課題と同様に棄却された。

5.5.4 図示情報解釈の正確さの影響（実験11-12）

実験9、および実験10では、図示情報解釈の正確さが文章理解に与える影響を日本語能力の異なる日本人と外国人留学生に対して検証した。その結果、日本語能力が十分な日本人では、弁別処理課題である要約において、図示情報の利用が内容理解を促進する可能性が示された。一方、外国人留学生では、図示情報が、等価処理課題と弁別処理課題の双方において、内容理解を必ずしも促進しない可能性が示された。実験11、および実験12においては、先行実験で得られた結果が他の文章教材においても、確認できるか否かを検討した。

（1）目的

実験11、および実験12では、読者要因（専門知識と言語能力）と、図示情報の使用条件（呈示・非呈示、および解釈の正確さ）が文章理解過程（等価処理 Assimilation・弁別処理 Discrimination）に与える影響を明らかにすることを目的とした。以下の①学習者要因（仮説1）と③理解過程要因（仮説2）の影響を検証するために仮説を設定した。実験9と実験10と同じく、以下のような仮説を設定した。

仮説1：図示情報の解釈の正確さによって文章理解に差がある
仮説2：専門の相違により文章理解における図示情報の効果に差がある

（2）方法
（i）被験者
日本人学生は、日本の大学・大学院に在籍する情報科学系学生（22名）と人

文科学系学生（26名）である。一方、外国人留学生も、日本の大学・大学院に在籍する情報科学系学生（18名）と人文科学系学生（21名）である。外国人留学生は、すべて漢字圏出身者であった。図示利用群は、提示した解説文中の図表に解説文の2つのキーワード（個人作業・コラボレーション作業）を書き込ませる課題の正答率により、図示正確群と不正確群とに分けられた。日本人では、図示正確群が42名、不正確が6名であった。一方、外国人留学生では、図示正確群が22名、不正確群が17名であった。

(ii) 文章教材

情報処理学会論文誌に掲載された佐々木良一ほか（2002）「不正コピー対策の最適組み合わせに関する考察」(Vol.43, No.8 の第2節、不正コピーの分類）を取り上げた。この部分は、図示情報（領域系・解説図）を用いて2種類の不正コピーの分類について論じている。構成は、600字ほどの2段落からなる文章であり、図示情報は、第1段落と2段落の内容説明に用いられている（Appendix 5 参照）。

(iii) 条件設定

図示利用群は、提示した解説文中の図表に解説文の2つのキーワード（コンテンツ入手、コンテンツ入手以降）を書き込ませる課題とした。また、統制群は設けなかった。

(iv) 手続き

実験は郵送により実験用紙を配布し、個別に実施した。まず、実験11の等価処理課題を行わせ、続いて実験12の要約課題を行わせた。

(3) 結果

実験11では、等価処理課題を用い、実験12の弁別処理課題は、文章全体の要旨をまとめる要約課題とした（Appendix 5 参照）。

(i) 等価処理課題における専門能力・図示条件の影響

実験11では、日本人47名（1名欠損データ）と外国人留学生39名を対象とした。表5-25は、日本人、外国人ごとに、等価処理課題（9点）の平均点と標準偏差を、専門・図示条件別に示したものである。専門知識と図示条件の効果を明らかにするために、2（専門：情報・人文・社会）×2（図示条件：

正確・不正確)の分散分析を行った。

日本人は、表 5–26 に示すように、専門知識に関しては有意ではなかったが、図示条件の正確さについては有意傾向が見られた($F(1,43) = 3.42^\dagger$, $.05 < p < .10$)。また、外国人は、表 5–27 に示すように、専門知識については有意ではなかったが、図示条件の正確さにおいては5%レベルで有意であった($F(1, 35) = 7.12, p < .05$)。

表 5-25　実験 11 の各条件別の得点(単位：点、9 点満点)

専門分野	情報科学系		人文・社会科学系	
図示条件	図示正解	図示不正解	図示正解	図示不正解
日本人 (N = 47)	N = 20 8.10 (0.94)	N = 2 7.00 (1.00)	N = 21 8.10 (0.67)	N = 4 7.50 (0.87)
外国人 (N = 39)	N = 8 6.75 (0.66)	N = 10 5.90 (1.30)	N = 14 7.00 (1.13)	N = 7 5.57 (1.68)

表 5-26　実験 11 の分散分析表(日本人)

要因	SS	df	MS	F
図示解釈の正確さ	3.39	1	3.39	$3.42^\dagger$
専門	0.29	1	0.29	<1
正確さ×専門	0.30	1	0.30	<1
誤差	42.60	43	0.99	
全体	46.59	46		

$^\dagger .05 < p < .10$

表 5-27　実験 11 の分散分析表(外国人)

要因	SS	df	MS	F
図示解釈の正確さ	11.82	1	11.82	7.12*
専門	0.01	1	0.01	<1
正確さ×専門	0.76	1	0.76	<1
誤差	58.11	35	1.66	
全体	70.71	38		

*p < .05

(ⅱ) 弁別処理課題における専門能力・図示条件の影響

実験12では、日本人48名と外国人留学生39名を対象とした。表5-28は日本人、表5-29は外国人のカテゴリごとの人数を集計したものである。まず、日本人を対象として、図示情報の解釈の正確さ、および専門知識が、弁別処理課題に与える影響を検討した。日本人では、図示情報が不正確である人数が6名と非常に少なかったので、5.5.3節の実験10の場合と同様に、図示情報の正確、不正確によるカテゴリの人数の比較は行うことができなかった。したがって、仮説1については、検討できなかった。次に、日本人を対象に専門知識(仮説2)の相違についてχ^2検定を行った結果、人数の偏りは有意でなかった($\chi^2(3) = 2.29$, n.s.)。

表5-28 実験12の専門・条件別の人数(日本人)

図示条件	中心整合	周辺整合	複写	その他	合計
情報系・図示正確	10	3	5	2	20
情報系・図示不正確	1	0	0	1	2
人文社会・図示正確	7	7	5	3	22
人文社会・図示不正確	2	1	0	1	4

表5-29 実験12の専門・条件別の人数(外国人)

図示条件	中心整合	周辺整合	複写	その他	合計
情報系・図示正確	3	1	3	1	8
情報系・図示不正確	0	3	3	4	10
人文社会・図示正確	4	2	1	7	14
人文社会・図示不正確	1	1	2	3	7

次いで、外国人留学生について、図示情報の解釈の正確さが弁別処理課題に与える影響を検討した。カテゴリの度数が少ないために、「中心的整合関係」と「それ以外」として人数を集計し、χ^2検定を行った。その結果、図示解釈の正確群と不正確群では、「中心的整合関係」および「それ以外」の人数の偏りが有意であった。したがって、図示情報が正確に解釈された場合

は、不正確な場合よりも「中心的整合関係」の指摘をする留学生が多いことが明らかになった。

一方、専門知識については、外国人留学生の情報科学系 18 名と人文・社会系 21 人の比較を行った。専門知識（仮説 2）の相違について χ^2 検定を行った結果、人数の偏りは有意でなかった（$\chi^2(3) = 3.09$, n.s.）。

（4） 考察
実験結果から、日本語能力が十分に備わった日本人では、等価処理課題、および弁別処理課題において、仮説 1「図示情報の解釈の正確さによって文章理解に差がある」は支持された。また、外国人留学生においても、同様の傾向が明らかになった。しかし、仮説 2「専門の相違により文章理解における図示情報の効果に差がある」は、日本人、および外国人留学生の分析結果から棄却された。つまり、等価処理課題、および弁別処理課題において、専門知識による文章理解の相違は見られず、この傾向は日本人と外国人留学生の双方において確認された。

5.5.5　実験 9–12 のまとめと教授方略 6–7

実験 9 から実験 10 では、日本語能力が異なる日本人学生と留学生を対象に、等価処理課題、および弁別処理課題を用いて行った。検討した仮説は以下の 2 つである。仮説 1「図示情報の解釈の正確さによって文章理解に差がある」について、日本人と外国人とでは図示情報利用の効果が異なった。まず、日本人では、仮説 1 は支持されて、図示情報の利用が弁別処理課題の理解を促進する可能性が示された。一方、日本語能力が限定的な外国人留学生においても、仮説 1 は支持された。しかし、図示情報の積極的利用を促さなかった場合（統制群）と比較して、積極的に図示情報を用いるように注意を与えること、および、その解釈を正確に行うことの優位性は示されなかった。むしろ、図示情報が誤って解釈された場合では、図示情報の積極的利用を促さなかった場合（統制群）より、等価処理課題の得点が有意に低かったという結果が得られた。

等価処理課題について、実験 9 から「外国人留学生では情報移転方策の不

正確群よりも情報移転方策を使用しない群の平均点が高い」こと、また、実験11においても「外国人留学生では情報移転方策の正確群のほうが不正確群より平均点が高い」ことが明らかにされた。この結果から、教授方略6「等価処理課題において情報移転方策を効果的に使用するには図示情報の解釈が正確であることを確認する」が導かれた。

　さらに、実験11と12でも同様の条件において行った。その結果、日本人、および留学生はともに、等価処理課題と弁別処理課題において、図示情報を正確に解釈することが文章理解を促進することが示された。この理由として、実験11と12の文章教材では、図示情報が言語情報全体の解説に対応し、図示の利用が内容理解全体に有効であったと考えられる。一方、実験9と10の教材は、図示情報とそれを解説した言語情報は部分的にしか対応していなかったため、文章全体の理解を促進しなかったと考えられる。つまり、実験9と10のほうが、実験11と12の場合より、図示情報と言語情報を結びつけて解釈することが困難であったと考えられる。このような文章と図示情報の関係など教材の構造的要因が、図示情報の利用に影響を与えたと推測される。また、このような教材の構造が内容理解に与える影響は、「等価処理課題」よりも「弁別処理課題」において顕著に表れることが明らかになった。

　したがって、弁別処理課題においては、実験10の「文章教材と図示情報の内容が部分的に一致する場合」では、外国人留学生は、情報移転方策の使用の有無、および図示情報解釈の正確さにより内容理解に有意な差が見られなかった。一方、実験12の「文章教材と図示情報の内容が全体的に一致する場合」では、「外国人留学生では情報移転方策の正確群のほうが不正確群より平均点が高い」ことが明らかになった。この結果から教授方略7「弁別処理課題の文章教材は言語情報と図示情報の内容が全体的に一致する課題を用いる」が導かれた。

　次の5.6節では、文章教材の言語要因を操作することによって、文章理解につながる「図示情報」利用が促進される環境要因を明らかにすることを試みる。

5.6 文章教材の言語構造要因の軽減

文章理解において、認知的方略の効果的利用をすすめる場合、①学習者要因、②呈示刺激（文章教材）要因、③理解過程要因などを制御する必要があるとされる。前節の実験 9–12（第 4 群）では、図示情報利用における①学習者要因と③理解過程要因の影響を検証した。本節においては、実験 13–16（第 5 群）では、②呈示刺激（文章教材）要因と③理解過程要因との関わりから、図示情報利用の効果を明らかにする。

先の第 4 章において定義した日本語教材設計モデルにおいて、文章理解を促進する読解方策として、図示情報利用のほかに用語法、結束法、整合法があげられた。これらの「読解方策」のうち、文章理解に関わる言語的要因としての「結束法」に着目し、「構文的複雑性」と「省略によるあいまい性」が「図示情報」の利用に与える影響を明らかにすることを試みた。

5.6.1 節では、「構文的複雑性の軽減した文章教材」と原文とでは、図示情報の利用の効果がどのように異なるかを検討した。さらに、5.6.2 節では、「意味のあいまい味性を解消した文章教材」と原文において、図示情報利用の効果を比較した。

5.6.1 文章教材の言語構造要因の操作

文章教材の言語的複雑性を軽減する読解方策として、まず「結束法」を取り上げる。結束法（結束的方策）とは、研究論文理解において、言語形式と意味を組み合わせる能力を促進する学習方略をいう。つまり、指示表現、代用表現、接続表現などの言語手段を理解し、どのように独立した文から「より意味のある単位」が構成されるかに関わるものである（Haliday & Hassan 1976）。これらは、語彙などを扱う用語法と同様に文章全体の理解よりも、むしろ局所的理解に関わる読解方策として位置づけられている。

研究論文の文構造は、入れ子構造や従属節などの複雑な構造が多用されており、これらが、外国人留学生の内容理解を妨げているとの指摘もある（深尾 1994、山本 1995）。したがって、これらの複雑な構造から短文を複数つらねた形に変形することにより、1 文で表現された同じ情報量を保ちつつ、

文章の持つ複雑性やあいまい性を軽減することが可能とされる（Widdowson 1974, Moriarty 1997）。このような「結束法」、および「用語法」に関わる「読解方策」は図5–5に示すようにまとめることができる。

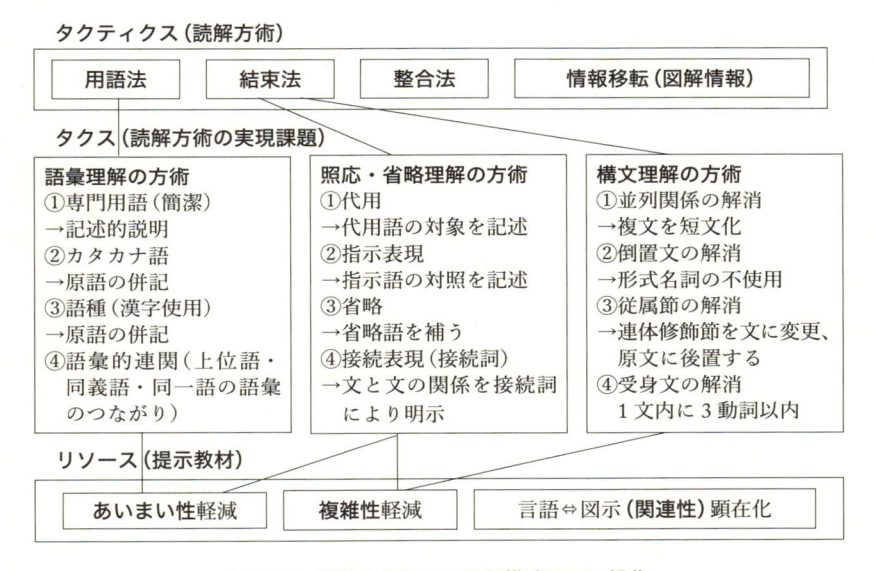

```
タクティクス（読解方術）
┌─────────┬─────────┬─────────┬─────────────────┐
│ 用語法  │ 結束法  │ 整合法  │ 情報移転（図解情報）│
└─────────┴─────────┴─────────┴─────────────────┘
タクス（読解方術の実現課題）
┌──────────────────┬──────────────────┬──────────────────┐
│ 語彙理解の方術    │ 照応・省略理解の方術│ 構文理解の方術    │
│ ①専門用語（簡潔） │ ①代用            │ ①並列関係の解消  │
│ →記述的説明      │ →代用語の対象を記述│ →複文を短文化    │
│ ②カタカナ語      │ ②指示表現        │ ②倒置文の解消    │
│ →原語の併記      │ →指示語の対照を記述│ →形式名詞の不使用│
│ ③語種（漢字使用） │ ③省略            │ ③従属節の解消    │
│ →原語の併記      │ →省略語を補う    │ →連体修飾節を文に変更、│
│ ④語彙的連関（上位語・│ ④接続表現（接続詞）│   原文に後置する  │
│   同義語・同一語の語彙│ →文と文の関係を接続詞│ ④受身文の解消    │
│   のつながり）    │   により明示     │   1文内に3動詞以内│
└──────────────────┴──────────────────┴──────────────────┘
リソース（提示教材）
┌─────────────┬─────────────┬─────────────────────┐
│ あいまい性軽減│ 複雑性軽減  │ 言語⇔図示（関連性）顕在化│
└─────────────┴─────────────┴─────────────────────┘
```

図5–5　読解方術による言語構造要因の操作

（1）　構文的複雑性の軽減

図5–5に示したように、研究論文で多用される入れ子構造や従属節などの言語的複雑性を解消するために、長文で表現された同じ情報量を、短文を複数つらねた形に変形を行った。具体的には、図5–5の「構文理解の方術」に示したように、原文に含まれていた並列構造、従属節などの複文構造を短文構造に変更した。その結果、原文では、連体修飾節（入れ子型）により1文内に5–6動詞が含まれていたが、原文の短文化では3動詞以内とした。このような言語構造の変更により、先行実験（実験9–10）で用いた原文（652字、10文）の短文化（677字、15文）を実現させた（Appendix 6参照）。

（2） 省略によるあいまい性の解消

結束性を表す言語手段としては、指示表現、代用表現、省略（非明示的言語表現）などが一般的に知られている。これらを意図的に使用することによりテキストの異なる箇所同士が結びつけられ、結束性が高まるとされている（Haliday & Hassan 1976）。しかし、言語能力が限定された外国人留学生においては、指示語などの内容を同定し「あいまい性」を解消することは難しい課題と考えられる。そこで、先行実験（実験 9–10）で用いた原文（652 字、10 文）に含まれる省略語や指示表現の内容を補って、詳述化（715 字、10 文）を実現した。したがって、詳述化は、省略された内容を補うために原文の 65.2 字から 71.5 字への一文あたりの文字数が増加している（Appendix 6 参照）。

5.6.2 文章教材の言語的複雑性の軽減（実験 13–14）

図示情報の利用における、「構文的複雑性」の影響を検討するために言語的複雑性が異なる 2 種類の教材（長文・短文）を作成して実験を行った。

（1） 目的

実験 13 では、文章教材要因（言語的複雑性）と、図示情報の使用条件（解釈の正確さ）が等価処理過程に与える影響を明らかにすることを目的とした。また、実験 14 では実験 13 と同様の手続きにより、弁別処理過程に与える影響を明らかにするため、「文章教材の言語的複雑性の相違により文章理解における図示情報の効果に差がある」を仮説とした。

（2） 方法

（i） 被験者

日本の大学・大学院に在籍する外国人留学生 36 名を対象とした。36 名のうち、先行実験（実験 9–10）と同じ文章教材を使用する長文群は、実験に参加した被験者（41 名）のうち、統制群 18 名を除く実験群 23 名とした。したがって長文群 23 名、短文群 13 名である。外国人留学生はすべて漢字圏出身者であった。

(ⅱ) 文章教材

情報処理学会論文誌に掲載された松倉隆一ほか(1999)「オフィスの移動を考慮した対面コラボレーション環境の検討」(Vol.40, No.7 の第3節　従来の会議環境と電子会議の比較)を取り上げた。5.6.1 節で述べた複雑性の軽減手続きにより、文章教材の「短文化」を行った(Appendix 6 参照)。

(ⅲ) 手続き

実験は郵送により実験用紙を配布し、個別に実施した。

(3) 結果

(ⅰ) 等価処理課題における複雑性・図示条件の影響

実験13では、外国人留学生36名を対象とした。表5-30は、各条件別に、等価処理課題(8点満点)の平均点と標準偏差を、複雑性・図示条件別に示したものである。教材の複雑性と図示条件の効果を明らかにするため、2(複雑性：長文・短文)×2(図示条件：正確・不正確)の分散分析を行った。結

表5-30　実験13の各条件の平均点、標準偏差(単位：点)

図示条件	図示正解	図示不正解
長文群 (N＝23)	N＝11 6.18 (1.19)	N＝12 5.33 (1.31)
短文群 (N＝13)	N＝6 6.40 (0.92)	N＝7 5.49 (1.17)

表5-31　実験13の分散分析表

要因	SS	df	MS	F
図示解釈の正確さ	6.42	1	6.42	4.04[†]
複雑性	0.28	1	0.28	＜1
正確さ×複雑性	0.01	1	0.01	＜1
誤差	50.93	32	1.59	
全体	57.64	35		

[†] $.05 < p < .10$

果は、表5-31に示すように、複雑性は有意ではなかったが、図示条件の正確さは有意傾向であった（$F(1, 32) = 4.04^†$, $.05 < p < .10$）。

(ⅱ) **弁別処理課題における複雑性・図示条件の影響**

実験14の条件別に、カテゴリごとの人数を集計したものが、表5-32である。長文条件と短文条件において、複雑さが図示情報の解釈の正確さが弁別処理課題に与える影響を検討するために、長文群（23名）と短文群（13名）を比較した。

表5-32から明らかなように、短文群は、長文群と比較して、「その他」のカテゴリの人数が非常に少なかった。特に、短文群で図示情報を正確に解釈したグループでは、要約において、「複写」および「その他」のカテゴリに該当する被験者はいなかった。そこで、「中心的整合関係」と「それ以外」として人数を集計し、長文群と短文群をあわせてχ^2検定を行った結果、人数の偏りは有意でなかった（$\chi^2(1) = 0.24$, n.s.）。また、長文群のみを対象に正確群と不正確群とを「中心的整合関係」と「それ以外」の人数を集計し、直接確率計算を行った結果、人数の偏りは有意でなかった（片側検定：$P = 0.555$, n.s.）。しかし、短文群のみで正確群と不正確群について「中心的整合関係」と「それ以外」の人数で直接確率計算を行った結果、人数の偏りに有意傾向がみられた（片側検定：$P = 0.0862^†$, $.05 < P < .10$）。

表5-32 実験14の条件別の人数

図示条件	中心整合	周辺整合	複写	その他	合計
長文・図示正確	3	3	1	4	11
長文・図示不正確	4	3	4	1	12
短文・図示正確	4	2	0	0	6
短文・図示不正確	1	2	4	0	7

(4) 考察

実験9では、図示情報の効果を学習者要因である専門知識との関わりにおいて検討した。実験13では、文章教材の複雑さを軽減する条件において、図示解釈が正確である場合に、等価処理課題の得点が有意に高い傾向が見られ

た。この傾向は長文条件、短文条件の双方において明らかにされた。
　また、実験10では、長文条件において図示情報の解釈の正確さが弁別処理課題の理解を促進しない可能性が示されていた。しかし、実験14の短文条件においては、日本人の場合と同じく、図示情報の解釈の正確さが理解を促進する可能性が示された。

5.6.3　文章教材の言語的あいまい性の解消（実験15-16）
図示情報の利用における、「言語的あいまい性」の影響を検討するために言語的あいまい性が異なる2種類の教材（原文・詳述）を作成して実験を行った。

（1）　目的
実験15では、文章教材要因（言語的あいまい性）と図示情報の使用条件（解釈の正確さ）が等価処理過程に与える影響を明らかにすることを目的とした。また、実験16では実験15と同様の手続きにより、弁別処理過程に与える影響を明らかにするため、「文章教材の言語的あいまい性の相違により文章理解における図示情報の効果に差がある」を仮説とした。

（2）　方法
（i）　被験者
日本の大学・大学院に在籍する漢字圏の外国人留学生36名を対象とした。36名のうち、先行実験（実験9-10）と同じ文章教材を使用する長文群は、実験に参加した被験者（41名）のうち、統制群18名を除く実験群23名とした。したがって原文群23名、詳述群12名である。
（ii）　文章教材
情報処理学会論文誌に掲載された松倉隆一ほか（1999）「オフィスの移動を考慮した対面コラボレーション環境の検討」（Vol.40, No.7の第3節）を取り上げ、5.6.2節で述べた手続きにより「詳述化」を行った（Appendix 6参照）。
（iii）手続き
実験は郵送により実験用紙を配布し、個別に実施した。

(3) 結果

(ⅰ) 等価処理課題における複雑性・図示条件の影響

表5-33は、実験15の各条件別に等価処理課題（8点満点）の平均点と標準偏差を、あいまい性・図示正確さの別に示したものである。教材のあいまい性と図示条件の効果を明らかにするために、2（あいまい性：原文・詳述文）×2（図示条件：正確・不正確）の分散分析を行った。結果は、表5-34のように図示条件の正確さが有意傾向であった（$F(1, 32) = 3.21^{\dagger}$, $.05 < p < .10$）。

表5-33 実験15の各条件の平均点、標準偏差（単位：点）

図示条件	図示正解	図示不正解
原文群 （N=23）	N=11 6.18 (1.19)	N=12 5.33 (1.31)
詳述群 （N=12）	N=6 6.67 (0.94)	N=6 6.00 (0.58)

表5-34 実験15の分散分析表

要因	SS	df	MS	F
図示解釈の正確さ	4.52	1	4.52	$3.21^{\dagger}$
複雑性	2.61	1	2.61	<1
正確さ×複雑性	0.07	1	0.07	<1
誤差	43.64	31	1.41	
全体	50.84	34		

$^{\dagger}.05 < p < .10$

(ⅱ) 弁別処理課題における複雑性・図示条件の影響

実験16の条件別にカテゴリごとの人数を集計したものが、表5-35である。長文条件と短文条件において複雑さが図示情報の解釈の正確さが弁別処理課題に与える影響を検討するために、原文群（23名）と詳述群（12名）を比較した。表5-35から明らかなように、詳述群は原文群と比較して「その他」のカテゴリの人数が非常に少なかった。

カテゴリの度数が少ないことから，「中心的整合関係」と「それ以外」として人数を集計し，複雑性の相違について χ^2 検定を行った結果，人数の偏りは有意でなかった（$\chi^2(2) = 1.11$, n.s.）。また，詳述群では，正確群と不正確群とを「中心的整合関係」と「それ以外」の人数について直接確率計算を行った結果，人数の偏りは見られなかった（片側検定：$p = 0.50$, n.s.）。

表 5-35　実験 16 の条件別の人数

図示条件	中心整合	周辺整合	複写	その他	合計
原文・図示正確	3	3	1	4	11
原文・図示不正確	4	3	4	1	12
記述文・図示正確	3	2	1	0	6
記述文・図示不正確	2	1	3	0	6

（4）考察

先に述べたように、実験 9 では図示情報の効果を学習者要因との関わりにおいて検討した結果、等価処理課題において有意な効果は見られなかった。しかし、実験 13 では、文章教材要因として言語的複雑さを取り上げ、図示情報の解釈の正確さが等価処理課題に影響を与えることが明らかになった。この傾向は、実験 15 での言語的あいまい性と図示解釈の正確さにおいても確認された。また、実験 10 では、長文条件の下で図示解釈が正確であっても、弁別処理課題の理解を促進しない可能性が示された。実験 16 の詳述条件においても、弁別処理課題に対する図示解釈の正確さの影響は見られなかった。

5.6.4　実験 13-16 のまとめと教授方略 8-9

実験 9 では、図示情報の効果を学習者要因である専門知識とのかかわりにおいて検討したが、等価処理課題において有意な差は見られなかった。しかし、実験 13、および実験 15 において、等価処理課題について文章教材の言語要因の影響を検討した結果、図示解釈の正確さが影響を及ぼすことが、長文条件、短文条件の双方において明らかにされた。したがって、実験 13 と

15 の結果から、等価処理課題においては、呈示される文章教材の言語的難易度よりも、図示情報の解釈の正確さを優先すべきであることが明らかにされた。

この結果から、教授方略 8「等価処理課題では言語情報の複雑性、あいまい性を軽減した上で正確に図示情報の解釈を行わせる」が導き出された。

また、実験 10 から、弁別処理課題は、長文条件では図示情報の解釈の正確さが理解を促進しない可能性が示されていた。しかし、実験 14 では、弁別処理課題について、文章教材の言語要因の影響を検討した結果、短文条件では、日本人の場合と同じく、図示情報の解釈の正確さが理解を促進する可能性が示された。しかし、実験 16 の詳述条件では、弁別処理課題に対する図示解釈の正確さの影響は見られなかった。

これらの結果から、言語情報の難易度の相違により、図示情報の内容理解に与える影響が異なることが示された。特に、外国人留学生にとって難しいとされる要約などの「弁別処理課題」では、言語的複雑さの軽減と図示解釈の正確さが有効であることが実験により明らかにされた。したがって、論文理解においては、まず文章教材の言語的困難さを軽減した上で、図示情報の正確な解釈を求める指導方法が有効であることが示唆される。

そこで、教授方略 9「弁別処理課題では短文条件で正確な図示情報の解釈を行わせる」が導き出された。

5.7　日本語教材設計モデルへの実験結果の反映

本章では、前章の日本語教材設計モデルで記述された「読解方策」の妥当性を明らかにするための 16 実験を行った。さらに、その結果から「情報移転方策」を中心に外国人留学生の研究論文理解を支援するための 9 つの教授方略を導出した。図 5–6 は、読解方策と 9 つの教授方略との対応関係を示したものである。

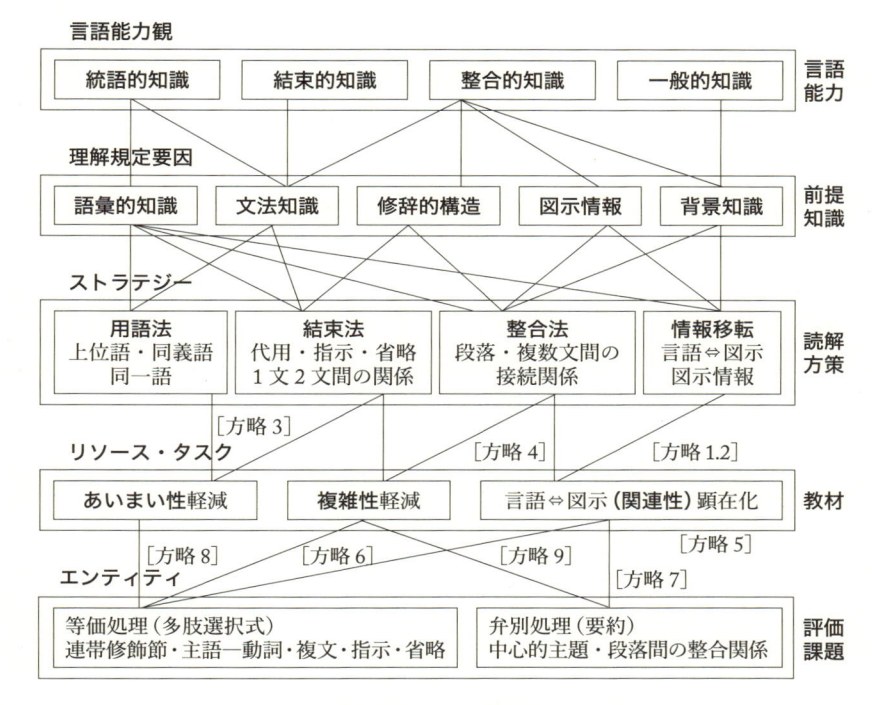

図 5-6 読解方策と9つの教授方略の対応

```
言語能力観
  [統語的知識] [結束的知識] [整合的知識] [一般的知識]              言語能力

理解規定要因
  [語彙的知識] [文法知識] [修辞的構造] [図示情報] [背景知識]       前提知識

ストラテジー
  [用語法]       [結束法]           [整合法]         [情報移転]      読解方策
   上位語・同義語  代用・指示・省略   段落・複数文間の  言語⇔図示
   同一語          1文2文間の関係    接続関係         図示情報

                 [方略 3]        [方略 4]        [方略 1.2]
リソース・タスク
  [あいまい性軽減]  [複雑性軽減]   [言語⇔図示(関連性)顕在化]         教材

          [方略 8]   [方略 6]   [方略 9]      [方略 5]
エンティティ                                  [方略 7]
  [等価処理(多肢選択式)            [弁別処理(要約)                   評価課題
   連帯修飾節・主語―動詞・複文・指示・省略   中心的主題・段落間の整合関係]
```

図 5-6 読解方策と9つの教授方略の対応

5.7.1 図示情報の呈示効果と教授方略 1-3

実験 1-4（第 1 群）から、図示情報（解説図）が論文理解において必ずしも理解を促進しないことが示された。特に、論文講読経験者よりも未経験者に対して理解を妨げる可能性が示唆された。また、実験 5-6（第 2 群）では、日本語能力の異なる 2 学年を対象に、「図示情報」を他の情報源と比較した。実験 1、および 2 から「論文講読経験の浅い読者への図示情報の提示は内容理解を促進しない」ことが示され、「論文講読の少ない読者へは図示利用を促さない」という教授方略 1 が導き出される。また、実験 4 から「日本語能力の低い読者（1 年生）への図示情報呈示は内容理解を促進しない」ことが示され、「日本語学習経験の少ない読者へは問題解決課題で図示利用を促さない」という教授方略 2 が導き出された。

さらに、実験5と実験6では、経営学部で学ぶ日本語能力の異なる2学年を対象とした。専門分野と非専門分野の論文を用い、「図示情報」を他の情報源（「言語情報」、「言語と図示両方」）と比較することにより、その影響を明らかにすることを試みた。その結果、日本語能力の低い1年生では、言語情報のみを情報源とする内容理解課題の得点が著しく低かった。また、非専門、専門分野の双方において、言語情報が図示情報より内容読み取りの判断基準として有効に活用されにくいことが明らかになった。この結果から教授方略3として「日本語能力の不十分な読者に対しては図示情報自体よりも言語情報の理解を支援する」が導き出された。

これらの実験結果と教授方略との対応関係を示したものが、図5-7である。これらの教授方略は、図示情報の利用が必ずしも内容理解を促進しないという実験結果から導かれ、論文理解の支援において図示情報の使用を積極的に行わない方略としてまとめられる。

実験結果	教授方略
（実験1）講読経験の浅い読者に対して、図示情報の呈示が内容理解を促進しない	《教授方略1》講読経験の少ない読者へは図示利用を促さない
（実験4）日本語能力の低い読者（1年生）へ図示情報呈示が内容理解を促進しない	《教授方略2》学習経験の少ない読者へは問題解決課題で図示利用を促さない
（実験5）（実験6）専門分野、および非専門分野において他の情報より言語情報から内容理解は困難、2年生より1年生が情報源の利用の差が大きい。	《教授方略3》日本語能力の不十分な読者に対しては図示情報自体より言語情報の理解を支援する

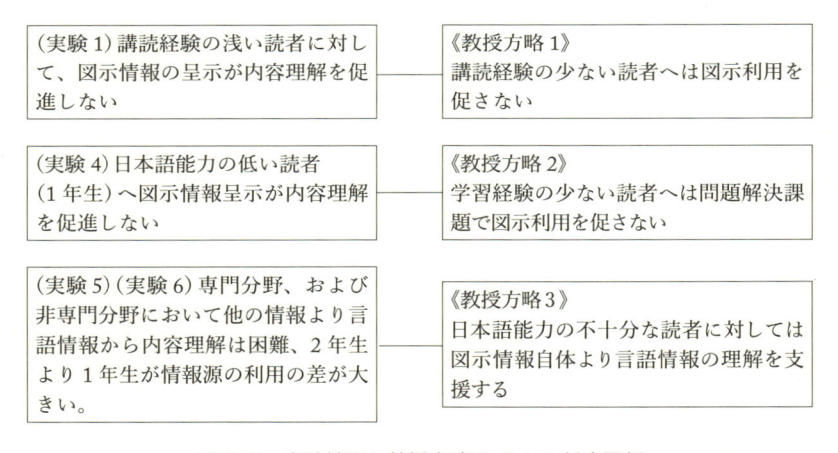

図5-7　実験結果と教授方略1-3との対応関係

5.7.2　図示情報利用の前提条件と教授方略4-5

実験7では、質的アプローチにより学習者が学術論文を読みこなしていくための図示情報利用方略として、文章と図とに共通の情報を相互に「パラフレイズ（言い換える）」することが有効である可能性が示された。この結果か

ら、教授方略4として「内容理解に結びつく読解方策としてパラフレイズ（言い換え）を行わせる」が導出された。

　実験8で、図表情報と文章情報との関連づけ（パラフレイズ）に着目し、具体的な情報読み取り場面を設定して、文章理解に優れた読者と劣った読者とでは、どのような相違が見られるかを明らかにした。その結果、文章理解力の低い読者では、文章中に明示的に記述されていない情報を補って、図示情報上の該当情報を特定化する場合に正確な情報が得にくいことが明らかになった。すなわち、実験8では、日本語能力が低い読者にとって、「言語情報と図示情報が1対1の対応より1対多の対応関係である場合に理解が困難である」ことを明らかにした。この結果から、「言語情報と図示情報が1対多の対応を中心に指導を行う」という教授方略5が導かれた。

（実験7）読解力の上位群（日本語力十分）は言語と図示情報を言い換える	《教授方略4》内容理解に結びつく読解方策として「パラフレイズ」を行わせる
（実験8）言語情報と図示情報が1対1の対応より1対多の対応関係の理解が困難である	《教授方略5》言語情報と図示情報が1対多の対応関係の理解が困難であるので1対多の対応を中心に指導する

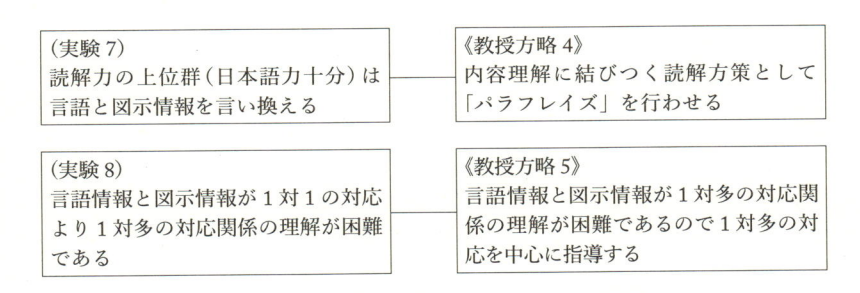

図5-8　実験結果と教授方略4-5との対応関係

5.7.3　等価処理課題への図示情報利用と教授方略6、8

実験9および実験11では、日本語能力が異なる日本人学生と外国人留学生を対象に「図示情報の解釈の正確さによって等価処理課題の理解に差がある」を検討した。その結果、等価処理課題において、実験9から「外国人留学生では情報移転方策の不正確群よりも情報移転方策を使用しない群の平均点が高い」こと、また、実験11においても「外国人留学生では情報移転方策の正確群のほうが不正確群より平均点が高い」ことが明らかにされた。この結果は、実験1-4で明らかになった図示情報の呈示が必ずしも内容理解を促進せず、むしろ妨害する傾向と一致した。したがって、図示情報を利用

した指導では、「図示情報」の正確な解釈を確認することが重要であることが示された。そこで、これらの実験結果から、図5-9の教授方略6として「等価処理課題において情報移転方策を効果的に使用するには図示情報の解釈が正確であることを確認する」が導かれた。

さらに、実験13、および実験15では、文章教材の言語要因を操作することにより、図示解釈の正確さが等価処理課題に及ぼす影響を検討した。その結果、実験13では、長文条件、短文条件の双方において、呈示される文章教材の1文の長さよりも、図示情報の解釈の正確さを優先すべきであることが明らかにされた。また、実験15においても、文章教材のあいまい性の軽減よりも、図示情報の解釈の正確さが等価処理課題に影響を与えることが明らかにされた。そこで、図5-9のように教授方略8「等価処理課題では言語情報の複雑性、あいまい性を軽減した上で正確に図示情報の解釈を行わせる」が導き出された。

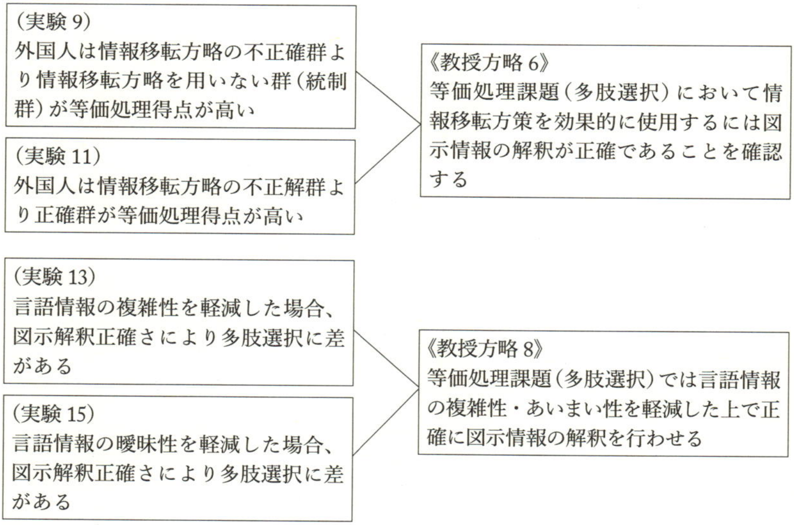

- （実験9）
外国人は情報移転方略の不正確群より情報移転方略を用いない群（統制群）が等価処理得点が高い
- （実験11）
外国人は情報移転方略の不正解群より正確群が等価処理得点が高い

《教授方略6》
等価処理課題（多肢選択）において情報移転方策を効果的に使用するには図示情報の解釈が正確であることを確認する

- （実験13）
言語情報の複雑性を軽減した場合、図示解釈正確さにより多肢選択に差がある
- （実験15）
言語情報の曖昧性を軽減した場合、図示解釈正確さにより多肢選択に差がある

《教授方略8》
等価処理課題（多肢選択）では言語情報の複雑性・あいまい性を軽減した上で正確に図示情報の解釈を行わせる

図5-9　実験結果と教授方略6、8との対応関係

5.7.4 弁別処理課題への図示情報利用と教授方略 7、9

実験 10、および 12 では、日本語能力が異なる日本人学生と留学生を対象に「図示情報の解釈の正確さによって弁別処理課題の理解に差がある」を検討した。その結果、実験 10 の「文章教材と図示情報の内容が部分的に一致する場合」では、外国人留学生は、情報移転方策の使用の有無、および図示解釈の正確さにより内容理解に有意な差が見られなかった。一方、実験 12 の「文章教材と図示情報の内容が全体的に一致する場合」では、「外国人留学生では情報移転方策の正確群のほうが不正確群より平均点が高い」ことが明らかになった。この結果から、図 5-10 の教授方略 7「弁別処理課題の文章教材は言語情報と図示情報の内容が全体的に一致する課題を用いる」が導かれた。

実験 14 では、弁別処理課題について文章教材の言語要因の影響を検討した結果、短文条件では、日本人の場合と同じく、図示情報の解釈の正確さが理解を促進する可能性が示された。これは、実験 10 の長文条件において図示情報の解釈の正確さが理解を促進しなかった結果とは異なる。この結果から、「弁別処理課題」では、言語的複雑さを軽減した短文条件において、図示解釈の正確さを確認することが有効であることが明らかにされた。したがって、まず文章教材の言語的困難さを軽減した上で、図示情報の正確な解

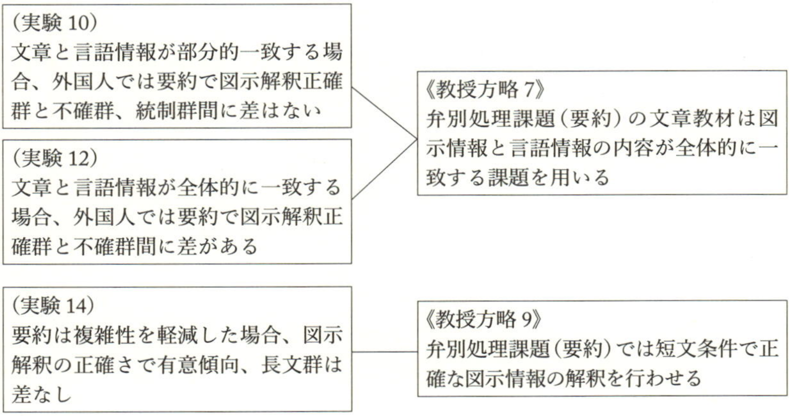

（実験 10） 文章と言語情報が部分的一致する場合、外国人では要約で図示解釈正確群と不確群、統制群間に差はない	《教授方略 7》 弁別処理課題（要約）の文章教材は図示情報と言語情報の内容が全体的に一致する課題を用いる
（実験 12） 文章と言語情報が全体的に一致する場合、外国人では要約で図示解釈正確群と不確群間に差がある	
（実験 14） 要約は複雑性を軽減した場合、図示解釈の正確さで有意傾向、長文群は差なし	《教授方略 9》 弁別処理課題（要約）では短文条件で正確な図示情報の解釈を行わせる

図 5-10　実験結果と教授方略 7、9 との対応関係

釈を求める指導方法が効果的であることが示唆され、図5-10に示すような教授方略9「弁別処理課題では短文条件で正確な図示情報の解釈を行わせる」が導き出された。

5.8 結言

日本語教材設計モデルにおいて記述した外国人留学生が専門分野の論文を講読するために必要な知識、および読解方策の妥当性の検討を行った。特に、「情報移転（図示情報）」の役割に着目し、読者（学習者）要因、および文章構造要因との関係を16の実証実験により明らかにすることを試みた。読者（学習者）要因として、「日本語能力」と文章内容に関わる「背景知識」を取り上げ、日本人学生と外国人留学生の比較を行った。また、文章構造要因として、言語要因の複雑性、あいまい性、および図示情報と文章情報の関係性などに着目した。文章理解の評価に関しては、2つの評価指標（等価処理・弁別処理）を用いて検討した。実験結果から、言語能力が限られた外国人留学生に対しては、図示情報が文章理解を必ずしも促進しないこと、また、図示情報の正確な理解が等価処理を促進することなどが明らかになった。さらに、この実験結果から、「情報移転方策」を中心に外国人留学生の研究論文理解を支援するための9つの教授方略を導出した。これらの教授方略は、図示情報の利用という視点から、2つに大別される。すなわち、前者は、外国人に対して図示情報の積極的な利用を促さないとする教授方略群（教授方略1-3）であり、後者は、図示情報を効果的に利用する条件を段階的に整える教授方略群（教授方略4-9）である。

第3部

日本語教材設計モデルによる開発と評価

第 6 章
日本語教材設計モデルに基づく教材開発

6.1 緒言

本章では、日本語教材設計モデルに基づいて論文講読を支援するための試作コンテンツ（プロトタイプ）について述べる。まず、6.2 節では、異なる読解方策と教授方略を組み合わせた試作コンテンツ「言語使用型」および「言語用法型」の概要について述べる。コンテンツの機能を「提示教材（Resource）」、「教材課題（Tasks for Lessening Complexity and Uncertainty）」および「評価課題（Entity for Evaluation）」の 3 構成から説明を行う。また、日本語教材上での学習課題の呈示方法、および学習の流れについても具体的な記述を行う。6.3 節では 2 種類の試作コンテンツの構成について比較を行う。

6.2 試作教材の概要

本節では、第 4 章で述べた日本語教材設計モデルに対応して、外国人留学生が研究論文を講読する際の読解方策とそれを効果的に使用する学習環境について述べる。第 5 章の実証実験により明らかになった読解方策、および教授方略を具体的なコンテンツ教材としてどのように実現させるかについて述べる。

前章でも論じたように、実験では「情報移転方策」を中心に外国人留学生

の研究論文理解を支援するための9つの教授方略を導出した。これらの教授方略は、図示情報の利用という視点から2つに大別された。すなわち、前者は外国人に対して図示情報の積極的な利用を促さないとする教授方略群（教授方略1–3）であり、むしろ、言語情報を重視した方略としてまとめられる。したがって、従来からの言語教育と同じく、語彙や構文などの言語情報の習得を目指した「言語用法型（Language Usage）」教材構成となる。

一方、後者は、図示情報を効果的に利用するための条件を段階的に整える教授方略群（教授方略4-9）である。これらの教授方略は、言語情報だけでなく、図示情報も使用し、研究論文の内容を理解させることを目的とした教材構成である。この「言語使用型（Language Use）」では、実際の研究論文に含まれる言語情報と図示情報の双方を効果的に使用することを目指している。このような「言語用法型」および「言語使用型」教材を、教育コンテンツオーサリングツールであるWebClassを使用して実現した。「言語用法型」と「言語使用型」の双方において、日本語教材モデル上で論じられた指導方略（タクティクス）と指導課題（タスク）、さらに、評価観点（エンティティ）がどのように実現されているかについても個々に論じる。また、日本語コンテンツ教材上での学習課題の呈示方法、および学習の流れについても具体的な記述を行う。加えて、実験で明らかにされた文章教材の難易度、学習者要因が図示情報に与える影響を考慮した学習モジュール間の関係性についても述べる。

6.2.1　試作教材の構造

第4章において日本語教材設計モデルを提示し、論文講読において言語能力が十分でない外国人留学生が、図示情報を有効に利用する読解方策の使用とその訓練を効果的に行うための要因の整理を行った。さらに、第5章では、複数の実証実験により、文章教材の言語的難易度が図示情報利用に影響を与える可能性が明らかにした。

このような論文講読上の要因の整理に基づいて、図6–1に示すように(1)語彙学習、(2)構文学習、(3)情報移転、(4)整合関係理解の4種類のモジュールを実現した、これらの4種類のモジュールは、第4章で提案された日本語

教材設計モデルの読解方策に対応している。

本節では、まず、2種類の日本語コンテンツ教材の構造について述べ、さらに「提示教材（Resource）」、「教材課題（Tasks for Lessening Complexity and Uncertainty）」および「評価観点（Entity for Evaluation）」の3構成から説明を行う。

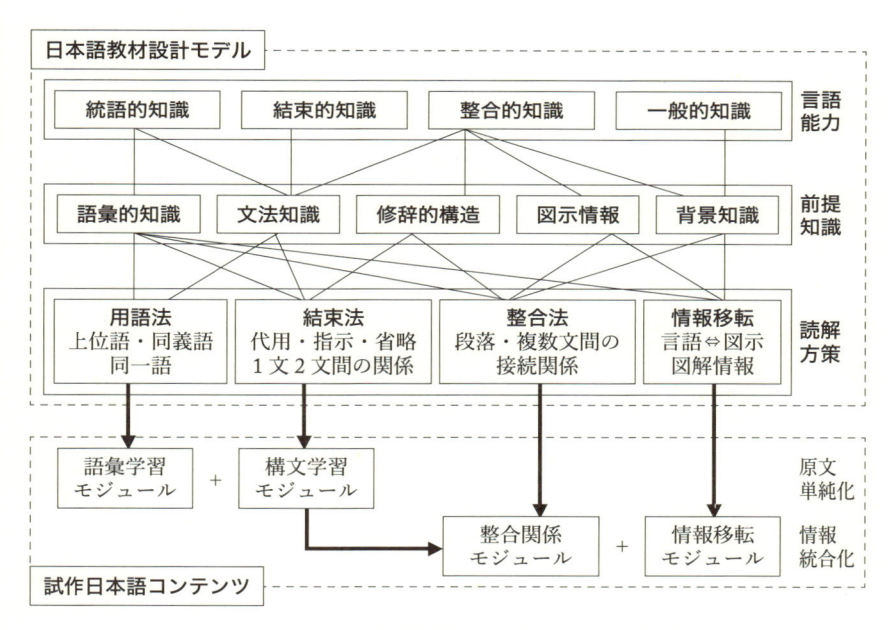

図6-1 日本語教材設計モデルとモジュールの対応

（1） 言語用法型教材

「言語用法型」は、学習者に対して図示情報の積極的な利用を促さず、言語情報の学習に重点を置く教材構成である。この「言語用法型」では、図6-2に示すように、従来からの言語教育と同じく、語彙や構文などの言語情報の習得を目指した内容となる。したがって、具体的な教材モジュールの構成は、文章教材の言語的複雑性、およびあいまい性を軽減させるために「語彙学習」と「構文学習」の2種類からなる。また、文章の内容理解については「等価処理課題（多肢選択）」と「弁別処理課題（要約）」から評価を行った。

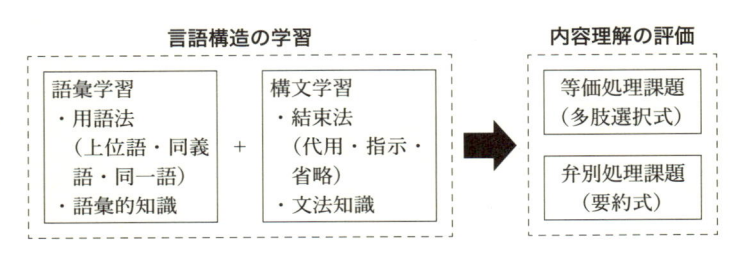

図 6-2　言語用法型の日本語教材

（2）　言語使用型教材

「言語使用型」は、図示情報を効果的に利用するための条件を段階的に整える教授方略群（教授方略 4-9）を用いた。これらの教授方略は、実際の研究論文に含まれる言語情報と図示情報の双方を効果的に使用することを目指した「言語使用型（Language Use）」である。

　第 5 章の実験結果からも、読解教材として提示する文章の (1) 言語情報の構文的複雑性と (2) 言語情報のあいまい性の軽減が「図示情報の利用」を促進する可能性を明らかにした。そこで、各モジュールの学習順序として、「情報移転」モジュールの学習以前に、(1) 語彙学習モジュール、および (2) 構文学習モジュールの学習が行われることが望ましいと考え、図 6-3 に示すような学習の流れとした。

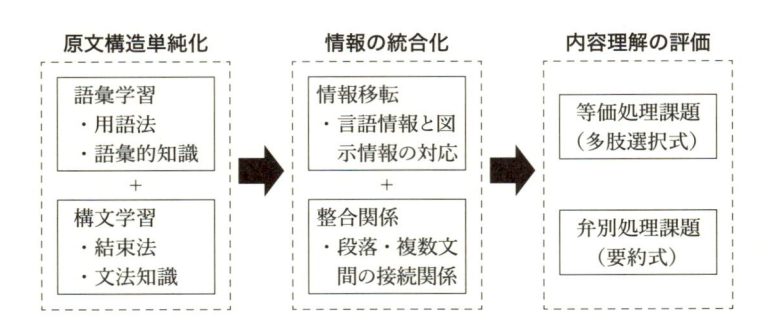

図 6-3　言語使用型の日本語教材

6.2.2 提示教材

第5章では、複数の実証実験から、提示教材の難易度が図示情報利用に影響を与える可能性が明らかにされた。また、読者の日本語能力の相違により、その効果が異なることも示された。例えば、日本人学生では、提示教材の言語的複雑性が内容理解に与える影響が少ないことが明らかにされた。一方、言語能力の限られた外国人留学生では、言語的複雑性、あいまい性を軽減した読解教材を提示された場合のほうが適切な図示情報利用により文章理解が促進される可能性が示された。したがって、外国人留学生が、等価処理（多肢選択）、および弁別処理（要約）課題に取り組む場合、提示される読解教材が「難しすぎない」ことが、読解方策を利用した学習を成立させるために重要であることが示された。つまり、読解教材の(1)言語情報の構文的複雑性と(2)言語情報のあいまい性の軽減が「図示情報の利用」を促進する可能性を明らかにした。

　この実験結果を教材設計に応用すると、読解教材の言語的要因を「あらかじめ」やさしく「書き直した教材」として一方的に提示するだけでは十分ではない。つまり、学習者に現実の文章とは異なる「やさしい教材」に取り組ませるのでなく、学習者がその難しさの原因を知り、その困難さを軽減させる「教材課題」を与えるという立場をとる（Widdowson 1978、Gagne & Brigges 1979）。このような学習教材の困難度を「段階的に制御」する方法は、Gagne & Brigges (1979) の「学習階層理論」の基本的なアプローチとも一致する。同様のアプローチは、Widdowson (1978) により、読解練習用の教材の提示において、やさしいものから複雑なものへと「段階的」に進める教授法として提案されている。つまり、言語的作業を行うことにより、学習者が必要とする情報量、および難易度を調節しながら、段階的に読解教材を提示する方法である。この方法により、学習者が行うべき解釈作業の種類を制限し、その結果、言葉の困難さによる不適切な学習状況を避けることができる。具体的な教材の構成方法は、次節 6.2.3 の教材課題 において述べる。

6.2.3 教材課題

6.2.2節では、提示教材の(1)構文的複雑性の軽減と(2)言語情報のあいまい性の解消が効果的な読解方策の利用の前提となることを述べた。その環境を実現させるために、一方的に「やさしい書き下ろし教材」を提示するのでなく、学習者が取り組むべき「教材課題」として準備する。このような「言語用法」に関わる言語的な困難さを軽減する学習モジュールとして以下の(1)語彙学習、および(2)構文学習モジュールを用意した。図6-2に示したように、「言語用法型」では、(1)語彙学習と(2)構文学習のみが実現されている。一方、「言語使用型」では図6-3のような(1)語彙学習と(2)構文学習に加えて、(3)情報移転、および(4)整合関係モジュールも含まれる。

（１） 語彙学習モジュール

語彙学習は、多くの語学教師、および学習者によって重要性が認められており、文章理解のための基礎的能力とされている。具体的な指導法については、漢字語彙を中心に対訳リストを提示したり、語彙だけを取り出した練習問題など様々な指導法が試みられている（アカデミック・ジャパニーズ研究会2001、2003）。例えば、Widdowson (1978) では、未知の語彙について導入的な語彙注釈を行う代わりに、語彙の意味を解説した一連の文を理解し、その後これらの文を組み入れた文章を読むという指導方法が示されている。また、Silberstein (1994) では、類義語を選択したり、上位語、下位語などに言い換える課題が紹介されている。

（２） 構文学習モジュール

語彙学習と同様な方法で、複雑な文構造についても、文法構造を理解させるための文変形練習（完成・転換・変形）と組み合わせて、同等とみなせる別の構造に置き換える課題として実現できる。このような段階的な構成による文法練習を行うことによって、語彙や文法項目の言語用法の理解を読解にまで発展させることができる。さらに、この準備練習によって、学習者自らが「やさしい書き下ろし」文を作り出し、より難しい読解練習用の文章に取り組む準備をしていることになる。一連の活動において「やさしい書き下ろ

し」が教授者によって学習者に提示されるのではなく、学習者自身が完成・転換・変形など様々な操作を行って、理解を助ける「書き下ろし」を作り出すことが求められているのである。

（3） 情報移転モジュール

図示情報の利用を扱う「情報移転モジュール」では、地図、表、図、式、グラフなどの非言語的表現（Non-Verbal Representation）と言語情報とを関連づける課題が用いられる。例えば、文章で述べられた情報を図表に書き込ませる解釈活動などの言語情報から非言語情報への情報の移し変えである（Silberstein 1994）。このような活動は、言語による説明を理解しながら、それに基づいて図やグラフを完成することなどの日常行っている活動とも対応する。言語から非言語、あるいは非言語から言語への情報移転は、談話理解における解釈能力の促進する効果が期待されている（Widdowson 1978）。

（4） 整合関係モジュール

「構文学習」モジュールでは、1文内、あるいは隣り合う2文の結束法的な意味を扱うが、「整合関係」モジュールでは、2つの隣り合う文をさらにまとめた単位を対象とする。したがって、一段落レベルでの内容把握課題として実現される。このような段落の中心的な話題の把握では、学術的な文章で用いられる「修辞法（Rhetoric）」と読者を引きつけ納得させるための「方略（Strategy）」の双方の知識が必要とされる（Swales & Feak 1994）。

（5）教材課題におけるフィードバック

図6-1に示したように、第4章で提案された日本語教材設計モデルの読解方策に対応している。つまり、4つの読解方術はそれぞれ(1)語彙学習モジュール、(2)構文学習モジュール、(3)情報移転モジュール、(4)整合関係理解モジュールとして実現されている。さらに、日本語コンテンツでは、各モジュールごとに様々な学習課題と学習者の解答に対するフィードバック（解説）が準備される。このフィードバック（解説）には、読解方策に対応した「前提知識」が用いられる。これは、日本語教材設計モデルにおいて、読

解方策の上位に記述された「前提知識」の理解が不十分であるために、課題が不正解であったと仮定されることによる。例えば、(1) 語彙学習モジュールでは、用語法を用いた学習課題が準備され、それに対するフィードバック（解説）では、例文の提示など語彙的知識を与える説明が行われる。

6.2.4　評価課題

評価モジュールは、第4章の日本語教材設計モデルの評価に対応している。つまり、図6-2、および図6-3に示したように (1) 等価処理課題（多肢選択）と (2) 弁別処理課題（要約）である。この2つの課題は言語学習において明確に区別されている。

　第4章の4節において説明したように、等価処理課題とは、時間軸に沿って文章の価値を読み取る課題であり、前方照応的な語彙項目を解消し、さらに、接続詞の関係を手がかりにした複数の文の内容理解までが求められる。具体的な課題例としては、説明的な解き方の提示問題（Solution Exercise）、あるいは、文脈を参照させる問題（Contextual Reference Exercise）などがあげられる。これらの問題例を参考に、日本語教材の評価課題として、多肢選択式による等価処理課題を作成した。その内容は、人称代名詞や関係代名詞、あるいは形式名詞句の内容を特定させる課題である。このような課題は、文章の対応部分を特定することにより、文章の各部分を文脈から切り離し完結した陳述に変えていく言語操作能力を問うとも考えられる。

　一方、弁別処理課題では、相対的な重要性を基準にして文章全体の意味を表す命題、および特定事項を選択する練習である。この場合、文章中のどの部分がまとまり、談話として一貫性を持つようになっているかを見極めることが求められる。その例として、多肢選択肢から段落の要約として最も適切な陳述を選択させる問題、あるいは特定の事柄に関する陳述と一般的な事柄に関する陳述との違いを指摘させる問題などが考えられる。また、要約課題によっても、談話における最も中心的な命題を選択できるか否かの評価が可能である（佐久間1989、1994、邑本1992）。

　文章理解力の測定にあたっては様々な方法が提案されているが、本教材では等価処理課題を多肢選択、また弁別処理課題を要約によって評価を行った。

6.3 「言語用法型」と「言語使用型」の比較

第4章において提案した日本語教材設計モデルの妥当性を検討するため、教育コンテンツ開発のオーサリングツールであるWebClassを用いて電子化教材を作成した。WebClassは、eラーニング環境におけるWBT (Web Based Training) の作成と管理を容易に行うために開発されたLMS (Learning Management System) である。特に、学習管理機能に特化しており、その充実した機能により、多くの研究教育機関においてeラーニング教材開発に利用されている。

本研究では、WebClassにより、2種類の試作教材を作成した。これらの2つのコンテンツ教材は、読解に必要な知識・技能の習得をねらいとした「教材課題」と「評価」の2部門から構成される。

「教材課題部門」では、共通の言語学習モジュールつまり、(1) 語彙学習、(2) 構文学習、(3) 情報移転、(4) 整合関係の組み合わせにより、それぞれの異なった学習環境が実現される。この4つのモジュールは、第4章の読解方策に対応している。これらの読解方策を、効果的に用いる条件を「教授方略」とし、その組み合わせにより「言語用法型」と「言語使用型」を作成した。

「評価部門」は2種類のコンテンツに共通で (1) 等価処理過程モジュール（多肢選択）と (2) 弁別処理過程モジュール（要約）から構成される。以下、WebClassを用いて実現した2種類の試作教材の構成について説明を行う。

6.3.1 「言語用法型」日本語教材

（1）「言語用法中心」の読解学習の流れ

従来の読解学習では、文章の持つ語彙・構文上の困難点を解決した上で、内容について確認を行う指導が行われてきた。つまり、文章上の「言語構造」を理解した後に「内容理解」活動を行うというの流れとなる。教材構成に関連する教授方略を示したものが図6-4である。このような教授・学習の流れでは、まず、文章に含まれる言語的構造の説明がされた後に、要約などの活動により、学習者がどの程度内容が理解されたかを確認するという手順がとられている。現在の語学教師によって行われている教室活動でも、同様の

手順で指導が行われている。しかし、このような読解指導では、言語構造理解の活動とその後の内容理解の活動とに十分な関係づけが行われていないことが問題点とされている（Widdowson 1978）。

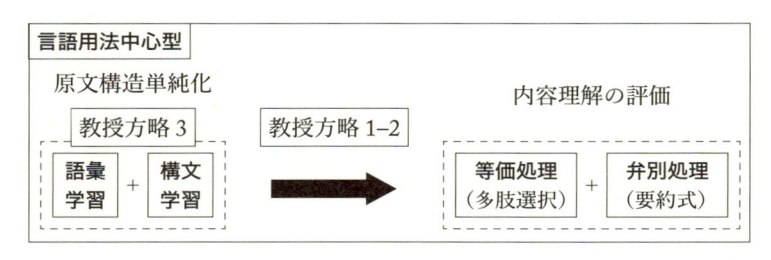

```
┌─────────────────────────────────────────────────────────────┐
│ 言語用法中心型                                              │
│   原文構造単純化              内容理解の評価                │
│     教授方略3      教授方略1-2                              │
│   ┌─────────┐                ┌─────────┐  ┌─────────┐      │
│   │語彙 ＋ 構文│      ➡      │等価処理 │＋│弁別処理 │      │
│   │学習   学習│              │(多肢選択)│  │(要約式) │      │
│   └─────────┘                └─────────┘  └─────────┘      │
└─────────────────────────────────────────────────────────────┘
```

図6-4　言語用法型教材

（2）日本語コンテンツ教材としての実現環境

図6-4で示した読解教材の「言語構造」の学習とその「内容理解」の評価を行う活動をWebClassを用いてWBT教材として実現した。

a.「言語用法型」での言語構造部門

言語学習CAI（Computer Assisted Instruction）、およびWBT（Web Based Training）などの従来から開発が進められてきた。このようなシステムでは、一般に言語教育で行われている「言語用法」を重視した活動が中心としている。例えば、未習語彙を辞書情報とリンクさせて提示するなどの機能をWeb上で実現している。「言語用法型」では、他のシステムと同じく、（1）語彙学習と（2）構文学習から構成される課題を提供している。実際の問題例、および解答例は、図6-5と図6-6に示すとおりである。

　これらの「言語構造部門」は、図6-4に示すように、第5章の実験で明らかになった教授方略1-3を反映している。日本語能力が限定的な外国人留学生に対しては、教授方略1「論文講読の少ない読者へは図示利用を促さない」、教授方略2「日本語学習経験の少ない読者へは問題解決課題で図示利用を促さない」、および教授方略3「日本語能力の不十分な読者に対しては図示情報自体よりも言語情報の理解を支援する」を適用し、研究論文の講読にあたって、言語情報のみの学習支援を実現した。

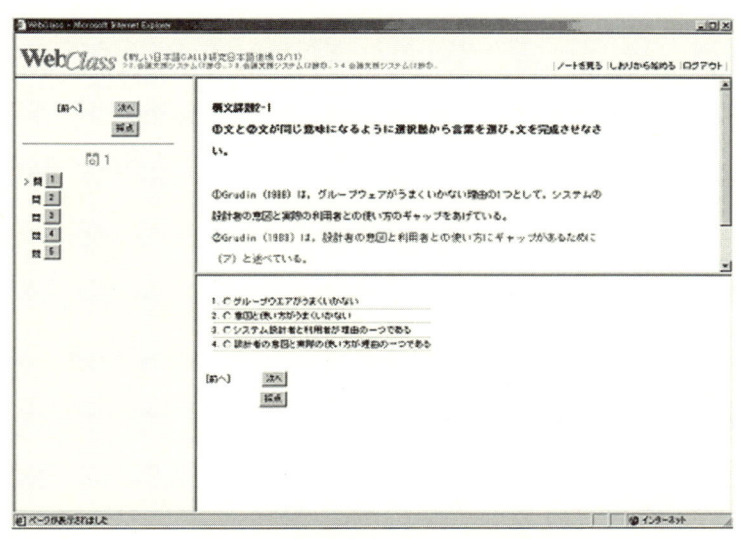

図6-5　構文学習モジュールの質問例

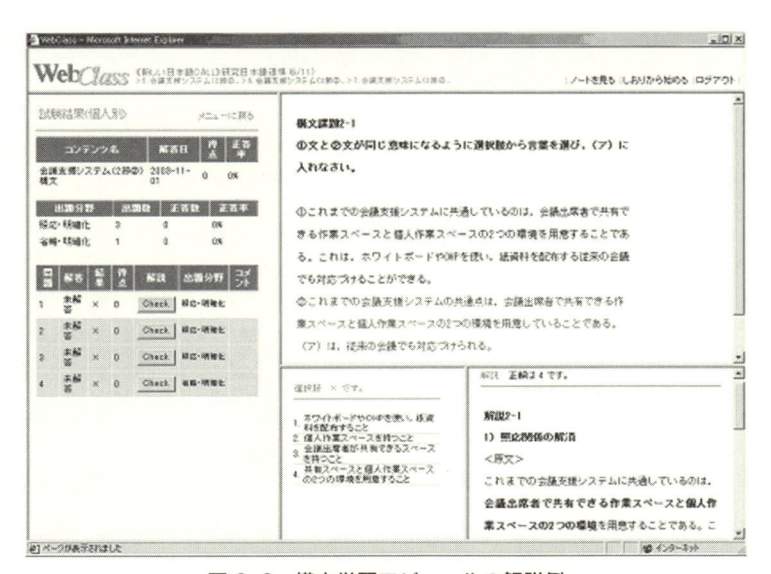

図6-6　構文学習モジュールの解説例

b. 言語用法型の評価部門

「言語用法型」日本語教材では、2種類の文章理解課題を評価のために用意した。一つは、多肢選択式の等価処理課題であり、読解教材における時間軸に沿って文章の価値を読み取る課題であり、前方照応的な語彙項目を解消し、さらに、接続詞の関係を手がかりに複数の文の内容理解を求めるものである。「等価処理課題」は、指示語や表現の内容を確認する課題として用意されている。

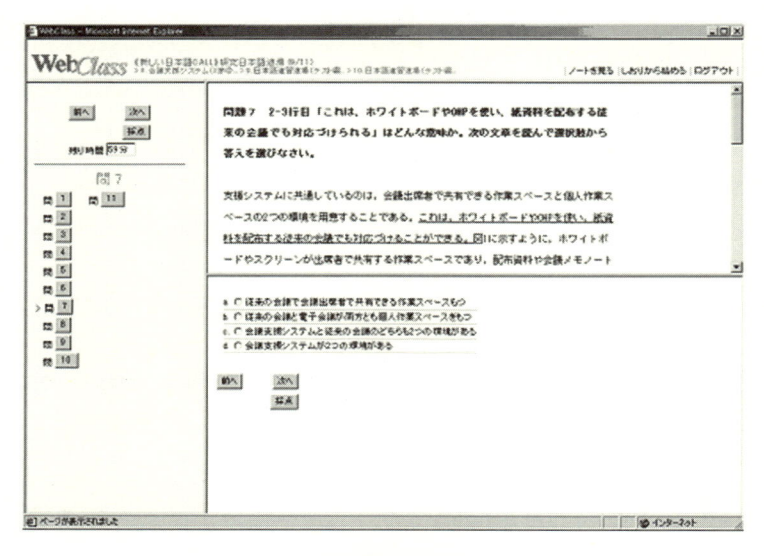

図6-7　等価処理課題（多肢選択）の例

　一方、弁別処理課題では、相対的な重要性を基準にして命題を選択し、特定事項を選択する練習である。具体的には、段落単位での要約を求める課題として実現されている。これらの「等価処理課題」、および「弁別処理課題」は、第3章の文章理解の評価法に基づいて作成された。

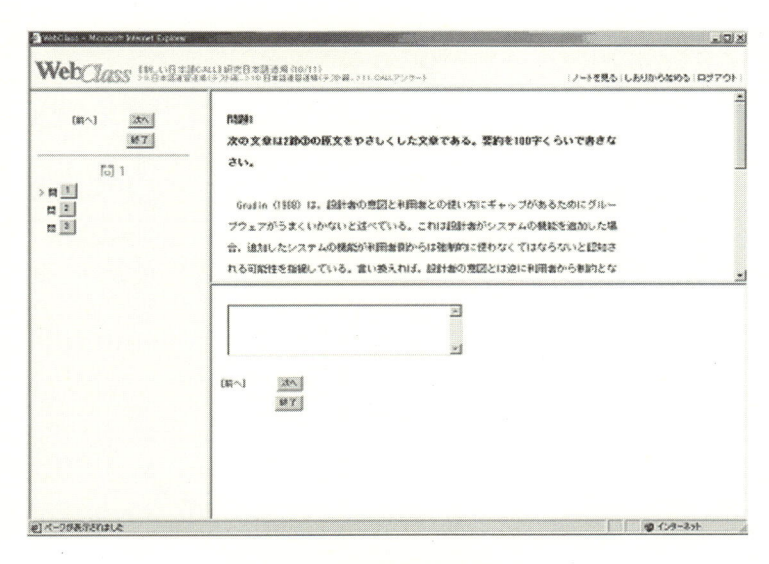

図 6-8　弁別処理課題（要約）の例

6.3.2　「言語使用型」日本語教材
（1）「言語使用中心」の読解学習の流れ
認知方略を取り入れた「言語使用型」日本語教材では、文章の持つ語彙・構文上の問題を解決した上で、文章に記述された内容と図示情報をむすびつける活動（情報移転）と、段落間の整合関係に着目した課題（整合関係）を行う構成となっている。つまり、内容理解を測定する評価課題を遂行するために必要な学習課題が準備され、認知的読解方略を効果的に用いる環境を学習者が能動的に整えていく環境を実現する。したがって、「情報移転」読解方策を効果的に使用するための学習環境を実現するために、図 6-9 に示したような教授方略が用いられる。

（2）　日本語教材コンテンツとしての実現環境
図 6-9 で示すように、「言語使用型」日本語教材では、文章教材の「原文構造単純化」と言語情報と図示情報の「統合化」の両方を Web Class を用いて

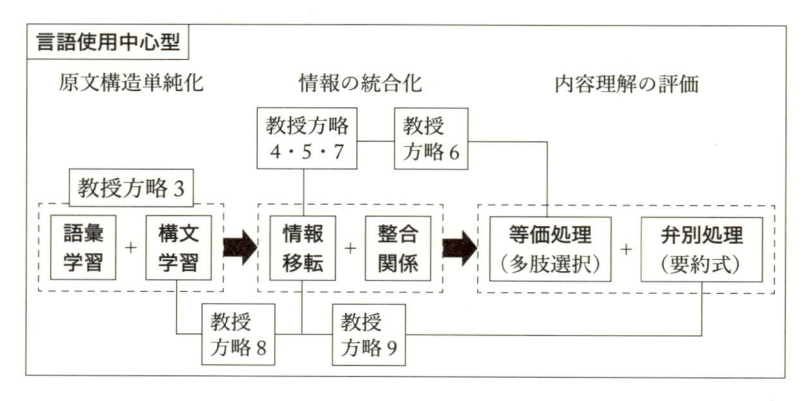

図6-9 言語使用型教材

WBT教材として実現した。

a. 「言語使用型」での言語学習部門

「言語使用型」日本語教材では、上記の「言語用法型」において実現された(1)語彙学習と(2)構文学習にさらに、(3)情報移転と(4)整合関係を加えた4モジュールから構成される。(3)情報移転モジュールは、教授方略4「内容理解に結びつく読解方策としてパラフレイズ(言い換え)を行わせる」を反映している。

　また、4モジュールの学習順序に関しては、教授方略6「等価処理課題において情報移転方策を効果的に使用するには図示情報の解釈が正確であることを確認する」を反映し、情報移転モジュールの前に「言語用法」に関わる課題を設定した。また、「言語用法型」と同じく、等価処理課題の前に、「構文学習」および「情報移転(図表)」を設定し、教授方略8「等価吸収課題では言語情報の複雑性、あいまい性を軽減した上で正確に図示情報の解釈を行わせる」も反映させている。

　(3)「情報移転」モジュール上の内容選択に関わる教授方略は、教授方略5「言語情報と図示情報が1対多の対応を中心に指導を行う」、および教授方略7「弁別吸収課題の文章教材として言語情報と図示情報の内容が全体的に一致する課題を用いる」である。これらの「情報移転(図表)」と「整合関係(内容まとめ)」モジュールの問題例、および解説例が、図6-10と図6-11に示

すとおりである。図6–10の「情報移転（図表）」では、図示情報と言語情報の関連づけを行う課題である。

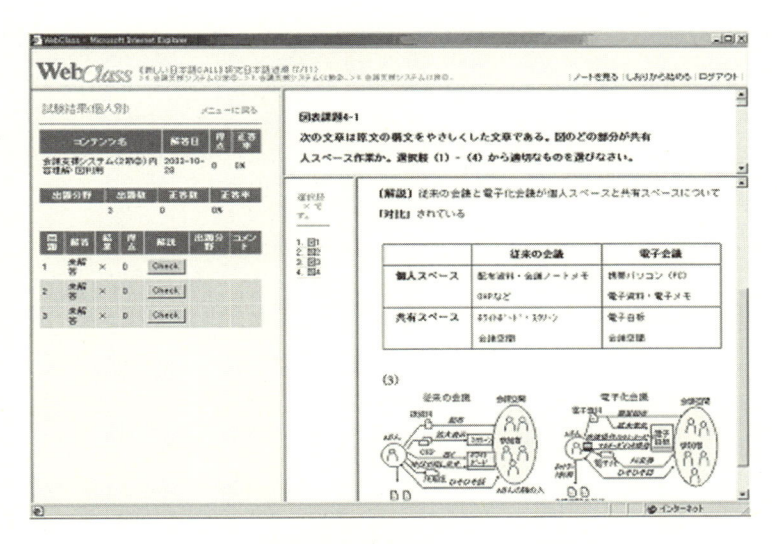

図6–10　情報移転（図表）モジュールの解説例

一方、図6–11の「整合関係（内容まとめ）」では、複数の文（談話）ごとの内容理解を確認する課題である。この課題で取り上げた複数の文（談話）は、第3章で論じられた「談話分析」に基づいて設定され、中心的な論点を支える論拠に対応する。

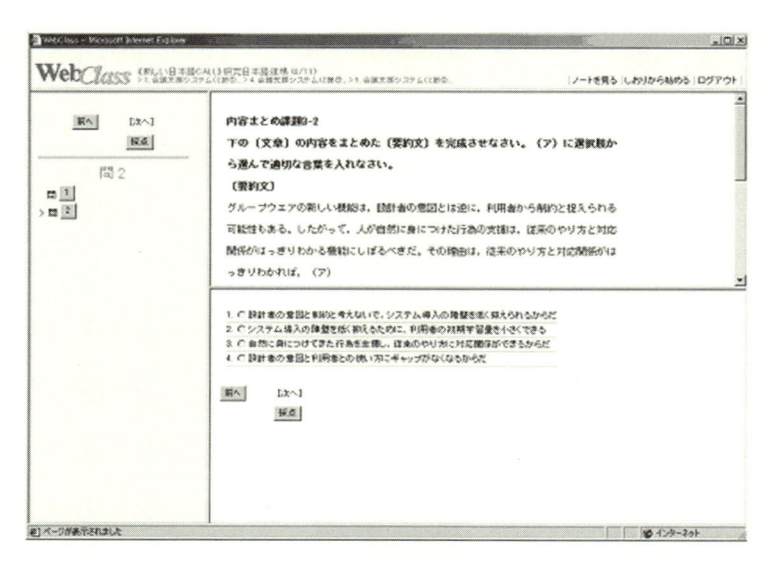

図 6-11　整合関係（内容まとめ）モジュールの問題例

b. 言語使用型の評価部門

「言語用法型」日本語教材と同様に「言語使用型」においても、2種類の評価課題を用いた。一つは多肢選択式の等価処理課題であり、もう一つは弁別処理課題である。「等価処理課題」については、「言語用法型」日本語教材の場合と同様に、多肢選択式の内容理解課題とした。「弁別処理課題」は、教授方略9「弁別処理課題では短文条件で正確な図示情報の解釈を行わせる」を反映し、原文をやさしく書き直した「短文条件」において要約課題を与えている。

6.4　結言

本章では、日本語教材設計モデルに基づいて論文講読を支援するための試作教材（プロトタイプ）について述べた。まず、6.2節では、日本語教材設計モデルに基づいて作成した2種類の日本語教材の概要について述べた。続い

て、6.3 節では、異なる論文講読を支援するために試作した 2 種類の日本語教材について、実現された機能の比較を行った。特に、第 4 章の日本語教材設計モデル、および第 5 章の教授方略との関連において論じた。

続く 7 章では、外国人留学生と日本語教員に対してのアンケート調査から機能評価について結果をまとめる。さらに、実証実験により、複数の教授方略を反映させた日本語教材を作成し、その教育効果を検討する。

第7章
日本語教材設計モデルに基づく教材評価

7.1 緒言

前章では、日本語教材設計モデルに基づいて論文講読を支援するための試作教材(プロトタイプ)の実現方法について述べた。本章では、2種類の試作教材(「言語使用型」および「言語用法型」)の評価実験について述べる。まず、7.2節では、外国人留学生と日本語教員に対してのアンケート調査から、教材機能評価について論じる。さらに、アンケート項目について因子分析を行い、日本語教材評価指標として4因子(コンテンツ有用性・モジュール関連性・新機能の困難性・言語用法評価)を抽出し、この4因子において、外国人留学生と日本語教員の平均点を比較した。

7.3節では、外国人留学生と日本語教員を対象としてユーザビリティ・テストにおけるプロトコル・データ(発話データ)を収集し、分析を行った。その結果、外国人留学生からは、図表を用いた解説方法などの学習内容に対する肯定的な意見が多く、一方、日本語教員からは、課題や解説の適切さや困難度に関わる意見が多く見られた。7.4節では、アンケート調査、およびユーザビリティ・テストの結果を反映させた教材の改良点について述べ、外国人留学生を対象に改良教材の学習効果を検討する。

7.2 量的手法による日本語教材の評価

本節では、LMS (Learning Management System) である WebClass を用いて、2 種類の電子化教材 (Web Based Training) を作成し、外国人留学生と日本語教員を対象に行った調査結果を報告する。調査では、大林ほか (2002)、Dansuwan et al. (2001)、および鈴木 (2002) の学習コンテンツ評価の枠組みを参考に、日本語教材の 4 つの側面 (コンテンツ機能、機能の関連性、達成度、将来への動機づけ) について 33 項目からなる質問紙を作成し調査を行った (Appendix 7 参照)。

7.2.1 ユーザを対象としたアンケート調査

（1） 被験者

日本の大学の 1、2 年生に在籍する外国人留学生 22 名、および日本語教員 20 名を対象に調査を行った。外国人留学生は、在日 1–3 年程度である。国籍は、すべて中国であった。一方、日本語教員は、日本の大学、および専門学校で日本語を教えており、教育歴は 5 年から 15 年程度である。国籍は、すべて日本であった。

（2） 手続き

外国人留学生は、2003 年 10 月初旬、大学の日本語教育プログラムの協力を得て、授業の一部として集団で実施した。1 時間程度の日本語教材での学習後、アンケート記入を行った。また、外国人留学生のうち 4 名は、2003 年 10 月初旬、電子メールで参加を呼びかけ、個別に日本語教材を体験後、Web 上のアンケートの記入を依頼した。日本語教員は、電子メールで参加を呼びかけ、日本語教材を体験後、個別に Web 上のアンケートの記入を依頼した。質問紙は、上記の 4 つの尺度 (コンテンツ機能、機能の関連性、達成度、将来への動機づけ) について、計 33 項目の質問を作成した。回答選択形式は、「全く思わない」から「非常に賛成」までの 4 段階評価とした (Appendix 7 参照)。

(3) 評価項目の分析

a. 外国人留学生による評価

表7-1は、アンケートの質問項目のうち、評価の高かった項目と低かった項目に関して、尺度評価の平均点と標準偏差を示したものである。その結果、留学生は、画面の見やすさなど教材機能、および「語彙問題」については、高い評価を行っていた。また、図表を利用した課題についても、困難とは考えずに積極的に学習の意義を見出している。

表7-1　アンケートの質問項目と尺度評価の平均点と標準偏差（留学生）

	尺度評価の上位質問項目	平均	SD
Q1	本文や問題文の文字や図表の大きさは読みやすかった	3.55	0.67
Q7	解説の内容は適切だった	3.36	0.66
Q3	本文や問題文の内容は現実的（realistic）であった	3.27	0.63
Q5	解説の文字や図表の大きさは読みやすかった	3.27	0.63
Q20	図表の問題（課題3）は要約課題を答えるのに役に立った	3.27	0.63
Q4	本文や問題文の長さはちょうどよかった	3.18	0.73
Q11	語彙問題（課題1）は要約問題に答えるのに役に立った	3.18	0.73
Q14	語彙問題（課題1）は内容まとめ（課題4）をするのに役に立った	3.18	0.73
Q30	「言語使用型」の機能は多肢選択課題に答えるのに十分であった	3.18	0.85
	尺度評価の下位質問項目	平均	SD
Q23	図表の問題（課題3）はわかりにくかった	2.55	0.80
Q28	「言語用法型」の機能は多肢選択課題に答えるのに十分であった	2.73	0.77
Q2	本文や問題文の内容はわかりやすかった	2.82	0.39
Q22	図表の問題（課題3）は難しかった	2.82	0.93
Q27	内容まとめ問題（課題4）は、わかりにくかった	2.91	0.64

b. 日本語教員による評価

表7-2は、外国人留学生と同様の手続きによって、日本語教員に行った結果を、評価の高かった項目と低かった項目に関して尺度評価の平均点と標準偏差を示したものである。その結果、日本語教員では、上位項目、および下位項目の双方において、「語彙問題」や「構文問題」など個別の学習課題の難易度、および学習効果についての評価項目が多かった。つまり、日本語教

材として実現された環境よりも、読解課題として提示された問題内容を評価の対象としており、その内容の妥当性、および信頼性を評価する傾向が見られた。

表7-2　アンケートの質問項目と尺度評価の平均点と標準偏差（日本語教員）

	尺度評価の上位質問項目	平均	SD
Q26	内容まとめ問題（課題4）は難しかった	3.20	0.77
Q4	本文や問題文の長さはちょうどよかった	3.10	0.79
Q14	語彙問題（課題1）は内容まとめ（課題4）をするのに役に立った	3.10	0.85
Q1	本文や問題文の文字や図表の大きさは読みやすかった	3.00	0.79
Q12	語彙問題（課題1）は構文課題（課題2）をするのに役に立った	3.00	0.92
Q27	内容まとめ問題（課題4）はわかりにくかった	3.00	0.79
Q32	「言語使用型」で研究論文の講読の練習ができた	3.00	0.79
	尺度評価の下位質問項目	平均	SD
Q29	「言語用法型」機能は要約課題に答えるのに十分であった	1.90	0.67
Q9	語彙問題（課題1）はやさしすぎた	2.20	0.89
Q22	図表の問題（課題3）は難しかった	2.20	0.89
Q23	図表の問題（課題3）はわかりにくかった	2.30	0.80
Q28	「言語用法型」の機能は、多肢選択課題に答えるのに十分であった	2.30	0.47

質問項目を比較すると、上位項目について、外国人留学生のほうが日本語教員よりも全般的に平均点が高かった。この結果から、日本語教材を日本語教員よりも外国人留学生は肯定的にとらえ、また、学習効果を期待していることが明らかになった。さらに、各質問項目の分析から、質問20「図表の問題（課題3）は、要約課題を答えるのに役に立った」、および質問30「言語使用型の機能は多肢選択課題に答えるのに十分であった」などに、「言語使用型」教材の機能について外国人留学生から肯定的な評価を得た。この結果は、日本語教材設計モデル、および実証実験において文章理解の促進に効果的であるとされた要因が、ユーザからも同じように認識されていることが示された。また、質問11「語彙問題（課題1）は、要約問題に答えるのに役に立った」および質問14「語彙問題（課題1）は内容まとめ（課題4）をするのに役

に立った」などにおいて高い評価を得た。この結果により、外国人留学生からは、実現したモジュールが相互に関連しあい、内容理解課題を解決するための準備活動として位置づけられていることが明らかになった。同様に、日本語教員においても、質問14、および質問12「語彙問題（課題1）は構文課題（課題2）をするのに役に立った」、および質問32「言語使用型で、研究論文の講読の練習ができた」が高い評価を得た。しかし、質問26「内容まとめ問題（課題4）は難しかった」、および質問27「内容まとめ問題（課題4）はわかりにくかった」など日本語教材で実現された課題の内容に否定的な意見も見られた。

次節では、これらのアンケート項目について因子分析を行い、評価尺度を作成し、外国人留学生と日本語教員との日本語教材の評価観点の相違を明らかにすることを行った。

7.2.2　機能評価に関する尺度の構成

7.2.1節で述べたアンケート調査項目について因子分析から教材評価尺度として4因子を抽出した。この4因子から、外国人留学生と日本語教員との日本語教材の評価観点の相違を明らかにすることを試みた。

（1）　評価尺度の検討

教材の機能について行ったアンケートの各項目（33項目）の識別力を調べるために、項目分析を行った。その結果、相関係数の低い6項目を削除し、計27項目について、主成分分析による因子分析を行った。後続因子との固有値の差を因子数決定の一つの目安として、解釈可能な4因子解を採用した。この4因子の全体に対する累積寄与率は、55.05％であった。Varimax回転後の各項目の因子負荷量は、表7–3に示すとおりである。因子負荷量が0.55以上の項目を枠で囲んだ。また、複数の因子に0.40以上の負荷量を表す項目9、項目13、項目18、および項目24は除外した。

表 7-3 アンケートの因子分析結果

質問項目		因子負荷量			
		因子 I	因子 II	因子 III	因子 IV
Q5	解説の文字や図表の大きさは読みやすかった	0.833	−0.145	−0.074	−0.054
Q3	本文や問題文の内容は現実的 (realistic) であった	0.826	0.380	0.168	0.032
Q21	図表の問題 (課題3) は内容まとめ (課題4) に役に立った	0.810	0.132	−0.231	0.158
Q7	解説の内容は適切だった	0.792	0.440	0.080	−0.103
Q1	本文や問題文の文字や図表の大きさは読みやすかった	0.763	0.251	0.125	0.091
Q31	「言語使用型」の機能は要約課題に答えるのに十分であった	0.747	0.345	−0.110	0.284
Q15	構文問題 (課題2) は多肢選択課題に答えるのに役に立った	0.746	0.275	0.121	−0.269
Q20	図表の問題 (課題3) は要約課題を答えるのに役に立った	0.660	0.145	−0.143	0.279
Q4	本文や問題文の長さはちょうどよかった	0.635	0175	−0.064	0.069
Q17	構文問題 (課題2) は図表問題 (課題3) をするのに役に立った	0.624	0.039	−0.309	0.24
Q9	語彙問題 (課題1) はやさしすぎた	0.596	−0.187	0.165	0.448
Q18	構文問題 (課題2) は内容まとめ (課題4) をするのに役に立った	0.679	0.475	−0.188	0.184
Q30	「言語使用型」の機能は多肢選択課題に答えるのに十分であった	0.189	0.815	−0.068	0.265
Q10	語彙問題 (課題1) は多肢選択問題に答えるのに役に立った	0.006	0.742	0.394	0.039
Q14	語彙問題 (課題1) は内容まとめ (課題4) をするのに役に立った	−0.134	0.665	0.264	0.123
Q32	「言語使用型」で研究論文の講読の練習ができた	0.385	0.624	−0.214	0.125
Q11	語彙問題 (課題1) は要約問題に答えるのに役に立った	0.360	0.623	0.106	−0.028
Q2	本文や問題文の内容はわかりやすかった	0.331	0.612	−0.067	0.095
Q12	語彙問題 (課題1) は構文課題 (課題2) をするのに役に立った	0.382	0.611	−0.044	−0.033

表7-3 アンケートの因子分析結果（続き）

質問項目		因子負荷量			
		因子Ⅰ	因子Ⅱ	因子Ⅲ	因子Ⅳ
Q22	図表の問題（課題3）は難しかった	−0.008	0.101	0.853	−0.072
Q23	図表の問題（課題3）はわかりにくかった	−0.386	−0.035	0.803	0.123
Q27	内容まとめ問題（課題4）はわかりにくかった	0.218	−0.050	0.657	0.130
Q26	内容まとめ問題（課題4）は難しかった	0.087	0.314	0.562	−0.315
Q28	言語用法型の機能は多肢選択課題に答えるのに十分であった	0.451	0.421	0.062	0.752
Q29	言語用法型の機能は要約課題に答えるのに十分であった	0.189	0.163	0.198	0.643
Q24	内容まとめ問題（課題4）は多肢選択課題に答えるのに役に立った	0.413	0.208	−0.107	0.498
	説明分散	7.52	4.65	2.82	2.07
	寄与率（％）	24.25	15.00	9.12	6.68

表7-3によると因子Ⅰは、「解説の文字や図表の大きさは読みやすかった」、「本文や問題文の内容は現実的（realistic）であった」などの日本語教材で実現された学習支援に対して肯定的な10項目で構成された。特に、「言語使用型の機能は要約課題に答えるのに十分であった」などと関連して教材機能の有用性を評価する項目が含まれるため、「コンテンツ有用性」の因子とした。

因子Ⅱでは、「語彙問題（課題1）は、多肢選択問題に答えるのに役に立った」、「語彙問題（課題1）は内容まとめ（課題4）をするのに役に立った」など、日本語教材で実現された学習機能モジュール間の相互関係性について指摘する項目から構成される。したがって、これらの7項目をまとめて、「モジュール関連性」の因子とした。

因子Ⅲは、「図表の問題（課題3）は難しかった」、「内容まとめ問題（課題4）はわかりにくかった」などの「言語使用型」のみに実現されたモジュールについての項目である。これらの新しい学習支援機能に対する困難さを示す4項目をまとめて、「新機能の困難性」に関する因子とした。

因子Ⅳは、「言語用法型の機能は多肢選択課題に答えるのに十分であった」と「言語用法型の機能は要約課題に答えるのに十分であった」の2項目からなり、言語用法の習得を中心とした学習への肯定的な評価の項目であるため、「言語用法の評価」の因子と命名した。

(2) 外国人留学生と日本語教員の教材評価比較

外国人留学生22名と日本語教員20名の4因子（教材有用性・モジュール関連性・新機能の困難性・言語用法の評価）ごとに平均点と標準偏差を示したものが表7-4である。両者の評価を比較するために、因子ごとにt検定を行った。その結果、因子1（教材有用性）と因子4（言語用法評価）において1%レベルで有意な差が認められた。

表7-4 因子ごとの平均点と標準偏差

	因子Ⅰ	因子Ⅱ	因子Ⅲ	因子Ⅳ
日本語教員 （N=20）	2.77 (0.67)	2.81 (0.68)	2.68 (0.60)	2.10 (0.31)
留学生 （N=22）	3.22 (0.47)	3.08 (0.54)	2.82 (0.80)	2.86 (0.73)
t検定	2.91**	1.37	0.66	4.25**

**p<.01

これらのアンケート調査の分析からは、外国人留学生と日本語教員の日本語教材に対する評価視点の相違が明らかになった。つまり、外国人留学生のほうが、日本語教員よりも日本語教材として実現された機能に対して肯定的であることが明らかになった。また、従来から行われている語彙や構文などの「言語用法」を中心とした学習に対しても、外国人留学生が否定的に捉えていないことが明らかになった。しかし、留学生が日本語教材全般に対して高い評価を与え、また「言語用法」中心の学習に対しても肯定的に評価している理由は十分に明らかにされなかった。そこで、次節では、外国人留学生と日本語教員からプロトコル・データを収集し、それを手がかりに「効果的な言語学習」をどのように捉えているかを明らかにする。

7.3 インタビューによる機能評価

7.2.1節、および7.2.2節では、2種類の日本語教材を対象にアンケート調査を行った結果、外国人留学生のほうが、日本語教員よりも日本語教材として実現された機能に対して肯定的であることが明らかになった。本節では、日本語教員と外国人留学生からプロトコル・データを収集し、試作教材の使用における「使いやすさ」や「有用性」の問題点を発見することを目的とする。分析においては、海保・原田（1993）を参考に、7.2.2で明らかになった評価因子との関わりから質的な分析を行った。

（1）　被験者

日本の大学で学ぶ外国人留学生1名と日本語教員2名（教員A、教員B）を対象とした。外国人留学生は、日本語と経営学を専攻する米国の大学の2年生である。この学生は、香港出身の中国人で、日本語は高校生から学び、日本語学習暦は5年である。一方、日本語教員Aは、理工系大学留学生センターに所属しており、主に非漢字圏の留学生を教える場合が多い。教育暦は15年程度である。日本語教員Bは、日本の大学、および専門学校で主に漢字圏の留学生を教えている。教育歴は10年程度である。

（2）　手続き

外国人留学生、および日本語教員に個別に依頼して行った。まず、はじめに、教材改善のためユーザビリティ・テストであることを告げ、「言語使用型」教材を使いながら、自由に発話するように指示を与えた。発話は、VTRとICレコーダに記録され、書き起こされた。調査時間は、外国人留学生が2時間30分、日本語教員Aは1時間、日本語教員Bは45分であった。

　外国人留学生、日本語教員はともに日本語教材を使用しながら、教材の機能について気づいたことを言語報告してもらった。まず、「言語使用型」教材の各モジュールである(1)語彙学習、(2)構文学習、(3)情報移転、および(4)整合関係を学習させた。さらに、内容理解に関わる(5)多肢選択課題と(6)要約課題の学習を行わせ、自由発話を収集した。「言語用法型」教材

は、(1) 語彙学習と(2) 構文学習、および(5) 多肢選択課題と(6) 要約課題から構成されるため、「言語使用型」と内容が重複するため調査の対象としなかった。

(3) 結果

7.2.2節で論じた4つの因子（コンテンツ有用性・モジュール関連性・新機能の困難性・言語用法評価）に関連して、プロトタイプ教材において実現された各モジュール、および評価課題ごとに外国人留学生と日本語教員のプロトコル・データ（自由発話）を整理した。特に、外国人留学生と日本語教員の評価において差が見られた因子1「教材有用性」と因子4「言語用法評価」を中心に検討した。プロトコル・データは、被験者の行った行動とともに記述され、その発話の内容により「学習内容（Contents）の発話」と「コンテンツの機能（function）の発話」であるかが判断された。

a. **語彙学習モジュール**

外国人留学生と日本語教員から得られたプロトコル・データは、表7-5に示すとおりである。外国人留学生からは、学習内容に関わる問題点として、課題の問題文の「わかりにくさ」、および文脈の不提示による「あいまいさ」

表7-5 語彙学習モジュールについてのプロトコル・データ

発話者	内容	発話
留学生	C・問題	ちょっとあいまい。なんか、いろいろな意味がある。問題はどんなgapかわからない。
教員A	C・問題	内容はいいと思う。課題はもう少し多くてもいい。
教員B	C・問題	語彙課題で、「同じ意味で使える」というのが微妙な表現。結局この本文の中の使い方として、同じ意味で使えるほかの語は何かということだと思うので、単語を単体で出して、同じ意味で使えるかどうかを尋ねるのは、結構強引だと思うよ。こういう語彙課題だと、文章理解に貢献しないように思うけど。
教員A	F・問題	字が小さい。レイアウトはいいと思う。
留学生	C・解説	えーとね。うん。うん。この説明はよくわかる。わかりやすい。
教員A	C・解説	解説の文は、もっとわかりやすいほうがいい。フリガナか、単語チェッカーのような機能があればもっといい。

(C (content)：学習内容の発話、F (function)：コンテンツ機能の発話)

が指摘された。一方、日本語教員からは、学習内容だけでなく、教材のインターフェイスについての意見も見られた。また、学習内容についても、課題の与え方、および解説の方法についての意見が見られた。

b. 構文学習モジュール

外国人留学生と日本語教員から得られたプロトコル・データは、表7–6に示すとおりである。外国人留学生からは、学習内容に関わる問題点として問題形式を一定にしたほうがよいとの教材の使いやすさに関わる指摘があった。一方、日本語教員からは、学習内容についての指摘が多かった。特に、個々の問題文の適切さ、および解説の方法に関する意見が見られた。

表7–6　構文学習モジュールについてのプロトコル・データ

発話者	内容	発話
教員B	C・問題	問題文がおかしいところがある。構文課題2–3の問い4のところ、②従来の会議をビデオで観察すると、（ア）の他に、共有作業スペースを指さしてポインティングが見られたは意味がわからない。これは指さす等のポインティングが見られたちゃないのかな。
教員B	F・問題	文章全体のどこの部分を読んでいるのかが分からない。問題のたびに、文章が出てくるけど、それが前と同じものなのか、次の箇所なのか、分かりにくいね。もし、同じ文章で課題が違うなら、文章は固定しておいて、問題だけを変えるようにした方がいいんじゃない。
留学生	F・問題	インストラクションを読まない人がいるから、同じ形式がいい。一つの文に、一つの答えを選ぶ。
留学生	C・解説	Definitionが最初にあるとわかりやすい。
留学生	C・解説	例があるのはいい。わかりやすい。他の例があるほうがいい。
教員A	C・解説	語彙と同じように解説の文は、もっとわかりやすいほうがいい。フリガナか、単語チェッカーのような機能があればもっといい。
教員B	C・解説	この解説でわかるかな。言語に関するメタ知識を有する人でないと分かりにくいと思うけど。例えば、文と文の関係性を図解説明でもしないと。この原因と結果が反対という解説を読んでも、学習者にはぴんと来ない。

（C（content）：学習内容の発話、F（function）：コンテンツ機能の発話）

c. 情報移転モジュール

外国人留学生と日本語教員から得られたプロトコル・データは、表7–7に示すとおりである。外国人留学生、および日本語教員の双方から、図示情報

が内容把握に役立つとの肯定的な意見が聞かれた。しかし、図示情報使用のための「説明」が不足しているとの指摘もあった。

表7-7　情報移転モジュールについてのプロトコル・データ

発話者	内容	発話
留学生	C・問題	図はやりやすかった。問題に説明があったほうがいい。この黄色は「個人スペース」で青は「共有スペースとか」。説明が足りない。
教員A	C・問題	図の中の文字がわかりにくいけど、図があることで理解はしやすいと思う。でも、多言語のキャプション付きで理解を見てもいいと思う。
留学生	C・解説	いいと思う。わかりやすい。こうゆうチャートとか、よくわかる。

（C（content）：学習内容の発話、F（function）：コンテンツ機能の発話）

d.　整合関係モジュール

表7-8では、外国人留学生、および日本語教員の双方のデータを示す。整合関係理解モジュールでは、留学生から提示した読解文章が複雑で難しいとの意見が聞かれた。しかし、解説により内容理解が深められ、学習に役立つとの評価を得た。

表7-8　整合関係モジュールについてのプロトコル・データ

発話者	内容	発話
留学生	C・問題	問題文が長すぎて、何回も読まないとわからない。複雑だ。文が多すぎると思う。
教員A	C・問題	面白い試みで大変興味深いけど、担当している学習者には難しすぎるように思う。
留学生	C・解説	一番よかった。選択肢が4か3か分からなかったから、解説を読んでわかった。後ろに、どの選択肢の説明か書いてあって、どうして他の答えは違うかがよくわかった。
教員B	F・解説	スクロールをしないと、全体が見られないのはよくない。

（C（content）：学習内容の発話、F（function）：コンテンツ機能の発話）

e.　多肢選択課題

表7-9では、外国人留学生、および日本語教員の双方のデータを示す。多肢選択課題は、解説によるフィードバックはなく問題文のみである。教員B

からは問題形式や課題や選択肢の形式、および文章の適切さの指摘があった。

表 7-9　多肢選択課題のプロトコル・データ

発話者	内容	発話
留学生	C・問題	大丈夫。わかった。
教員 A	C・問題	いいと思う。
教員 B	C・問題	問題 4 で、「システムの機能を絞り込むと、どんな利点があるか。下の文章を読んで選択肢から答えを選びなさい」と、利点について尋ねるのだから、選択肢はもうちょっと工夫した表現の方がいいと思う。
教員 B	C・問題	問題 7 の選択肢 A に誤植がある。「を」がぬけている。
教員 B	C・問題	問題 11 の選択肢 C が他の選択肢と表現がそろっていない。「こと」がついている

(C (content)：学習内容の発話、F (function)：コンテンツ機能の発話)

f.　要約課題

表 7-10 では、外国人留学生、および日本語教員の双方のデータを示す。要約課題も解説によるフィードバックはなく問題文のみである。要約形式の課題を教材上で学習するが評価なども含めて難しいことが留学生、および教員 A から指摘された。

表 7-10　要約課題のプロトコル・データ

発話者	内容	発話
留学生	C・問題	これはむずかしい。あまりやりたくない。
教員 A	C・問題	要約は個々に違うのでそれぞれに対応できるか心配。

(C (content)：学習内容の発話、F (function)：コンテンツ機能の発話)

（４）　考察

評価アンケートの結果から、外国人留学生のほうが、日本語教員よりも日本語教材として実現された機能に対して肯定的であることが明らかになった。この評価の相違を、実際の日本語教材の利用場面におけるプロトコル・データから明らかにすることを試みた。

その結果、日本語教員は、教材に含まれる問題形式、および文章の適切さについての不備を指摘する発話が多かった。コンピュータ上で実現されたか否かに関わりなく、学習内容の妥当性、適切性に対する意見が多く観察された。また、解説などで用いた「日本語」の難しさが留学生の理解を超えるのではないかという指摘もあった。

　これらの内容は、7.2節の量的な教材評価の傾向とも一致する。アンケート調査の上位項目として、日本語教員では、「言語用法型」教材では不十分であることを指摘しながらも、同時に「言語使用型」教材の効果に対して否定的な項目を挙げていた。したがって、日本語教員は、現状の「言語用法型」指導が「研究論文講読」に十分効果をあげないことを認めながらも、新しく提案された「言語使用型」教材に対して懐疑的である傾向が明らかにされた。

　一方、外国人留学生は、読解文や課題は難しさを指摘しながらも、解説などにより文章理解が深まったとの意見が聞かれた。特に、構文学習モジュールや内容理解モジュールにおける解説では、どの選択肢が正解、あるいは不正解であるかの解説が有用との評価を得た。

7.4　日本語教材の教育効果の検討

7.2節のアンケート調査、および7.3節のユーザビリティ・テストでは、日本語教員から、日本語教材に含まれる問題形式、および文章の適切さ、および学習内容の妥当性、適切性に対する意見が聞かれた。そこで、これらの意見を反映させた教材の改良を行い、さらに、学習機能の効果を検討するために、外国人留学生を対象とした評価実験を行った。まず、7.4.1節では、アンケートに基づいた教材の改善点について述べる。続く、7.4.2節では、改良された学習機能の効果を検討する実験について述べる。

7.4.1　日本語教材の改良点

第6章において論じたように、日本語コンテンツは、「提示教材(Resource)」、「教材課題(Tasks for Lessening Complexity and Uncertainty)」および「評価

課題(Entity for Evaluation)」の3部門から構成されている。7.2節のアンケート調査、および7.3節のユーザビリティ・テストでは、日本語教員から、日本語教材に含まれる問題形式、および文章の適切さ、および学習内容の妥当性、適切性に対する意見が聞かれた。また、外国人留学生からも、課題の問題文のわかりにくさ、および文脈を提示しないことによるあいまいさなどが指摘された。つまり、「教材課題(Tasks for Lessening Complexity and Uncertainty)」、および「評価課題(Entity for Evaluation)」に出題形式についての意見が聞かれた。一方、アンケート調査からは、外国人留学生が語彙学習の効果に対して肯定的であり、また、期待が高いことが明らかにされた。このような結果をふまえて、日本語教材の課題、および学習機能として(1)出題形式と(2)学習語彙数の追加の2点を改良した。

(1) 出題形式の改良
第6章で述べたように、日本語教材として2種類の教材を作成したが、教材課題、および評価課題の問題文がわかりにくいこと、また、文脈の不提示によるあいまいさなどが指摘された。そこで、図7-1に示すように、問題文の該当箇所が明確になるように改良を行った。

(2) 学習語彙数の追加
第3章5節において概観したように、コンピュータを用いた日本語読解支援では、未習語彙の指導が中心に行われてきた。実際に、7.2節において分析したアンケート調査からも、外国人留学生が語彙学習の効果に対して肯定的であり、また、期待が高いことが明らかにされた。このような結果をふまえて、日本語教材の「語彙学習」モジュールでの語彙数を増やすことは有効な支援であると考えられる。

　第6章で述べた試作教材では、図7-2のように文章に含まれるカタカナ語を中心とした専門語彙を3語のみ取り上げた。一方、改良後の教材では、図7-3に示すように、漢字語彙も含めた24語を追加し、27語の問題文と解説を作成した。

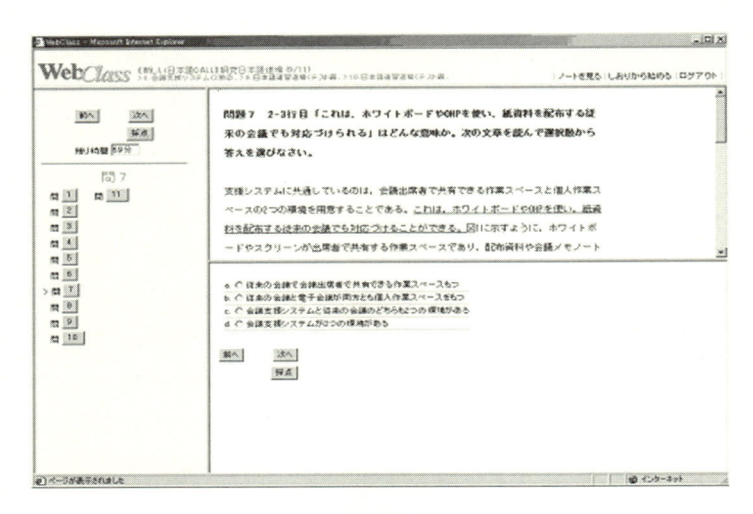

178　第3部　日本語教材設計モデルによる開発と評価

図7-1　改良後「評価課題」の問題文表示

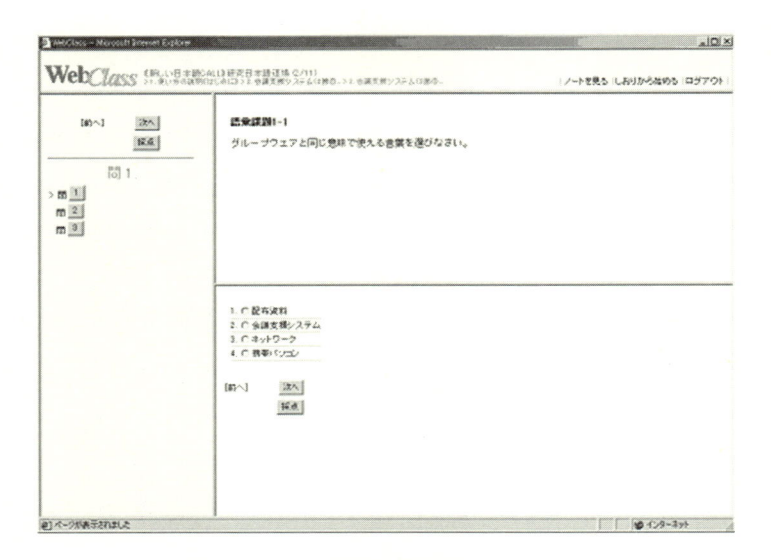

図7-2　試作教材「語彙学習」の画面表示

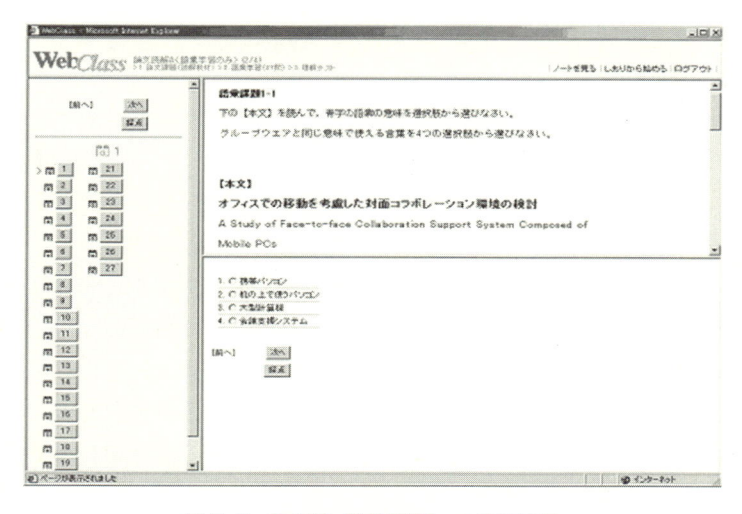

図7-3　改良後「語彙学習」の画面表示

7.4.2　日本語教材の評価実験

第6章の実証実験では、学習者に提示する情報の種類は特定されたが、その情報量をどの程度調節すべきかについて十分な実験が行われなかった。そこで、前節で述べた改良教材で、4つのモジュールの情報量を調整することにより、最も効果的な学習条件を学習者の特性との関わりから明らかにすることを試みる。

特に、日本語教材設計モデルにおける4つの「読解方策」、および「教授方略」が、2つの評価指標に対してどのような学習効果を上げるかを検討する。そのため、4つの読解方策、および教授方略の異なる3種類の日本語教材を作成し、学習者の要因との関係からその教育効果の比較を行った。

（1）実験目的

改良した教材において、4つのモジュールの情報量を調整することにより、最も効果的な学習条件を明らかにすることを試みる。情報量はそれぞれのモジュールごとの課題数を変化させることにより、以下に述べる3種類（論文

読解 A、論文読解 B、論文読解 C）を作成した。

a. 論文講読 A

論文読解 A は語彙学習モジュールと事前調査と理解テスト、アンケートから構成される。特に、学習者に対するアンケート調査において、語彙学習に対するニーズが高かったことを受けて「語彙」を中心とし、以下の2つの学習ユニット、理解テストおよびアンケートから構成される。

　事前調査（3問）では論文の内容および語彙の理解に関する質問を行う。語彙学習（27問）は専門用語および漢字、カタカナ語彙の学習を行う。理解テスト（13問）は、多肢選択課題（12問）と要約課題（1問）から構成される。多肢選択課題は、指示代名詞や省略語の内容を問う「等価処理課題」が9問と、段落ごとの要旨および段落間の関係を問う「弁別処理課題」が3問からなる。さらに、アンケートは日本語教材の内容および構成についての質問から構成される。

学習モジュール		評価テスト	
事前調査 3問	語彙学習モジュール 27問	理解テスト 13問	アンケート 35問

図7-4　論文講読 A の構成

b. 論文講読 B

論文読解 B は、4つの学習モジュールと事前調査と理解テスト、アンケートから構成される。言語使用を中心とした「語彙（10問）」、「構文（9問）」、「情報移転（3問）」、「整合関係（5問）」の4つの読解方策とした。論文読解 A よりも語彙学習を少なくし、構文学習を充実させた。これは、第5章の実験により抽出された教授方略8「等価処理課題では言語情報の複雑性、あいまい性を軽減した上で正確に図示情報の解釈を行わせる」、および教授方略9「弁別処理課題では短文条件で正確な図示情報の解釈を行わせる」を反映させた構成とした。

　また、図示情報の利用を促す「情報移転」モジュールにおいても、構文学

習で対象とした文の複雑性、およびあいまい性の軽減を行った。具体的には、「情報移転」モジュールでは、構文学習で取り上げた9つの構文を短文化および単純化した文を含む文章とした。

学習モジュールの総問題数は、論文講読Aと同じく27問とした。その前後に、事前調査、理解テストおよびアンケートを配置した。

事前調査 3問	学習モジュール				評価テスト	
	語彙学習モジュール 10問	構文学習モジュール 9問	情報移転モジュール 3問	整合関係モジュール 5問	理解テスト 13問	アンケート 35問

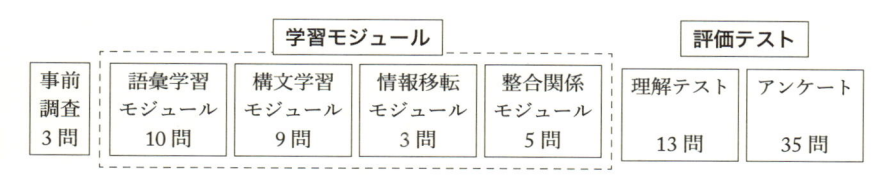

図7-5 論文講読Bの構成

c. 論文講読C

論文読解Cは、論文読解Bと同じく、4つの学習モジュールと事前調査と理解テスト、アンケートから構成される。言語使用を中心とした「語彙(18問)」、「構文(1問)」、「情報移転(3問)」、「整合関係(5問)」の4つの読解方策を反映させたモジュールを構成した。

論文講読Bと同じく、教授方略8「等価処理課題では言語情報の複雑性、あいまい性を軽減した上で正確に図示情報の解釈を行わせる」および教授方略9「弁別処理課題では短文条件で正確な図示情報の解釈を行わせる」を一部反映させる構成とした。そのため、構文学習は1文のみである。したがって、続く「情報移転」モジュールでは、提示教材において、文の複雑性、およびあいまい性の軽減は十分に行われていない条件とした。学習モジュールの総問題数は、論文講読A、Bと同じく27問とした。その前後に、事前調査、理解テスト、およびアンケートを配置した。

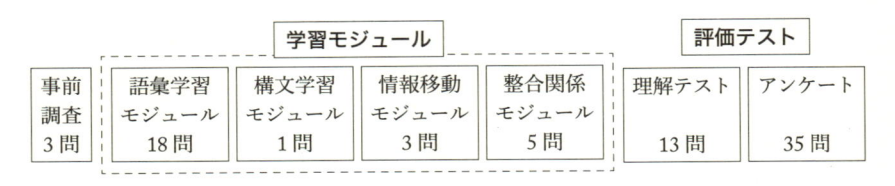

```
┌──────┐ ┌ 学習モジュール ──────────────────── ┐ ┌ 評価テスト ──────┐
│事前  │ │語彙学習  構文学習  情報移動  整合関係│ │理解テスト アンケート│
│調査  │ │モジュール モジュール モジュール モジュール│ │           │
│3問   │ │ 18問    1問     3問     5問  │ │ 13問    35問  │
└──────┘ └──────────────────────────────┘ └─────────────┘
```

図7-6　論文講読Cの構成

（2）　実験仮説

先に述べた3種類の日本語教材において、4つのモジュールの情報量が内容理解に与える影響を明らかにすることを試みる。さらに、事前調査およびアンケート調査から、学習者の特性と学習効果との関係についても検討する。そのために、以下の2つの仮説を設定した。

仮説1：等価処理課題では語彙および構文学習モジュールの学習効果が高い
仮説2：弁別処理課題では情報移転モジュールの学習効果が高い

（3）　方法

（i）　被験者

私立大学留学生別科、および学部で学ぶ外国人留学生7名（インドネシア1、タイ1、中国4、台湾1）と国立大学および大学院で学ぶ理工系学部留学生5名（インドネシア1、オーストラリア1、韓国1、台湾2）の12名を対象とした。それぞれの学習歴、専門の内訳は表7-11に示す通りである。

　事前調査では、論文内容への関心および語彙理解度などの項目を設け、論文講読に関わる被験者の特徴についても明らかにした。その結果、12名のうち論文内容を全く知らないと回答した被験者が2名、一方、よく知っていると回答した被験者が2名であった。自己申告による語彙理解度では、学習歴の長い漢字圏学習者では75％以上であったが、内容を知らない非漢字圏学習者では40％程度であった。

表 7-11 被験者の内訳

被験者	コンテンツ	所属・専門	国籍	学習歴	論文内容	語彙理解
Asia1	論文講読 B	留学生別科国際関係	インドネシア	2 年	全く知らない	40%
Asia2	論文講読 B	留学生別科政治学	タイ	2 年	少し知っている	60%
Asia3	論文講読 C	留学生別科国際関係	中国	4 年	よく知っている	75%以上
Asia4	論文講読 A	留学生別科日本語学	台湾	5 年	あまり知らない	50%
Asia5	論文講読 C	私立大学経済学	中国	2.5 年	聞いたことがある	60%
Asia6	論文講読 A	私立大学経済学	中国	2.5 年	少し知っている	60%
ICU	論文講読 B	私立大学国際関係	中国	5 年	少し知っている	60%
Uec1	論文講読 A	国立大学情報学	オーストラリア	5 年	全く知らない	75%以上
Uec2	論文講読 B	国立大学院情報学	インドネシア	5 年	少し知っている	75%以上
Uec3	論文講読 A	国立大学院情報学	台湾	5 年	あまり知らない	75%以上
Uec4	論文講読 A	国立大学情報学	台湾	2 年	よく知っている	60%
Hoku	論文講読 B	国立大学生物学	韓国	3 年	少し知っている	60%

(ⅱ) 手続き

実験は、2003 年 12 月から 2004 年 1 月にかけて私立大学および国立理工系大学で学ぶ外国人留学生の協力により個別に行われた。図 7-7 に示すような、日本語サイト (http://conery.ai.is.uec.ac.jp) に 3 種類の日本語シナリオ (論文講読 A、B、C) が準備され、被験者はその一つを選択し、自由に学習するようにと指示が与えられた。実験環境は WebClass 上の学習 LMS (Learning Management System) 機能を用いて、被験者ごとの学習時間、および正答数がサーバ上にアクセスログとして記録された。

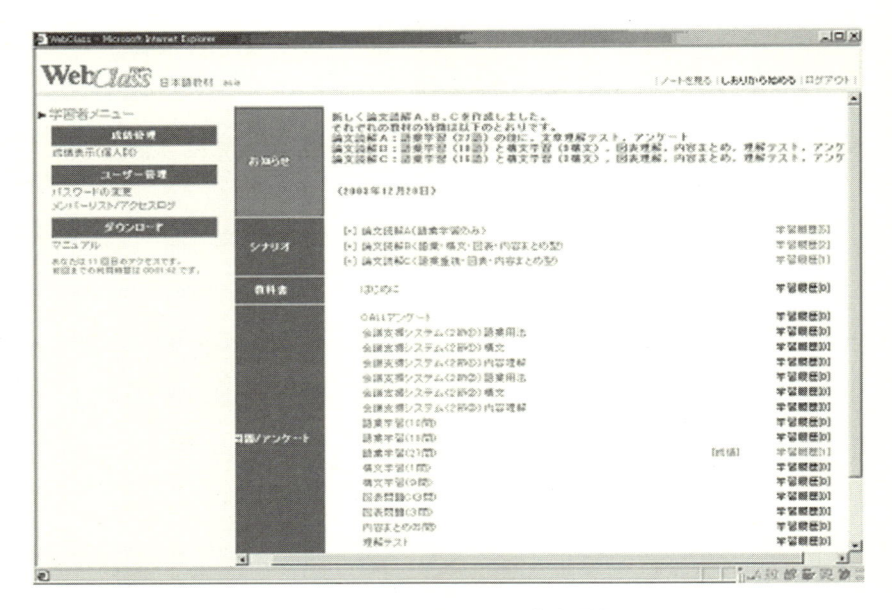

図 7–7　WebClass での実験環境

(ⅲ)　評価課題

内容理解の評価にあたっては、等価処理課題と弁別処理課題の 2 種類を準備した。等価処理課題は、前章の 6.2.4 節で述べたように、人称代名詞や関係代名詞、あるいは形式名詞句の内容を特定させる課題を、多肢選択方式により 9 問作成した。さらに、弁別処理課題として段落の要約として最も適切な陳述を選択させる課題 3 問を加えて、多肢選択課題は合計 12 問とした。また、弁別処理課題では、記述式の要約課題も併用し、多肢選択課題と組み合わせて評価を行った。

(4)　結果

被験者ごとに、モジュールおよび評価課題(等価処理・弁別処理)ごとの正答率と解答時間の分析を行った。特に、各教材ごとに学習モジュールの分量を調整し、条件の相違により、正答率および解答時間にどのような相違が見られるかを被験者の特徴と関連づけて分析を行った。

a. 等価処理課題

等価処理課題として多肢選択方式で内容理解テスト（等価テスト）を9問作成し、分析対象とした。

(ⅰ) 被験者ごとの各モジュールおよび等価テスト

被験者ごとに、各学習モジュールおよび内容理解テスト（等価テスト）の正答率と解答時間を表7-12に示した。

表7-12　等価処理課題とモジュールごとの正答率、解答時間

被験者 (コンテンツ)	国籍 (学習歴)	語彙学習 正答率 解答時間	構文学習 正答率 解答時間	図表学習 正答率 解答時間	内容まとめ 正答率 解答時間	等価テスト 正答率 解答時間
Asia4 (A)	台湾 (5年)	74% (20/27) 30.22	---	---	---	55% (5/9) 63.11
Asia6 (A)	中国 (2.5年)	85% (23/27) 51.26	---	---	---	77% (7/9) 40.21
Uec1 (A)	オーストラリア (5年)	74% (20/27) 95.96	---	---	---	100% (9/9) 109.91
Uec3 (A)	台湾 (5年)	92% (25/27) 25.44	---	---	---	88% (8/9) 56.89
Uec4 (A)	台湾 (2年)	55% (15/27) 10.00	---	---	---	23% (2/9) 2.55
Uec2 (B)	インドネシア (5年)	50% (5/10) 91.00	66% (6/9) 122.44	100% (3/3) 91.00	40% (2/5) 125.80	77% (7/9)
Asia1 (B)	インドネシア (2年)	50% (5/10) 17.50	33% (3/9) 116.77	33% (1/3) 52.00	60% (3/5) 71.40	44% (4/9) 84.66
Asia2 (B)	タイ (2年)	50% (5/10) 31.20	55% (5/9) 105.22	66% (2/3) 201.00	60% (3/5) 118.80	66% (6/9) 74.11
Icu (B)	中国 (5年)	90% (9/10) 38.66	77% (7/9) 58.20	100% (3/3) 128.66	80% (4/5) 46.22	77% (7/9) 58.64
Hoku (B)	韓国 (3年)	80% (8/10) 52.66	66% (6/9) 65.00	100% (3/3) 84.33	80% (4/5) 62.33	88% (8/9) 68.18
Asia3 (C)	中国 (4年)	66% (12/18) 38.33	100% (1/1) 77.00	33% (1/3) 104.00	40% (2/5) 60.20	88% (8/9) 109.88
Asia5 (C)	中国 (2.5年)	83% (15/18) 19.41	100% (1/1) 79.00	66% (2/3) 93.66	80% (4/5) 46.60	88% (8/9) 75.21

上段：正答率（正答数／問題数）
下段：解答平均時間（秒）

(ⅱ) 各モジュールと等価テストの関係

学習時間が著しく少ない1名（Uec4）を除く被験者11名を対象とし、語彙学習モジュールの得点と等価テストの相関係数を調べた結果、0.63であり中程度の相関関係が見られた。

さらに、論文講読BとCの被験者7名を対象として、他のモジュール（構文、情報移転、内容まとめ）との相関をまとめたものが、表7-13である。2つの教材に共通したモジュールについて等価テストとの相関を調べた結果、構文モジュールとの間に5%レベルで強い相関が見られた。この結果から、構文学習が等価テストと関係があることが示されたと考えられる。また、11名を対象とした語彙学習モジュールの分析結果とあわせて、仮説1の「等価処理課題では語彙および構文学習モジュールの学習効果が高い」は支持されたといえる。

表7-13　各モジュールと等価テストの相関関係（論文講読B・C）

	語彙	構文	情報移転	まとめ	等価テスト
語彙	1.00				
構文	0.60	1.00			
情報移転	0.39	0.03	1.00		
まとめ	0.74	0.05	0.38	1.00	
等価テスト	0.63	0.87*	0.40	0.14	1.00

*$p<.05$

b. 弁別処理課題

等価処理課題として多肢選択方式で内容理解テスト（弁別テスト）を3問作成した。さらに、記述式の要約課題とあわせて評価を行った。

(ⅰ) 被験者ごとの各モジュールおよび弁別テスト

被験者ごとに、各学習モジュールおよび弁別テストの正答率と解答時間を表7-14に示した。等価テストと同様に、学習時間が著しく少ない1名（Uec4）を除く被験者11名を対象とした。

表 7-14 弁別テストとモジュールごとの正答率

被験者 (コンテンツ)	国籍 (学習歴)	語彙学習 正答率 解答時間	構文学習 正答率 解答時間	図表学習 正答率 解答時間	内容まとめ 正答率 解答時間	等価テスト 正答率 解答時間	弁別テスト 正答率 解答時間
Asia4 (A)	台湾 (5年)	74% 30.22	---	---	---	55% 63.11	33% (1/3) 49.33
Asia6 (A)	中国 (2.5年)	85% 51.26	---	---	---	77% 40.21	33% (1/3) 45.55
Uec1 (A)	オーストラリア (5年)	74% 95.96	---	---	---	100% 109.91	33% (1/3) 30.66
Uec3 (A)	台湾 (5年)	92% 25.44	---	---	---	88% 56.89	100% (3/3) 49.33
Uec4 (A)	台湾 (2年)	55% 10.00	---	---	---	23% 2.55	66% (2/3) 2.33
Uec2 (B)	インドネシア (5年)	50% 91.00	66% 122.44	100% 91.00	40% 125.80	77% 166.00	33% (1/3) 113.00
Asia1 (B)	インドネシア (2年)	50% 17.50	33% 116.77	33% 52.00	60% 71.40	30% 84.66	33% (1/3) 121.00
Asia2 (B)	タイ (2年)	50% 31.20	55% 105.22	66% 201.00	60% 118.80	66% 74.11	33% (1/3) 44.33
Icu (B)	中国 (5年)	90% 38.66	77% 58.20	100% 128.66	80% 46.22	77% 58.64	33% (1/3) 46.62
Hoku (B)	韓国 (3年)	80% 52.66	66% 65.00	100% 84.33	80% 62.33	88% 68.18	100% (3/3) 46.62
Asia3 (C)	中国 (4年)	66% 38.33	100% 77.00	33% 104.00.	40% 60.20	88% 109.88	66% (2/3) 122.00
Asia5 (C)	中国 (2.5年)	83% 19.41	100% 79.00	66% 93.66	80% 46.60	88% 75.21	100% (3/3) 38.33

上段：正答率（正答数／問題数）
下段：解答平均時間（秒）

(ⅱ) 各モジュールと弁別テストの関係

3種類の教材の被験者11名を対象に、語彙学習モジュールの得点と内容理解テスト（弁別処理）の相関係数を調べた結果、0.57であり中程度の相関関係が見られた。

さらに、表7-15示すように、論文講読BとCの被験者7名を対象に各モジュールおよび等価テストと弁別テストとの相関を調べた結果、有意な相関は見られなかった。したがって、論文講読BとCを対象とした条件にお

いては、仮説2「弁別処理課題では情報移転モジュールの学習効果が高い」は支持されなかった。

表7-15　各モジュールと等価・弁別テストの相関関係（論文講読B・C）

	語彙	構文	情報移転	まとめ	等価テスト	弁別テスト
語彙	1.00					
構文	0.60	1.00				
情報移転	0.39	0.03	1.00			
まとめ	0.74	0.05	0.38	1.00		
等価テスト	0.63	0.87*	0.40	0.14	1.00	
弁別テスト	0.57	0.55	0.06	0.45	0.68	1.00

$^*p<.05$

(iii) **論文講読Bでの各モジュールと弁別テストの関係**

論文講読Bの被験者5名を対象に、各モジュールおよび等価テストと弁別テストとの相関を調べた結果、表7-16に示すような結果が得られた。他の教材と比較して、語彙だけでなく構文の学習を取り入れた論文講読Bの条件において、仮説2「弁別処理課題では情報移転モジュールの学習効果が高い」は支持されなかった。むしろ、情報移転および構文学習が等価テストと相関が高いことが明らかにされた。

表7-16　各モジュールと等価・弁別テストの相関関係（論文講読B）

	語彙	構文	情報移転	まとめ	等価テスト	弁別テスト
語彙	1.00					
構文	0.69	1.00				
情報移転	0.60	0.96*	1.00			
まとめ	0.86	0.32	0.20	1.00		
等価テスト	0.60	0.89*	0.96*	0.32	1.00	
弁別テスト	0.46	0.22	0.38	0.53	0.59	1.00

$^*p<.05$

(ⅳ) 各モジュールと要約評価の関係

3種類の教材の被験者11名を対象とした。要約評価は、5章の5.5.3の実験10において論じたように原文の「階層的構造関係（整合関係）」および「原文の残存度（複写）」を要約評価基準とした。この要約評価基準に基づいて、文ごとに4つのカテゴリ（中心的整合性、周辺的整合性、複写、その他）を設定して特定を行った。

表7-17 被験者ごとの要約評価

被験者 (コンテンツ)	国籍 (学習歴)	等価テスト 正答率	弁別テスト 正答率	文字数 (文数)	中心的 整合性	周辺的 整合性	複写	その他
Asia4 (A)	台湾 (5年)	55%	33%	203字 (4文)	0	0	4	0
Asia6 (A)	中国 (2.5年)	77%	33%	127字 (3文)	0	3	0	0
Uec1 (A)	オーストラリア (5年)	100%	33%	107字 (4文)	0	1	0	2
Uec3 (A)	台湾 (5年)	88%	100%	97字 (2文)	1	1	0	0
Uec4 (A)	台湾 (2年)	23%	66%	20字 (1文)	0	0	0	1
Uec2 (B)	インドネシア (5年)	77%	33%	96字 (3文)	1	0	2	0
Asia1	インドネシア (2年)	30%	33%	197字 (3文)	0	1	0	1
Asia2 (B)	タイ (2年)	66%	33%	15字 (1文)	0	0	0	1
Icu (B)	中国 (5年)	77%	33%	12字 (1文)	0	0	0	1
Hoku (B)	韓国 (3年)	88%	100%	97字 (2文)	1	0	1	0
Asia3 (C)	中国 (4年)	88%	66%	90字 (2文)	0	1	0	1
Asia5 (C)	中国 (2.5年)	88%	100%	83字 (2文)	1	0	1	0

その結果、多肢選択式の弁別テストの成績が高い被験者は、要約課題においても中心的整合関係を指摘する可能性が高いことが明らかになった。中心的

整合関係が指摘された割合を各条件別に比較したところ、論文講読Aでは、5名中1名のみの指摘であった。一方、論文講読Bでは5名中2名、論文講読Cでは2名中1名であった。限られた被験者ではあるものの、論文講読Aよりも論文講読BおよびCにおいて、中心的整合関係を指摘する割合が高い可能性が示されたと考えられる。したがって、情報移転モジュールを持たない論文講読Aよりも、情報移転モジュールを組み入れた条件である論文講読BおよびCが、中心的整合関係の指摘が多かったことから、仮説2「弁別処理課題では情報移転モジュールの学習効果が高い」は支持されたといえる。

(5) 考察

第6章の実証実験では、学習者に提示する情報の種類は特定されたが、その情報量をどの程度調節すべきかについて十分な検証が行われなかった。そこで、日本語設計モデルにおいて提案した4つの「読解方策」、および「教授方略」が、2つの評価指標（等価・弁別）に対してどのような学習効果を上げるかを検討した。そのため、4つの読解方策、および教授方略の異なる3種類の日本語教材を作成し、学習者の要因との関係からその教育効果の比較を行った。3種類の日本語教材では、4つのモジュールごとの課題数を変化させることにより、最も効果的な学習条件を明らかにすることを試みた。

まず、仮説1「等価処理課題では語彙および構文学習モジュールの学習効果が高い」は、3種類の教材において支持された。したがって、等価処理は、従来から行われている言語用法中心の学習と関連が深いと考えられる。

また、構文学習を多く含んだ教材（論文講読B）では、表7-16に示すように、「情報移転」モジュールとの高い相関関係も見られた。この結果から、構文学習は、情報移転を効果的に行う条件に影響する可能性が示された。

一方、多肢選択式課題では、仮説2「弁別処理課題では情報移転モジュールの学習効果が高い」は、構文学習の少ない教材（論文講読C）、および構文学習を多く含んだ教材（論文講読B）の双方において支持されなかった。しかし、要約課題を比較したところ、論文講読Aよりも論文講読B、および論文講読Cにおいて中心的整合関係を指摘する割合が多かった。つまり、

情報移転モジュールを持たない論文講読 A よりも、情報移転モジュールを組み入れた条件である論文講読 B および C が、中心的整合関係の指摘が多かった。このことから、限られた被験者ではあるものの、要約課題においては、仮説 2「弁別処理課題では情報移転モジュールの学習効果が高い」は支持されたといえる。

7.5 結言

本章では、日本語教材設計モデルに基づいて論文講読を支援するための試作教材（プロトタイプ）の評価実験について述べた。

　まず、7.2 節では、外国人留学生と日本語教員に対してのアンケート調査から、2 種類の教材の機能について結果をまとめた。7.2.1 節では、留学生と日本語教員ごとに評価の高かった項目、および低かった項目を比較した。その結果、留学生は、画面の見やすさなどコンテンツ機能、および「語彙問題」については高い評価を行っていた。また、図表を利用した新しい課題についても困難とは考えずに積極的に学習の意義を見出している傾向が明らかになった。

　一方、日本語教員では、上位項目、および下位項目の双方において学習課題の難易度、および学習効果についての評価項目が多かった。つまり、日本語教材として実現された環境よりも、提示された問題内容を読解課題として評価しており、その内容の妥当性、信頼性について肯定的、あるいは否定的評価を行う傾向が見られた。また、図表を利用した課題は留学生からは肯定的に受け入れられたが、日本語教員からは留学生ほど積極的な評価は見られなかった。また、内容まとめ課題についても、否定的な評価であった。

　7.2.2 節ではアンケート項目について因子分析を行い、日本語教材評価指標として 4 因子（コンテンツ有用性・モジュール関連性・新機能の困難性・言語用法評価）を抽出した。この 4 因子において、外国人留学生と日本語教員の平均点を比較した結果、因子 1（コンテンツ有用性）と因子 4（言語用法評価）において 1% レベルで有意な差が認められた。つまり、外国人留学生のほうが、日本語教員よりも日本語教材として実現された機能に対して肯定

的であることが明らかになった。しかし、内容の妥当性に関する因子2と因子3では、有意な差は見られなかった。この理由として、アンケート調査の上位項目として、日本語教員は、「言語用法型」教材では不十分であることを指摘しつつも、また同時に「言語使用型」教材の効果に対して否定的な項目が挙げられていた。したがって、現状の「言語用法型」指導が「研究論文講読」に十分効果をあげないことを認めながら、新しく提案された「言語使用型」教材に対して懐疑的である傾向が明らかにされた。

　7.3節では、外国人留学生と日本語教員を対象としてユーザビリティ・テストにおけるプロトコル・データ（発話データ）を収集し、分析を行った。その結果、外国人留学生からは、図表を用いた解説方法などの学習内容に対する肯定的な意見が多く見られた。特に、読解文に対する解説の有用性に関わる発話が多く観察された。一方、日本語教員からは、課題や解説の適切さや困難度に関わる意見が多く見られた。プロトタイプ教材では、解説や課題が学習者の理解を超える場合に、理解を容易にする機能が提供されていないことも指摘された。このような指摘は、7.2.1のアンケート項目の分析において、日本語教員が、課題の問題や解説のわかりやすさ、および難しさについて否定的な評価を行っていたこととも一致する。

　7.4節では、4つの読解方策、および教授方略の異なる3種類の日本語教材を作成し、学習者の要因との関係からその教育効果の比較を行った。実験では、4つのモジュールごとの課題数を変化させ、評価指標（等価・弁別）ごとに最も効果的な学習条件を明らかにすることを試みた。その結果、等価処理は、従来から行われている言語用法中心の学習と関連が深いことが明らかにされた。一方、弁別処理課題では情報移転モジュールの学習効果が高いことが、多肢選択式では十分に確認されなかった。しかし、要約課題を比較したところ、限られた被験者ではあるものの、情報移転モジュールの弁別処理課題において学習効果が高いことが示された。

第8章
結論

　近年のネットワーク技術の向上を背景に、インターネット経由で辞書引きの手間を軽減する「多読支援システム」や文法、漢字語彙の解説などの機能を持つ「読解支援システム」が提供されている。しかし、これらのシステムでは、未習語彙や文法項目など文章理解の部分的な支援にとどまり、理解全般を扱ったものは数少ない。また、実現された機能についても実際の学習者や教授者を対象とした評価実験により有効性が十分に検証されていない。

　このように、学習者を取り巻く学習環境は大きく変化しつつあり、新しい技術を活用した教材の開発が急務とされている。しかしながら、現在、eラーニング環境において利用可能な言語学習システムは、従来の教室活動の一部や自習課題の提示などにとどまり、十分な学習効果をあげているとはいいがたい。このようなeラーニング学習環境に対応した言語学習システム開発を進めるためには、情報処理技術や言語処理技術を応用し「現在、行われている言語学習」をネットワーク上で実現するだけにとどまらず、実践的知見と新しい言語学習パラダイムに基づいた「言語学習教材」の開発が望まれる。

　しかしながら、現在、日本語教育の分野では、実践報告から積み重ねられた知見が体系化されておらず、それに基づいた教材開発、およびシステム設計が行われにくい現状である。

　そこで、本研究では、eラーニング環境に対応した言語学習教材の開発を目指し、教授設計理論、および認知言語理論に基づいた効果的な教材構成原理を明らかにすることを目的とした。まず、認知言語理論に基づいてeラー

ニング環境における語学教材設計のための知見を整理し、日本語教材設計モデルとしてまとめた。さらに、日本語教材設計モデルで体系的に記述された構成要因を 16 の実証実験により検討した。加えて、実験により明らかにされた構成要因間の関係を「教授方略」として 9 つにまとめ、複数の教授方略を反映させたプロトタイプ教材の開発と評価を行った。

　第 2 章では、インストラクション・デザイン理論(Instructional Design Theory) に基づいて、談話理解に関わる様々な言語情報、および図示情報を整理し、関連性のある学習環境を実現するための条件を明らかにした。2.2 節では、米国の企業教育用の学習プロダクト設計で用いられるインストラクション・デザインを概観し、本研究との関わりについて述べた。2.3 節では、近年の授業設計における行動主義から構成主義への教授理念の変化について概観した。2.4 節では、複数の実証的実験から明らかにされた文章理解の促進要因を「文章教材の設定」と「学習過程の段階制御」の 2 点から整理を行った。さらに、2.5 節では、現在、開発されている日本語教材の特徴を概観し、効果的な日本語教材設計のための前提条件をまとめた。

　第 3 章では、学習者のコミュニケーション能力を最もよく伸ばすためには「いかに」すべきかについて、理論的な基盤を概観するとともに、対象とする「研究論文講読」の構造的な特徴を分析する認知言語理論の手法について述べた。3.2 節では、「言語用法」中心から「言語使用」へと教育観の変遷について概観した。3.3 節、および 3.4 節では、研究論文講読における談話理解の枠組みを提示した。3.5 節では、Sperber & Wilson (1986) によって提案された関連性理論に着目し、談話理解におけるコンテクスト情報の選択基準を明らかにした。関連性理論は、談話理解における「読者要因」の重要性を示すものであり、「言語が解釈される過程」の認知的理論として位置づけられている。この理論を研究論文理解に適用し、読者の談話理解が活性化される条件の検討を行った。

　第 4 章では、インストラクション・デザインの視点から、談話理解に関わる様々な言語情報、および図示情報を整理し、関連性のある学習環境を実現するための日本語教材設計モデルとして提示した。4.2 節では、外国語教授における言語能力の測定研究、および言語能力テストを整理し、文章理解能

力について論じた。さらに、認知言語理論を教授設計に応用し、文章理解（読解）のための読解方策、および学習項目の体系的な整理を行った。これを日本語教材設計モデルとして提示した。4.3 節では、具体的な教材構成法を「読解教材の設定」と「学習過程の段階制御」の 2 点から論じた。4.4 節は、内容理解の評価観点から提示教材の難易度や学習上の困難点を軽減する具体的なタスクの実現方法についても論じた。言語能力を評価する質問として、言語用法参照と言語使用推論との区別について論じた。さらに、言語使用推論を用いた談話理解において、局所的な理解を問う等価処理課題と全体的な内容理解を問う弁別処理課題について具体例をあげて説明した。

第 5 章では、日本語教材設計モデルにおいて記述した外国人留学生が専門分野の論文を講読するために必要な知識、および読解方策の妥当性の検討を行った。特に、「情報移転（図示情報）」の役割に着目し、読者（学習者）要因、および文章構造要因との関係を 16 の実証実験により明らかにすることを試みた。読者（学習者）要因として、「日本語能力」と文章内容に関わる「背景知識」を取り上げ、日本人学生と外国人留学生の比較を行った。また、文章構造要因として、言語要因の複雑性、あいまい性、および図示情報と文章情報の関係性などに着目した。文章理解の評価に関しては、2 つの評価指標（等価処理・弁別処理）を用いて検討した。実験結果から、言語能力が限られた外国人留学生に対しては、図示情報が文章理解を必ずしも促進しないこと、また、図示情報の正確な理解が等価処理を促進することなどが明らかになった。これらの実験結果を、教材設計モデル上の構成要因間の関係を記述する「教授方略」として 9 つにまとめ、日本語教材作成の指針とした。さらに、これらの教授方略は、図示情報の利用という視点から、2 つに大別される。すなわち、一方は、外国人に対して図示情報の積極的な利用を促さないとする教授方略群（教授方略 1-3）であり、他方は、図示情報を効果的に利用するための条件を段階的に整える教授方略群（教授方略 4-9）である。

第 6 章では、日本語教材設計モデルに基づいて論文講読を支援するための試作教材（プロトタイプ）について述べた。まず、6.2 節では、日本語教材設計モデルに基づいて作成した 2 種類の日本語教材（「言語用法型」・「言語使用型」）の概要について述べた。第 4 章で述べた日本語教材設計モデルと対

応して、論文理解に必要な技能に対応したタクティクス（指導方略）とタスク（教材課題）、さらにエンティティ（評価課題）を、教材上でどのように実現するかについて概要を論じた。6.3節では、2種類の日本語教材について、実現された機能の比較を行った。具体的には、「提示教材(Resource)」、「教材課題(Tasks for Lessening Complexity and Uncertainty)」および「評価課題(Entity for Evaluation)」の3構成ごとに、「言語用法型」と「言語使用型」の比較を行った。

　第7章では、「言語用法型」と「言語使用型」の2種類の日本語教材について、外国人留学生と日本語教員に対してアンケート調査、およびユーザビリティ・テストを行った。まず、7.2節では、外国人留学生と日本語教員に対してのアンケート調査から、2種類の教材の機能について結果をまとめた。その結果、日本語教員よりも外国人留学生は、試作教材の機能を肯定的にとらえ、学習効果を期待していることが明らかになった。この結果から、言語的困難点を軽減する条件を整え、図示情報を取り入れた方術の指導を取り入れた「言語使用型」教材が、外国人留学生からは、文章理解の促進、および、学習環境の改善に効果があると認識されていることが示唆された。アンケート調査項目について因子分析を行い、日本語教材の評価指標として4因子（コンテンツ有用性・モジュール関連性・新機能の困難性・言語用法評価）を抽出した。この4因子において、外国人留学生と日本語教員の平均点を比較した結果、因子1（コンテンツ有用性）と因子4（言語用法評価）において1%レベルで有意な差が認められた。つまり、コンテンツで実現されたが学習機能について、外国人留学生のほうが、日本語教員よりも日本語コンテンツとして実現された機能に対して肯定的であることが明らかになった。

　7.3節では、さらに、外国人留学生と日本語教員を対象としてユーザビリティ・テストにおけるプロトコル・データ（発話データ）を収集して分析を行った。その結果、外国人留学生からは、図表を用いた解説方法などの学習内容に対する肯定的な意見が多く見られた。また、段階的な学習モジュールの提示法についても肯定的な意見が得られた。一方、日本語教員からは、実現された機能の難易度に対する意見が多く見られ、また、インターフェイスなどの操作性の問題点が指摘された。

これらの結果から、日本語教材設計モデルに基づいて開発された日本語教材は日本語教員よりも外国人留学生から肯定的な評価を得られたと考えられる。特に、留学生からは、教材が提供する図示情報を利用した解説、および学習課題が文章理解に有効な学習支援であるとの評価を得た。これらの解説は、日本語教材設計モデル上で記述した4つの読解方策に対応する言語知識であり、文章理解を促進する効果的な支援となりうる可能性が示された。

　さらに、7.4節では、4つの読解方策、および教授方略の異なる3種類の日本語教材（論文講読A・B・C）を作成し、学習者の要因との関係からその教育効果の比較を行った。実験では、4つのモジュールごとの課題数を変化させ、評価指標（等価・弁別）ごとに最も効果的な学習条件を明らかにすることを試みた。

　その結果、等価処理では、従来から行われている言語用法中心の学習と関連が深いことが明らかにされた。一方、弁別処理は、多肢選択課題においては情報移転モジュールの学習効果が高いことが十分に確認されなかった。しかし、要約課題において各条件を比較したところ、情報移転モジュールの学習効果が高いことが示された。したがって、限られた被験者ではあるものの、複数の教材による教育効果の比較を行った結果、等価処理、および弁別処理において読解方策とそれを促進する教授方略の教育的効果が確認されたといえる。

参 考 文 献

[1] アカデミック・ジャパニーズ研究会：大学・大学院留学生の日本語①読解編，アルク (2001)
[2] アカデミック・ジャパニーズ研究会：大学・大学院留学生の日本語③論文読解編，アルク (2002)
[3] 浅野陽子，小川克彦："日本文の可読性の測度と表示速度への応用"，情報処理学会論文誌，32 (12)，pp.1574–1582 (1990)
[4] 東洋："学習指導の最適化"，学習心理ハンドブック，pp.633–647 (1968)
[5] 飯吉透："教えと学びのマネッジメント"，教育とメディア，教育とメディア論集刊行会，東京：日本視聴覚教育協会，pp.22–28 (2002)
[6] 出原栄一，吉田武夫，渥美浩章：図の体系―図的思考とその表現―，東京：日科技連出版 (1986)
[7] 市川孝：国語教育のための文章論概説，東京：教育出版 (1978)
[8] 今井邦彦：語用論への招待，東京：大修館書店 (2001)
[9] 内田伸子："絵画ストーリイの意味的統合化における目標構造の役割"，教育心理学研究，31，pp.303–313 (1983)
[10] 大林史明，田中専，伊藤京子，下田宏，吉川栄和："コンピュータを利用した総合学習システムの設計・試作および主観評価と活用法の考察"，情報処理学会論文誌，43 (8)，pp.2764–2773 (2002)
[11] 越智洋司，緒方広明，劉玉琴，矢野米雄："母語話者との対話による漢字環境でのコミュニケーション支援機構"，教育システム情報学会，17 (3)，pp.285–294 (2000)
[12] 越智洋司，矢野米雄，林敏浩："漢字熟語の類推を支援する辞書システムKID-Ⅱの構築"，情報処理学会論文誌，39 (1)，pp.131–141 (1998)
[13] 越智洋司，矢野米雄，林敏浩："ユーザのブラウジングから学習漢字を選定する漢字学習環境の構築"，情報処理学会論文誌，40 (2)，pp.433–442 (1999)
[14] 海保博之，原田悦子：プロトコル分析入門，東京：新曜社 (1993)
[15] 加藤由香里："文章理解における語句の意味の推測過程について"，日本語教育論集，13，pp.1–14 (1997)
[16] 加藤由香里："学術論文の内容理解における視覚情報の活用"，日本語教育，114，

pp.11–19 (2002)

[17] 加藤由香里，小森和子，綛田はるみ："テキスト構造分析に基づく文章理解の評価の一案—日本人と外国人留学生の要約課題の比較から—"，日本語教育方法研究会，日本語教育方法研究会誌，6 (1)，pp.43–44 (2003)

[18] 加藤由香里，松居辰則，岡本敏雄："学術論文理解における視覚情報の方略的活用"，日本教育工学会誌，25 (Supple.)，pp.155–160 (2001)

[19] 門田修平，野呂忠司：英語リーディングの認知メカニズム，東京：くろしお出版 (2001)

[20] 加納千恵子："外国人研究者の科学・技術日本語読解能力を養成するための効率的な教材・方法の開発"，1991年度文部省科学研究費補助金研究成果報告書 (1993)

[21] 加納千恵子："外国人研究者の科学・技術日本語読解能力を養成するための効率的な教材・方法の開発"，1994年度文部省科学研究費補助金研究成果報告書 (1997)

[22] 亀山恵："談話分析"，田窪行則他 (編)，岩波講座 言語の科学 談話と文脈，pp.93–121，東京：岩波書店 (1999)

[23] 川村よし子，北村達也，保原麗："ＥＤＲ電子化辞書を活用した日本語教育辞書ツールの開発"，日本教育工学会論文誌，24 (Supple.)，pp.7–12 (2000)
http://www.thinkquest.gr.jp/library/ tpj99win.html

[24] 北村達也，川村よし子，内山潤，寺朱美，奥村学："学習履歴管理機能を持つ日本語読解支援システムの開発とその評価"，日本教育工学会論文誌，23 (3)，pp.127–134 (1999)

[25] 金シミン，赤堀侃司，清水康敬："韓国人の日本語習得過程における発話誤用の時系列的変容"，日本教育工学会論文誌，21，pp.13–23 (1997)

[26] 小林好和："今日の授業研究の問題点" 平山満義編，質的研究法による授業研究 教育学・教育工学・心理学からのアプローチ，pp.204–223，京都：北大路書房 (1997)

[27] 崎村耕二：英語で論理的に表現する，東京：創元社 (1998)

[28] 佐久間まゆみ編：文章構造と要約文の諸相，東京：くろしお出版 (1989)

[29] 佐久間まゆみ編：要約文の表現類型—日本語教育と国語教育のために—，東京：ひつじ書房 (1994)

[30] 佐藤公治：認知心理学から見た読みの世界，京都：北大路書房 (1996)

[31] 清水康敬："インストラクションデザインの重要性"，清水康敬監訳，日本イーラーニングコンソシアム訳，ウイリアム W. リー，ダイアナ L. オーエンズ著，インストラクショナルデザイン入門，東京：東京電機大学出版社 (2003)

- [32] 杉原厚吉：どう書くか―理科系のための論文作法―，東京：共立出版 (2001)
- [33] 鈴木克明：教材設計マニュアル，京都：北大路書房 (2002)
- [34] 鈴木庸子："日本語学習者を対象とした読書支援システム開発"，人文科学とコンピュータ，1997 年度文部省科学研究費補助金研究成果報告書 (1998)
- [35] 鈴木庸子，カッケンブシュ寛子，来島洋美："独習型読書支援システムの効果的利用の条件"，日本教育工学研究会報告集，JET98-6，pp.13–20 (1998)
- [36] 高橋善文，吉田哲三："計算機マニュアル推敲・査読支援システム MAPLE の開発と運用"，情報処理学会論文誌，31 (7)，pp.1051–1062 (1990)
- [37] 高橋善文，牛島和夫："計算機マニュアルの分かりやすさの定量的評価方法"，情報処理学会論文誌，32 (4)，pp.1051–1062 (1991)
- [38] 辻井潤一："情報工学を中国人留学生に教育してみて"，日本語教育，51，pp.49–52 (1997)
- [39] 寺朱美："多読に基づく漢字習得を支援するシステムの提案"，日本語学，16 (6)，pp.101–108 (1983)
- [40] 寺朱美，北村達也，落水浩一郎："WWW ブラウザを利用した日本語読解支援システム"，日本教育方法研究会誌，3 (1)，pp.10–11 (1996)
- [41] 寺朱美，北村達也，落水浩一郎ほか："日本語読解支援システムの検証― MIT におけるアンケート結果の報告"，日本教育方法研究会誌，4 (1)，pp.26–27 (1997)
- [42] 中島利勝，塚本真也：知的な科学・技術文章の書き方―実験リポート作成から学術論文構築まで―，東京：コロナ社 (1996)
- [43] 中野照海："教授メディアの選択"，大内茂男・中野照海編，教育工学シリーズ第 2 巻 教授メディアの選択と活用，pp.227–235，東京：図書文化 (1982)
- [44] 中野照海："ハイパーメディアの研究と開発課題―新たな学習メディアの教育可能性を拓く―"，視聴覚教育，45 (6)，pp.34–38 (1991)
- [45] 仁科喜久子，奥村学，八木豊ほか："構文表示と多言語インターフェイスを備えた日本語読解支援システムの開発"，言語処理学会論文集第 8 回年次大会論文集，pp.228–231 (2002)
- [46] 仁科喜久子："オンライン教材作成「あすなろ」プロジェクト"，東京工業大学留学生センター年報，5，pp.43–45 (2000)
- [47] 深尾百合子："工学系の専門読解教育における日本語教育の役割"，日本語教育，82，pp.1–12 (1994)
- [48] 深田淳："専門日本語読解教育の方法"，日本語教育，82，pp.13–22 (1994)

[49] 丸野俊一，高木和子："物語の理解と記憶における認知的枠組み形成の役割"，教育心理学研究，27，pp. 18–26 (1979)

[50] 邑本俊亮："要約文章の多様性"，教育心理学研究，40，pp.213–223 (1992)

[51] 劉玉琴，緒方広明，越智洋司，矢野米雄："日中の意味差異に着目したエージェント指向漢字学習支援システム Ankle"，電子情報通信学会論文誌，J82D II (10)，pp.1645–1654 (1999)

[52] 山崎信寿，富田豊，平林義彰，羽田野洋子：科学技術日本語案内，東京：創拓社 (1992)

[53] 山本一枝："科学技術者のための専門文献読解指導"，日本語教育，86，pp.190–203 (1995)

[54] Ainsworth, S.E. & Th Loizou, A.: "The effect of self-explanation when learning with text or diagram", *Cognitive Science*, 27(4), pp.669–681 (2003)

[55] Anderson, J.R.: *Language, Memory, and Thought*, Hayes, NJ: Lawrence Eerlbaum Associates (1976)

[56] Anderson, J.R.: *The Architecture of Cognition*, Cambridge, MA: Harvard University Press (1983)

[57] Anderson, N.J.: "Individual differences in strategy uses in second language reading and testing", *Modern Language Journal*, 75, pp.460–472 (1991)

[58] Bialystock, E.: "A theoretical model of second language learning", *Language Learning*, 28, pp.69–83 (1978)

[59] Bachman, L.F.: "The trait structure if cloze test scores", *TESOL Quarterly*, 16, pp. 61–70 (1982)

[60] Bachman, L.F.: "Performance on cloze test with fixed-ratio and rational deletions", *TESOL Quarterly*, 19, pp.535–556 (1985)

[61] Barnett, M.A.: "More than meets the eye: Foreign language reading", *Theory and Practice*, Eaglewood Cliffs, NJ: Prentice Hall Regents (1989)

[62] Block, E.L.: "Comprehension strategies of second language reader", *TESOL Quarterly*, 20, pp.463–494 (1986)

[63] Canale, M.: "From communicative competence to communicative language pedagogy", In Richards, J.C. & Schmidt (Eds.), *Language and Communication*, London: Longman, pp.2–27 (1983)

[64] Canale, M. & Swain, M.: "Theoretical bases of communicative approaches to second language teaching and testing", *Applied Linguistics*, 1, pp.1–47 (1980)

[65] Caplan L. & Schooler, C.: "On the use of analogy in text-based memory and comprehension: the interaction between complexity of within-domain encoding and between-domain processing", *The Journal of Learning Sciences*, 8(1), pp. 41–71 (1999)

[66] Carston, R.: "The relationship between generative grammar and relevance-theoretic pragmatics", *UCL Working Paper in Linguistics* 11, pp.21–39 (1999)

[67] Chapelle, C.A.: *Computer Applications in Second Language Acquisition*, Cambridge University Press, Oxford, U.K., (2001)

[68] Chi, M. H., Bassok, M., Lewis, M. W., Reimann, P. & Glaser, R.: "Self-explanation: how students study and use examples in learning to solve problems", *International Journal of Human-Computer Studies*, 13(2), pp.145–182 (1989)

[69] Chi, M.H., De Leeuw, N., Chiu, M., & La Vancher, C.: "Eliciting self-explanation improves understanding", *Cognitive Science*, 18, pp439–477 (1994)

[70] Clark, H.H. & Clark, E.: *Psychology and Language*, Cambridge, N.Y.: Harcourt Brace Jonovich (1977)

[71] Cognition and Technology Group at Vanderbilt University (CTCV): "Some thoughts about constructivism and instructional design", *Educational Technology*, 31(9), pp.16–18 (1991)

[72] Cronbach, L.J. & Snow, R.E.: *Aptitude and Instructional Methods: A Handbook for Research on Interactions*, New York: Irvengton (1977)

[73] Dansuwan, S., Nishina, K. & Shimizu, Y.: "Thai Language Learning System on the WWW Using Natural Language Processing and The Evaluation", *CALICO*, 19(1), pp.67–88 (2001)

[74] Faerch, C. & Kasper, G.: *"Strategies in Interlanguage Communication"*, London: Longman (1983)

[75] Gagne, R.M.: "The Acquisition of Knowledge", *Psychological Review*, 69, pp.355–365 (1962)

[76] Gagne, R.M. & Brigges, L.J.: *"Principle of Instruction Design (2nd)"*, N.Y.: Holt, Reineheart and Wilson (1979)

[77] Grasser, A.C., Singer, M., & Trabasso, T.: "Constructing inference during narrative text comprehension", *Psychological Review*, 101, pp. 371–395 (1994)

[78] Grosz, B.J.& Sidner, C.L.: "Attention, intentions and the structure of discourse", *Computational Linguistics*, 12(3), pp.175–204 (1986)

[79] Haliday, M.A.K. & Hassan, R: *Cohesion in English*, London: Longman (1976)

[80] Harp, S. & Mayer, R. E.: "The role of interesting in learning text and illustrations: on the distinction between emotional interest and cognitive Interest", *Journal of Educational Psychology*, 89, pp. 92–102 (1997)

[81] Hobbs, J.R.: *Literature and Cognition*, (CSLI Lecture Notes Number 21), Stanford, CA: CSLI (1990)

[82] Huckin, T. N. & Olson, L. A.: *English for Science and Technology: A Handbook for Nonnative Speakers*, NY, McGraw-Hill (1983)

[83] Jonassen, D.H.: "Objectivism versus constructivism: do we need a new philosophical paradigm?", *ETR & D*, 39(3), pp.5–13 (1991)

[84] Kato M.: "Nihongo Partner: An Interactive multimedia program for oral communication training in Japanese", *CASTEL/J'99 Proceedings*, pp.59–65 (1999)

[85] Kawamura, Y.: "Analysis of Japanese textbooks using the vocabulary level checker", *CASTEL /J'99 Proceedings*, pp.132–137 (1999)

[86] Kintsch, W.: "Leaning from text", *American Psychologist*, 49, pp. 294–303 (1994)

[87] Kitamura, T & Komori, S.: "A reading support system using multimedia data", *CASTEL /J'99 Proceedings*, pp.213 (1999)

[88] Kirby, J.R. & Cantwell, R.H.: "Advance organizers to facilitate higher level text comprehension", *Human Learning*, 4, pp.159–168 (1985)

[89] Lehman, S. & Schraw, G.: "Effects of coherence and relevance on shallow and deep text processing", *Journal of Educational Psychology*, 94(4), pp. 738–750 (2002)

[90] Mandel, H. & Lesgold, A.: *Learning Issues for Intelligence Tutoring Systems*, NY: Springer-Verlag Inc (1988)

[91] Mann, W.C. & Thompson, S. A.: "Rhetorical structure theory: A framework for the analysis of text", *ISI/RS-87-185*, University of Southern California (1987)

[92] Mayer, R.E. & Anderson, R.: "The instructive animation: helping students build connections between words and pictures in multimedia learning", *Journal of Educational Psychology*, 84, pp.444–452 (1992)

[93] Mayer, E. R., Bove, W., Bryman, A., Mars, R. & Tapangco, L.: "When less is more: meaningful learning from visual and verbal summaries of science textbook lessons", *Educational Psychology*, Vol. 88, pp. 64–73 (1996)

[94] Mayer, R.E., Steinhoff, K., Bower, G. & Mars, R.: "A generative theory of textbook

design: using annotated illustrations to foster meaningful learning of science text", *Educational Technology Research and Development*, 43, pp. 31–43 (1995)

[95] McNamara, D. S. & Kintsch, W.: "Learning from text: effects of prior knowledge and text coherence", *Discourse Process*, 22, pp. 247–288 (1996)

[96] Miwa, J.: "Portable and advanced language learning system for Japanese speech", *CASTEL /J '99 Proceedings*, pp.52–58 (1999)

[97] Moravcsik, J.E. & Kintsch, W.: "Writing quality, reading skills, and domain knowledge as factors in text comprehension", *Canadian Journal of Experimental Psychology*, 47, pp. 360–374 (1993)

[98] Moriarty, N.F.: *Writing Science through Critical Thinking*, Sudbury, MA: Jones and Bartlett Publish Inc. (1997)

[99] Nishina, K. Yoshimura, Y, Saita, I. et al.: "Speech database construction for Japanese as second language learning", *Proceedings of SNLP–Oriental COCOSDA 2002*, pp.187–192 (2002)

[100] Oller, J.W. Jr.: *Language Tests at School: A Pragmatic Approach*, Harlow: Longman (1979)

[101] Ohoso, M & Sugiura, M.: "Creation of a database of Japanese compositions written by learners of Japanese", *CASTEL/J '99 Proceedings*, pp.215 (1999)

[102] Poliayi, L.: "A formal model of the structure of discourse", *Journal of Pragmatics*, 12(5/6), pp. 601–638 (1988)

[103] Reid. D.J & Beveridge, M.: "Effects of text illustration on children's leaning of a school science topic", *British Journal of Educational Psychology*, 56(3), pp. 294–303(1986)

[104] Richards, J. & Weber, H.: *Longman Dictionary of Applied Linguistics*, London: Longman (1985)

[105] Rubin, J.: "What the good language learner can teach us", *TESOL Quarterly*, 9, pp.41–51 (1975)

[106] Schraw, G., Wade, S. E. & Kardash, C. M.: "Interactive effects of text-based and task-based importance on learning from text", *Journal of Educational Psychology*, 85, pp. 652–661 (1993)

[107] Shin, J. & Wastell, D. G.: "A user-centered methodological framework for design hypermedia-based CALL system", *CALICO Journal*, 18(3), pp.517–538 (2001)

[108] Silberstein, S.: *Techniques and Resources in Teaching Reading*, Oxford :Oxford University Press (1994)

[109] Sperber, D. & Wilson, D.: *Relevance: Communication and Cognition*, Cambridge, MA: Blackwell (1986)

[110] Spiro, R.J., Feltovich, P.J. Jacobson, M.J. & Coulson, R. L.: "Knowledge construction, content specification, and the development of skill in situation-specific knowledge assembly", *Educational Technology*, 31(9), pp.22–25 (1991)

[111] Suzuki, Y. Quacknbush, H. & Shimizu, Y.: "Developing self-study reading materials using computers: the role of audio tapes", *CASTEL /J'99 Proceedings*, pp.114–119 (1999)

[112] Swales, J. M. & Feak, C. B.: *Academic Writing for Graduate Students: A Course for Nonnative Speakers of English*, The University of Michigan, USA (1994)

[113] Taylor, W. L.: "Cloze procedure: A new tool for measuring readability", *Journalism Quarterly*, 30, pp. 415–433 (1953)

[114] Uemura, R. & Murano, R.: "Development of Web-based Teaching Materials For Intermediate-Advanced Learners of Japanese", *CASTEL /J'99 Proceedings*, pp.214 (1999)

[115] Van Meter, P.: "Drawing construction as a strategy for learning from text", *Journal of Educational Psychology*, 93(1), pp.129–140 (2001)

[116] Weinstein, R. E. & Mayer, R.: "The teaching of learning strategies", In Wintrock, M (Eds.), *Handbook of Research on Teaching* (3rd), NY: Macmillan, pp.315–327 (1986)

[117] Widdowson, H. G.: *Teaching Language as Communication*, Oxford: Oxford University Press (1978)

テスト課題

[1] 浦本祐次, 北村新三:"災害緊急時におけるモバイルコンピューティングの活用", 情報処理学会論文誌, 40, pp. 998–1005 (1999)

[2] 佐々木良一, 吉浦裕, 伊藤信治:"不正コピー対策の最適組み合わせに関する考察", 情報処理学会論文誌, 43, pp. 2435–2445 (2002)

[3] 平松薫, 小林堅治, Ben Benjamin, 石田亨, 赤埴淳一:"デジタルシティにおける情報検索のための地図インターフェイス", 情報処理学会論文誌, 41, pp.3314–3322 (2000)

[4] 松倉隆一, 渡辺理, 佐々木和雄, 岡原徹 (1999):"オフィスでの移動を考慮した対面コラボレーション環境の検討", 情報処理学会論文誌, 40, pp3075–3084 (1999)

[5] みずほ証券：“景気の現況と変化”，みずほ証券マクロ経済見通し，p.5 (2001)

Appendix 1

次の文章は「情報処理学会論文誌」に掲載された浦本祐次・北村新三(1999)「災害緊急時におけるモバイルコンピューティングの活用」の「災害情報の時系列的整理」の一部分です。この論文は先の阪神大震災での阪神大震災での情報ニーズが時間にともなって変化していく状況を説明しています。

　災害を時系列的に分類した報告の多くは、緊急時、復旧期、復興期Ⅰ、復興期Ⅱという概括的な分類から、警報期、脅威期、衝撃期、被害査定期、救助期、救援期、復興期の詳細に分類したものまで、さまざまな研究がなされている。本論文では地震発生直後の情報が錯綜している状態の「地震発生当日」、応急対応の必要に迫られる2日目の「混乱期」、日常生活の活動を取り戻す1週間前後の「復旧・復興期」、生活環境もやや落ち着く1ヶ月以降の4段階にわけて情報を整理した結果に基づく。

　災害時情報を時系列に考えると、被災直後は被害の状況、近親者の安否に関するどちらかといえば自分を取り巻く情報が優先されている。これが時間の経過とともに、ライフライン情報、交通情報という生活を維持していくための情報へと変化していく傾向が把握できる。

情報の優先度	1/17	1/18	1/19〜1/31	2月〜3月
	被害状況	被害状況	ライフライン情報	ライフライン情報
	安否情報	安否情報	交通情報	交通情報
	交通情報	交通情報	生活情報	行政情報
	生活情報	生活情報	安否情報	ボランティア情報
	避難情報	医療情報	行政情報	余震情報

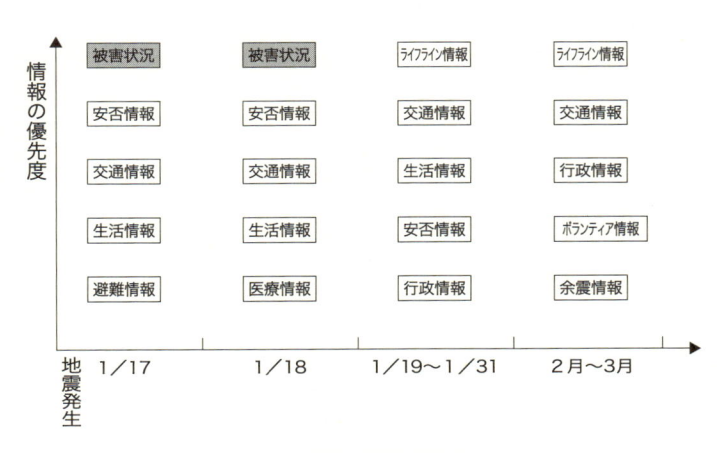

地震発生

図1　災害時情報の時系列

1） 次の文は、上の文章「災害情報の時系列的整理」の要約である。意味が同じになるように下線に言葉を書きなさい。
　　①本研究では災害を、時系列的に＿＿＿＿＿＿、＿＿＿＿＿＿、＿＿＿＿＿＿、＿＿＿＿＿＿、の4段階にわけて整理をした結果に基づく。
　　②被災直後は、＿＿＿＿＿＿＿＿＿情報が優先されるが、時間の経過とともに＿＿＿＿＿＿＿＿＿情報へと変化していく。

2） 次の文は、文章と図1について説明しています。正しい文には○、間違っている文には×を書きなさい。
①（　）地震発生当日は1月17日である。
②（　）地震発生直後は避難誘導、医療情報が最も大切である。
③（　）被災後1週間前後で日常生活を取り戻す。
④（　）地震発生当日と2日目の災害情報の優先度はおなじである。
⑤（　）時間が経過しても災害情報の優先度はあまり変化しない。
⑥（　）災害状況、安否状況は生活を維持するための情報である。
⑦（　）地震発生後2日目は応急対応が必要である。
⑧（　）図1の2月～3月は地震発生かた1ヵ月以降である。
⑨（　）被災直後、被害状況、安否除法などはあまり重要ではない。
⑩（　）ライフライン情報や交通情報は自分をとりまく情報である。

3） 図を見て重要だと思うことを5つ書きなさい。

＿＿＿＿＿＿＿＿＿＿＿＿＿＿＿＿＿＿＿＿＿＿＿＿＿＿＿＿＿＿
＿＿＿＿＿＿＿＿＿＿＿＿＿＿＿＿＿＿＿＿＿＿＿＿＿＿＿＿＿＿
＿＿＿＿＿＿＿＿＿＿＿＿＿＿＿＿＿＿＿＿＿＿＿＿＿＿＿＿＿＿
＿＿＿＿＿＿＿＿＿＿＿＿＿＿＿＿＿＿＿＿＿＿＿＿＿＿＿＿＿＿
＿＿＿＿＿＿＿＿＿＿＿＿＿＿＿＿＿＿＿＿＿＿＿＿＿＿＿＿＿＿

Appendix 2

次の文章は「情報処理学会論文誌」に掲載された平松薫・小林堅治・Ben Benjamin・石田亨・赤埴淳一（2000）「デジタルシティにおける情報検索のための地図インターフェイス」の一部です。よく読んで後の質問に答えなさい。

　2月4日から2000年3月23日の50日間、その期間中に8110回のアクセスがあり、2524人☆☆が地図インタフェースを利用した。

5.3.1　地図インタフェースへのアクセス

地図インタフェースの利用者数を表3中段に示す。まず、地図インタフェースの全利用のうち、実装した検索機能を1度以上利用したユーザは1339人で、延べ5446回の利用があった。一方、検索機能を1度も利用しなかったユーザは、1185人で、延べ2664回の利用があった。また、地図インタフェースの利用回数を利用ユーザ数で割った利用頻度で比較すると、検索機能を利用したユーザが4.07であったのに対し、利用しなかったユーザは2.25であった。この差は、実際に地図インタフェースで検索機能を利用したユーザと利用しなかったユーザの差を示しており、実際に検索機能を利用したユーザの方が、地図インタフェースを繰り返し使っていたことが分かる。

（1）　検索キーワードの傾向

地図インタフェースのキーワード検索で利用された表現の割合を図6に示す。アクセスログによると、住所や通り名、駅名など地名による検索が33.7％、学校名や企業名など組織名による検索が24.2％、ビルなど建物名による検索が11.7％と、都市に実在するオブジェクトの名称をキーワードとして利用した検索が全体の69.6％を占めた。これに対し、「ホテル」や「ラーメン」といった一般名詞やそれら名詞の一部など、その他の表現を利用した検索は30.4％であった。この結果から、地図インタフェースのキーワード検索では、地名や組織名、建物名といった都市に実在するオブジェクトの具体的な名称を利用して検索を実施する傾向があったといえる。

| 地名 33.7% | 組織名 24.2% | 建物名 11.7% | その他 30.4% |

図6　カテゴリの選択傾向
Fig6　Survey of search keyword types

表3　検索機能の利用状況
Table 3　User behavior on the map-based interface.

	利用数者	総利用回数	頻度
地図インタフェース	2524	8110	
検索機能の利用者	1339	5446	4.07
利用なし	1185	2664	2.25
近傍検索	411	1102	2.68
カテゴリ検索	1128	6563	5.82
キーワード検索	594	2230	3.75

（2）　カテゴリの選択傾向

地図インタフェースで利用されたカテゴリの割合を図7に示す。この集計によると、食事、買物、交通、観光といったカテゴリの利用率が高く、緊急避難、研究、健康、企業といったカテゴリの利用率が低かった。このカテゴリの利用傾向は、

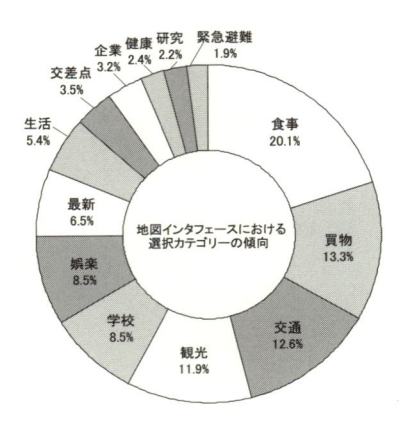

地図インタフェースにおける選択カテゴリーの傾向

- 食事 20.1%
- 買物 13.3%
- 交通 12.6%
- 観光 11.9%
- 学校 8.5%
- 娯楽 8.5%
- 最新 6.5%
- 生活 5.4%
- 交差点 3.5%
- 企業 3.2%
- 健康 2.4%
- 研究 2.2%
- 緊急避難 1.9%

図7　カテゴリの選択傾向
Fig7　Survey of selected categories.

Yahoo! JAPAN のアンケート結果 14) と同様に、現時点でのインターネットの利用者層やその利用目的の影響が大きかったと思われる。また、実験を行った場所柄の影響により、実際に京都に行ったときに役立つようなカジュアルな情報カテゴリの利用も顕著であった。

以上の傾向から、地図インタフェースの検索機能では、実際の街と密着した情報が検索できることが重要と考えられる。

1) 次の文は、文章について説明しています。正しい文には○、間違っている文には×を書きなさい。
① (　) 2000 年 3 月の地図インターフェイスの利用者は 2524 人である。
② (　) 地図インターフェイスの利用頻度は、利用ユーザ数に総利用回数をかけたものである。
③ (　) 全利用者のうち、検索機能を利用した人のほうがしなかった人より多い。
④ (　) 検索機能の利用者は、地図インターフェイスを繰り返し使わなかった。
⑤ (　) 検索機能の中で、カテゴリ検索が最もよく使われた。
⑥ (　) その他の表現を利用した検索では、一般名詞より具体名称がよく使われた。
⑦ (　) キーワード検索では、都市に実在する具体的な名称がよく使われた。
⑧ (　) キーワード検索の利用傾向は、Yahoo! JAPAN のアンケート結果と一致する。
⑨ (　) カテゴリ検索ではカジュアルな情報カテゴリの利用が少なかった。
⑩ (　) 地図インターフェイスでは実際の街と密着した検索ができる。

2） 表3を見て、重要な情報だと思うことを5つ書きなさい。
1. _____
2. _____
3. _____
4. _____
5. _____

3） 図6と図7を見て、重要な情報だと思うことを5つ書きなさい。
1. _____
2. _____
3. _____
4. _____
5. _____

Appendix 3

次の文章は、「みずほ証券 2001.2002 年度　マクロ経済見通し（夏季）」2001 年 6 月 28 日の一部です。よく読んで、以下の問題に答えなさい。

1. 景気の現況と変化：先端分野の落ち込み
1.1 前回の拡張期における牽引役の落ち込みが顕著な今回の景気悪化

今回の景気後退の特色としては、第一に特定業種の生産活動の①落ち込みが大きいことである。②99 年の春から 2000 年秋までの景気の拡張の背景としては情報関連需要の世界的な増勢が挙げられる。図表 1 に示したように③情報関連業種の生産活動が著しく活発化する一方で他の非情報化産業の停滞が④前回の景気拡張の最も大きな特色である。図表 2 に示している生産指数 DI は鉱工業生産指数を構成する 105 業種のうち 3 ケ月前の生産水準に比較して上昇している業種の割合を示している。この生産指数 DI は 2000 年 5 月に⑤64.1％でピークを付けるが、その水準が過去の⑥景気拡張局面に比較すれば極端に低い状況であった。過去の景気拡張局面では生産指数 DI がいずれもピーク時で⑦75％を超えている。そして、2000 年後半からの情報関連業種の生産活動は過去の落ち込みを⑧遥かに凌ぐスピードであり、足許の生産指数の落ち込みはデジタル技術一本での景気拡張の脆弱さを見せ付ける結果となっている。

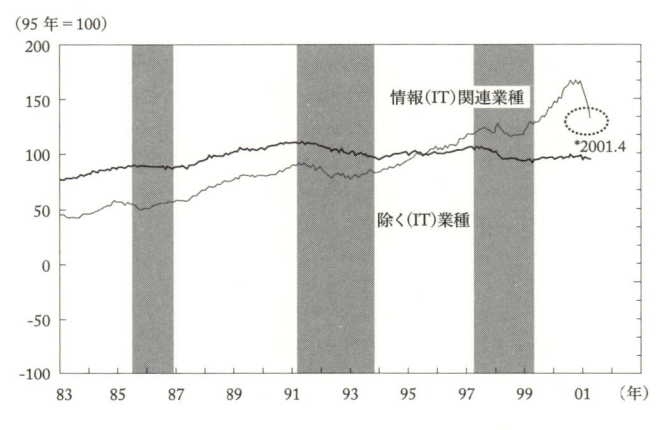

図表 1　鉱工業生産指数 DI（月次、季節調整値）

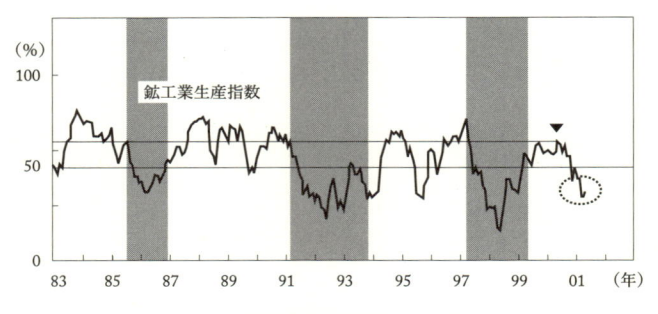

図表 2　鉱工業生産指数 DI（月次、季節調整値）

1) 次の文は文章と図表 1 と図表 2 について説明しています。正しい文には○、間違っている文には×をかきなさい。

① (　) 99 年の春から 2000 年の秋まで景気が後退した。
② (　) 99 年の春から 2000 年の秋まで情報関連需要は停滞しなかった。
③ (　) 図表の影（カゲ）の部分は、景気後退期である。
④ (　) 図表から景気拡大局面と景気後退局面がわかる。
⑤ (　) 今回の景気後退では特定の生産活動が落ち込んだ。
⑥ (　) 今回の景気後退期では、非情報化産業が停滞した。
⑦ (　) 前回の景気の拡大期には、非情報化産業が停滞した。
⑧ (　) 前回の景気拡大期の背景には、情報関連需要が世界的な増勢がある。
⑨ (　) 過去の景気拡張局面と比較して、64.1％の生産指数 DI は、水準が低い。
⑩ (　) 2000 年後半からの非情報産業の生産活動は、過去の落ち込みをはるかに凌ぐスピードだ。

2) 文章と図表 1 と 2 を見て、下線に適切な言葉をいれなさい。
　生産指数 DI とは、_____業種のうち、3 ヶ月前の_____に比較して、上昇している業種の_____を示す。
　_____は、2000 年 5 月に_____％でピークをつけるが、その水準は過去と比較すると_____。

3) 解答用紙の図表 1 と 2 に、印や説明を書きなさい。
（問題 a から f がどの部分かわかるように書きなさい）

図表 1
a) ①落ち込みは、図表のどの部分ですか。図表 1 に印を書きなさい。

b) ②景気の拡張は、図表のどの部分ですか。図表1に印を書きなさい。

c) ③前回の景気拡張は、図表のどの部分ですか。図表1に印を書きなさい。

図表2
d) ④64.1%でピークをつけるは、図表のどの部分ですか。図表2に印を書きなさい。

e) ⑤過去の景気拡張局面は、図表のどの部分ですか。図表2に印を書きなさい。

f) ⑥75%を越えるは、図表のどの部分ですか。図表2に印を書きなさい。

Appendix 4

問題3 次の文章は「情報処理学会論文誌」に掲載された松倉隆一ほか（1999）「オフィスでの移動を考慮した対面コラボレーション環境の検討」の「対面コラボレーション環境」一部分です。

　Grudin（1988）は、グループウェアがうまくいかない理由の1つとして、システムの設計者の意図と実際の利用者との使い方のギャップをあげている。これはシステムの機能を設計者の意図で追加しても、利用者側からは強制的に使わなくてはならない機能として認知されることがあり、設計者の意図とは逆に制約としてとらえられてしまう可能性を指摘している。対面コラボレーションのように、人が自然に身に付けてきた行為を支援するには、従来のやり方に対応関係がはっきりつけられるような機能にしぼる必要があると考えた。このような機能の絞り込みは、利用者の初期学習量を小さくしシステム導入の障壁を低くおさえる効果もある。

　これまでの会議支援システムに共通しているのは、会議出席者で共有できる作業スペースと個人作業スペースの2つの環境を用意することである。これは、ホワイトボードやOHPを使い、紙資料を配布する従来の会議でも対応づけることができる。図1に示すように、ホワイトボードやスクリーンが出席者で共有する作業スペースであり、配布資料や会議メモノートなどが個人作業スペースに対応する。一方、電子環境では、共有情報を表示する電子白板と、出席者の携帯パソコン（PC）とがそれぞれ対応する。従来の会議をビデオで観察してみると、ほかに共有作業スペースを指さしてポインティングしたり、ときにはオフィスに置き忘れた資料を取りに戻る行為も見られた。これらの行動については、ネットワークを利用して利用者の意図する目的が達成できるように考慮している。

注
グループウェア（Group ware：グループが共同で使う情報管理システム）
コラボレーション（collaboration：共同・協調）

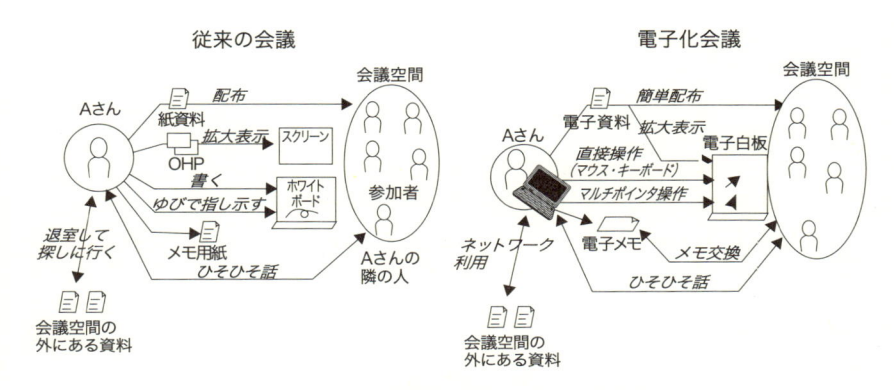

図 1 従来の会議環境と電子化された会議環境
Fig.1 Two meeting environment: conventional and computer supported.

【問 1】選択肢（a 〜 d）の中から、正しいものを選びなさい
Ⅰ) Grudin（1988）が指摘したグループウェアがうまくいかないのはなぜか。
 a. 設計者の使い方を制約としてとらえるから
 b. 利用者がシステム設計者の意図と異なる使い方をするから
 c. 従来の方法と意図や使い方が異なるから
 d. 設計者の意図で追加した機能が強制になるから

Appendix 5

次の文章は「情報処理学会論文誌」に掲載された佐々木良一ほか(2002)「不正コピー対策の最適組み合わせに関する考察」の一部です

　「不正コピー」という言葉は、法律上において厳密に定義されている概念ではない。そのため、現実には論者によって事実上さまざまな意味で使用されている。したがってまた、その分類も多様かつ不確定的である。ここでは、コンテンツの不正な流通に着目し、時系列に即した段階的な観点から整理を試みたい。時系列的に考察すると、以下のような順に区分できる。まず、コンテンツを無権限でコピーして入手する行為(図1の①に対応)がある。次に、不正コピーによる入手かどうかを問わず、入手されたコンテンツをサーバにアップロードする行為(図1の②に対応)がある。さらに、こうしてアップロードされたコンテンツをダウンロードする行為(図1の③に対応)、なお、前記①に関連して、コピー行為自体を技術的にプロテクトする手段が講じられている場合もある。その場合にはコピープロテクトの迂回技術によってコピーする行為も出現している(図1の④に対応)。このうち①は、アップロードされる段階以前の、コンテンツの入手にかかわる問題である。また、②、③、④は入手以降の行為である。したがって、前者を〈タイプ1〉、後者を〈タイプ2〉として分類する。

　〈タイプ1〉は、以下のように大別される。第1に、行為者が権利者のサーバに不正侵入する方法がある。第2に、通信路上で不正に入手する方法がある。第3として正当な購入者になりすますものがある。これらの方法の共通点は、おおむね著作権法上の複製権侵害行為に該当(がいとう)することである。　次に、〈タイプ2〉のうち、②は著作権法上の公衆送信権侵害にあたる。さらに、③は原則として複製権侵害に該当する。そして、④は複製権侵害に加え、技術的保護手段の回避行為となる。

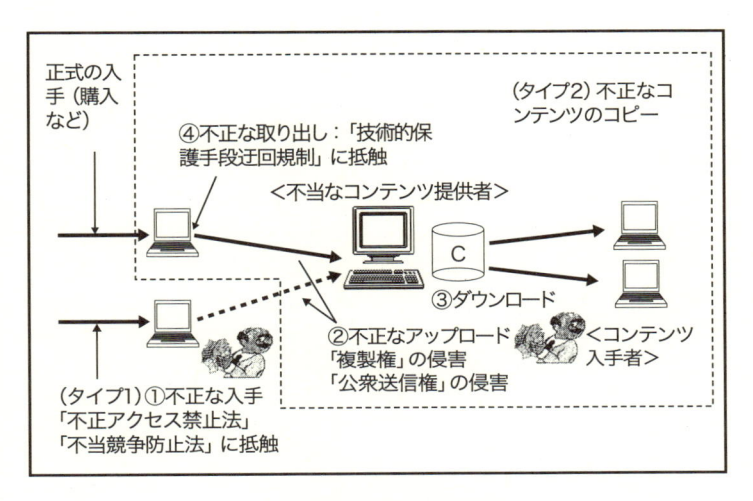

図1　不正コピー法の分類

Appendix 6

《オリジナル》652 字（10 文）
Grudin（1988）は、グループウェアがうまくいかない理由の1つとして、システムの設計者の意図と実際の利用者との使い方のギャップをあげている。これはシステムの機能を設計者の意図で追加しても、利用者側からは強制的に使わなくてはならない機能として認知されることがあり、設計者の意図とは逆に制約としてとらえられてしまう可能性を指摘している。対面コラボレーションのように、人が自然に身に付けてきた行為を支援するには、従来のやり方に対応関係がはっきりつけられるような機能にしぼる必要があると考えた。このような機能の絞り込みは、利用者の初期学習量を小さくしシステム導入の障壁を低くおさえる効果もある。
　これまでの会議支援システムに共通しているのは、会議出席者で共有できる作業スペースと個人作業スペースの2つの環境を用意することである。これは、ホワイトボードやOHPを使い、紙資料を配布する従来の会議でも対応づけることができる。図1に示すように、ホワイトボードやスクリーンが出席者で共有する作業スペースであり、配布資料や会議メモノートなどが個人作業スペースに対応する。一方、電子環境では、共有情報を表示する電子白板と、出席者の携帯パソコン（PC）とがそれぞれ対応する。従来の会議をビデオで観察してみると、ほかに共有作業スペースを指してポインティングしたり、ときにはオフィスに置き忘れた資料を取りに戻る行為も見られた。これらの行動については、ネットワークを利用して利用者の意図する目的が達成できるように考慮している。（652）

《短文化》677 字（15 文）
Grudin（1988）は、グループウエアが設計者の意図と利用者との使い方にギャップがあるためにうまくいかないと述べている。これは設計者がシステムの機能を追加した場合、利用者側が強制的に使わなくてはならないと認知する可能性を指摘している。つまり、設計者の意図とは逆に利用者から制約となることも意味している。したがって、対面コラボレーションでは、機能をしぼり、従来のやり方に対応関係がはっきりつけられるようにすべきだ。なぜなら、対面コラボレーションは自然に身に付けてきた行為を支援するシステムだからである。このような機能の絞り込みは、利用者の初期学習量を小さくし、その結果、システム導入の障壁を低くおさえる効果もある。
　これまでの会議支援システムでは共通して、会議出席者では共有できる作業スペースと個人作業スペースの2つの環境を用意している。これは、ホワイトボードやOHPを使い、紙資料を配布する従来の会議でも対応づけることができる。

図1に示すように、従来の会議では、出席者で共有するスペースは、ホワイトボードやスクリーンである。また、個人作業スペースは、配布資料や会議メモノートなどに対応する。一方、電子環境では、共有情報を表示する電子白板と、出席者の携帯パソコン（PC）とがそれぞれ対応する。さらに、従来の会議をビデオで観察すると、共有作業スペースを指さしてポインティングが見られた。また、ときにはオフィスに置き忘れた資料を取りに戻る行為も見られた。これらの行動については、ネットワークを利用して利用者の意図する目的が達成できるように考慮している。（677）

《詳述化》715字（10文）　付加した箇所は下線で示す

Grudin（1988）は、グループウェアがうまくいかない理由の1つとして、システムの設計者の意図と実際の利用者との使い方のギャップをあげている。<u>ギャップとは、システムの機能を設計者の意図で追加しても、利用者側からは強制的に使わなくてはならない機能として認知されることがあり、設計者の意図とは逆に制約としてとらえられてしまう可能性を指摘している。</u>対面コラボレーションのように人が自然に身に付けてきた行為を支援するには、従来のやり方に対応関係がはっきりつけられるような機能にしぼる必要があると考えた。<u>従来のやり方に対応する機能の絞り込みは、利用者の初期学習量を小さくしシステム導入の障壁を低くおさえる効果もある。</u>

　これまでの<u>会議支援システム</u>に共通しているのは、会議出席者で共有できる作業スペースと個人作業スペースの2つの環境を用意することである。会議支援システムは、ホワイトボードやOHPを使い、紙資料を配布する従来の会議でも対応づけることができる。図1に示すように、<u>従来の会議では</u>ホワイトボードやスクリーンが出席者で共有する作業スペースであり、配布資料や会議メモノートなどが個人作業スペースに対応する。一方、電子環境の<u>出席者の共有スペースは</u>共有情報を表示する電子白板である。また、<u>電子環境の個人スペースは</u>出席者の携帯パソコン（PC）である。従来の会議をビデオで観察してみると、<u>今まで述べた行動</u>のほかに共有作業スペースを指さしてポインティングしたり、ときにはオフィスに置き忘れた資料を取りに戻る行為も見られた。<u>ポインティングや資料を取りにいく行動</u>については、ネットワークを利用して利用者の意図する目的が達成できるように考慮している。（715）

Appendix 7

コンピュータ課題1（図書館のコンピュータでやってみましょう）
http://conery.ai.is.uec.ac.jp にアクセスして、ゲストログインから入ってください。2種類の教材（シナリオのパートに《言語用法重視学習》と《言語使用重視学習》研究日本語道場を用意しました。アンケートは《言語使用重視学習》の最後についています。

設問1
 本文や問題文の文字や図表の大きさは読みやすかった
  （1：全く思わない disagree--4：非常に賛成 agree）　1.　2.　3.　4.
設問2
 本文や問題文の内容はわかりやすかった
  （1：全く思わない disagree--4：非常に賛成 agree）　1.　2.　3.　4.
設問3
 本文や問題文の内容は現実的（realistic）であった
  （1：全く思わない disagree--4：非常に賛成 agree）　1.　2.　3.　4.
設問4
 本文や問題文の長さはちょうどよかった
  （1：全く思わない disagree--4：非常に賛成 agree）　1.　2.　3.　4.
設問5
 解説の文字や図表の大きさは読みやすかった
  （1：全く思わない disagree--4：非常に賛成 agree）　1.　2.　3.　4.
設問6
 解説の内容はわかりやすかった
  （1：全く思わない disagree--4：非常に賛成 agree）　1.　2.　3.　4.
設問7
 解説の内容は適切だった
  （1：全く思わない disagree--4：非常に賛成 agree）　1.　2.　3.　4.

設問8
 語彙問題（課題1）は数がちょうどよかった
  （1：全く思わない disagree--4：非常に賛成 agree）　1.　2.　3.　4.
設問9
 語彙問題（課題1）はやさしすぎた
  （1：全く思わない disagree--4：非常に賛成 agree）　1.　2.　3.　4.

設問 10
    語彙問題（課題1）は、多肢選択問題に答えるのに役に立った
    （1：全く思わない disagree--4：非常に賛成 agree）　1.　2.　3.　4.
設問 11
    語彙問題（課題1）は、要約問題に答えるのに役に立った
    （1：全く思わない disagree--4：非常に賛成 agree）　1.　2.　3.　4.
設問 12
    語彙問題（課題1）は、構文課題（課題2）をするのに役に立った
    （1：全く思わない disagree--4：非常に賛成 agree）　1.　2.　3.　4.
設問 13
    語彙問題（課題1）は、図表課題（課題3）をするのに役に立った
    （1：全く思わない disagree--4：非常に賛成 agree）　1.　2.　3.　4.
設問 14
    語彙問題（課題1）は、内容まとめ（課題4）をするのに役に立った
    （1：全く思わない disagree--4：非常に賛成 agree）　1.　2.　3.　4.
設問 15
    構文問題（課題2）は、多肢選択課題に答えるのに役に立った
    （1：全く思わない disagree--4：非常に賛成 agree）　1.　2.　3.　4.
設問 16
    構文問題（課題2）は、要約課題に答えるのに役に立った
    （1：全く思わない disagree--4：非常に賛成 agree）　1.　2.　3.　4.
設問 17
    構文問題（課題2）は、図表問題（課題3）をするのに役に立った
    （1：全く思わない disagree--4：非常に賛成 agree）　1.　2.　3.　4.
設問 18
    構文問題（課題2）は、内容まとめ（課題4）をするのに役に立った
    （1：全く思わない disagree--4：非常に賛成 agree）　1.　2.　3.　4.
設問 19
    図表の問題（課題3）は、本文を読むのに役に立った
    （1：全く思わない disagree--4：非常に賛成 agree）　1.　2.　3.　4.
設問 20
    図表の問題（課題3）は、要約課題答えるのに役に立った
    （1：全く思わない disagree--4：非常に賛成 agree）　1.　2.　3.　4.
設問 21
    図表の問題（課題3）は、内容まとめ（課題4）に役に立った
    （1：全く思わない disagree--4：非常に賛成 agree）　1.　2.　3.　4.
設問 22
    図表の問題（課題3）は、難しかった

(1：全く思わない disagree--4：非常に賛成 agree)　1．　2．　3．　4．

設問 23
　　図表の問題（課題3）は、わかりにくかった
　　(1：全く思わない disagree--4：非常に賛成 agree)　1．　2．　3．　4．

設問 24
　　内容まとめ問題（課題4）は、多肢選択課題に答えるのに役に立った
　　(1：全く思わない disagree--4：非常に賛成 agree)　1．　2．　3．　4．

設問 25
　　内容まとめ問題（課題4）は、要約課題に答えるのに役に立った
　　(1：全く思わない disagree--4：非常に賛成 agree)　1．　2．　3．　4．

設問 26
　　内容まとめ問題（課題4）は、難しかった
　　(1：全く思わない disagree--4：非常に賛成 agree)　1．　2．　3．　4．

設問 27
　　内容まとめ問題（課題4）は、わかりにくかった
　　(1：全く思わない disagree--4：非常に賛成 agree)　1．　2．　3．　4．

設問 28
　　「言語用法重視学習」と「言語使用重視学習」を比べて答えてください。
　　言語用法重視学習の機能は、多肢選択課題に答えるのに十分であった
　　(1：全く思わない disagree--4：非常に賛成 agree)　1．　2．　3．　4．

設問 29
　　言語用法重視学習の機能は、要約課題に答えるのに十分であった
　　(1：全く思わない disagree--4：非常に賛成 agree)　1．　2．　3．　4．

設問 30
　　「言語使用重視学習」の機能は、多肢選択課題に答えるのに十分あった
　　(1：全く思わない disagree--4：非常に賛成 agree)　1．　2．　3．　4．

設問 31
　　「言語使用重視学習」の機能は、要約課題に答えるのに十分であった
　　(1：全く思わない disagree--4：非常に賛成 agree)　1．　2．　3．　4．

設問 32
　　「言語使用重視学習」で研究論文の講読の練習ができた
　　(1：全く思わない disagree--4：非常に賛成 agree)　1．　2．　3．　4．

設問 33
　　「言語使用重視学習」で、もっと研究論文の講読の練習をしたい
　　(1：全く思わない disagree--4：非常に賛成 agree)　1．　2．　3．　4．

設問 34
　　「言語使用重視学習」の機能について自由に感想を書いてください

設問 35
　　国籍について答えてください
　　1．　日本人　　　2．　外国人・漢字圏（中国・台湾・韓国など）
　　3．　外国人・非漢字圏　　4．　その他
設問 36
　　留学生の人は答えてください。今、どこで研究・勉強をしていますか
　　1．　日本語学校　　2．　大学付属施設（留学生別科）　　3．　大学
　　4．　大学院　　5．　その他
設問 37
　　留学生の人は答えてください。何年間、日本語を勉強していますか
　　1．　1 年未満　　2．　1 年–3 年　　3．　3 年–5 年
　　4．　5 年以上　　5．　その他
設問 38
　　日本人は答えてください。留学生に何年間、日本語を教えていますか
　　1．　3 年未満　　2．　3 年–5 年　　3．　5 年–10 年
　　4．　10 年以上　　5．　教授経験なし　　6．　その他
設問 39
　　日本語教師は答えてください。どのレベルの留学生を教えたことがありますか
　　1．　大学学部生　　2．　大学院生・研究生　　3．　予備教育
　　4．　短期プログラム　　5．　補講授業　　6．　個人教授　　7．　その他
設問 40
　　日本語教師の人は答えてください。
　　専門日本語教育の問題点について自由に述べてください。
設問 41
　　氏名を入力して下さい（任意）。

関連論文の印刷公表の方法及び時期

(1) 全著者名：加藤由香里
論文題目：学術論文の内容理解における視覚情報の活用
印刷公表の方法および時期：日本語教育、114号、日本語教育学会、2002年7月（第5章の内容）

(2) 全著者名：加藤由香里、岡本敏雄、松居辰則
論文題目：質的アプローチと量的アプローチとの融合を志向した学術論文読解方略の分析
印刷公表の方法および時期：日本教育工学会論文誌、26号3巻、2002年12月（第5章の内容）

(3) 全著者名：Yukari Kato, Toshio Okamoto, and Tatsunori Matsui
論文題目：Relevantラーニング Framework for Nonnative Speakers: A Proposal for Integrating Textual and Graphical Information in Japanese Academic Reading
印刷公表の方法および時期：Information and Systems in Education, vol.1, no.1, 2002年12月（第4章の内容）

(4) 全著者名：Yukari Kato and Toshio Okamoto
論文題目：Scaffolding Graphic Use Strategies through Web-Based Academic Reading
印刷公表の方法および時期：Information and Systems in Education, vol.3, no.1, 2004年12月（第6章の内容）

(5) 全著者名：加藤由香里
論文題目：テキスト構造分析に基づく文章理解評価
―日本人と外国人留学生の要約文の比較―
印刷公表の方法および時期：JLEM10周年記念論集、2005年3月（第5章の内容）

(6) 全著者名：Yukari Kato
論文題目：Development and Evaluation of Web-Based Reading Support System
印刷公表の方法および時期：Information, vol.8, no.3, 2005年1月（第6章の内容）

(7) 全著者名：加藤由香里
論文題目：日本語読解eラーニングシステム評価－日本語教師と外国人留学生の視点の相違を中心に－
印刷公表の方法および時期：メディア教育研究（NIME）、第2巻、第1号、2005年10月（第6章の内容）

あとがき

　本書は、2004年に博士（学術）学位請求論文として電気通信大学に提出した『認知言語理論に基づく日本語教材設計の実証的研究』に修正を加え書籍としてまとめたものである。

　筆者が情報通信技術（ICT）を利用した外国語教育に興味をもったきっかけは、日本語教育方法研究会（JELM）で東京理科大学伊藤紘二研究室の日本語文法学習支援システムに出会ったことである。このシステムは、全く日本語教育経験のない若い大学院生が開発したもので、外国人が抱く文法学習上の問題に対する解を自動的に生成する機能を備えていた。システムが学習者に返す解の正確さに驚くと同時に、それを可能とする「技術」に強い関心をもった。まさに人間教師の代わりとなる「インテリジェント」なシステムの出現であった。発表を聴きながら、国際基督教大学の学部・修士で体験したマルチメディアによる外国語教育コンテンツ開発とは、全く次元が異なる技術であると直感した。それ以来、新しい技術を身につけて、日本語教育システムの開発研究を行いたいという気持ちは日に日に強くなっていた。
　そして、2000年の春、4歳の息子が保育園に慣れた頃、家族と両親の理解を得て電気通信大学の岡本敏雄教授の門を叩いた。電気通信大学では、「情報システム学」という未知の分野で自分の研究テーマをどう展開していくかという大きな課題が与えられた。
　「このレベルでは電通大では認められんぞ。日本語教育の分野だけで通じるような話はするな。」、「教育は大学の教員ならだれでも担当している『日常』なんだ。それをどう研究レベルに引き上げるか、リクツが必要なんだ。」と何度も強い口調で指導された。妥協を許さない岡本先生のご指導があったからこそ、現在の私がいると確信している。

博士研究では、外国人留学生の「読解活動」を促進する図表の効果についての実証実験を整理してモデルとしてまとめた。さらに、そのモデルに基づいて、読解システムの開発、評価実験を行い、4 年間かけて博士論文としてまとめた。

　思い起こせば、国際基督教大学日本語教育課程では、多くの優秀な先生と出会い、日本語教育のいろはを学んだ。また、視聴覚教育研究室では、中野照海先生、故・石本菅生先生に教育工学の基礎を丁寧に教えていただいた。厚く御礼申し上げる。そして、電気通信大学岡本敏雄先生には、情報システム分野の研究者としての心構えから研究方法まで粘り強くご指導をいただいた。紙幅の都合ですべてもお名前を披露できないが、他もたくさんの方々のお力添えにより、東京農工大学に職を得て、研究の場が与えられていることに感謝したい。
　私事におよび恐縮であるが、電気通信大学での 4 年間、昼夜を問わずに研究に没頭する私を許し、支えてくれた夫・民生と息子・秀紀、生来の頑固者で融通に利かない私を見守り育ててくれた父・良策と母・菊に、初の単著を捧げて心から感謝したい。
　最後に、本書の刊行にご尽力くださったひつじ書房に心から謝意を表する。本当にありがとうございました。
　刊行にあたっては独立行政法人日本学術振興会平成 19 年度科学研究費補助金（研究成果公開促進費、課題番号 195182）の交付を受けた。

2008 年 1 月 8 日

息子秀紀の十二歳の誕生日に

加藤由香里

索　引

あ
あいまい性……ii, 79, 130, 133, 142, 148, 150, 195
アンケート………………………ii, 180, 181, 192
アンケート調査………………………………3, 182

い
一般的能力…………………………………59, 61
インストラクション・デザイン………i, 2, 7, 8, 10, 12, 55, 194

え
エンティティ………………………………………196

か
階層的木構造………………………………………35
学習……………………………………………………50
学習・教授方略……………………………………52
学習階層理論……………………………………13, 149
学習課題……………………………………………11, 64
学習過程の段階制御……………66, 70, 76, 194, 195
学習者要因……………………………………i, ii, 128, 135
学習モジュール……………………………180, 181
関連性の原則 I……………………………………48
関連性の原則 II……………………………………49
関連性の原理………………………………………47
関連性理論……………2, 12, 16, 31, 32, 47, 48, 50, 65

き
教材課題………………147, 150, 153, 176, 177, 196
教材評価尺度………………………………………167
教授設計理論………………………………………193
教授方略……ii, 3, 50, 52, 89, 91, 138, 142, 146, 148, 153, 161, 179, 190, 192, 194, 195
局所的理解………………………………17, 18, 22

く
クラスタ分析………………………………………101

け
結束性……………………………………34, 35, 36, 40
結束的能力………………………………………59, 60
結束法………………………………………64, 128, 129

言
言語学習方策………………………………………62
言語使用……………………2, 33, 34, 67, 68, 74, 76, 145, 194
言語使用型……ii, 3, 146, 153, 157, 160, 163, 169, 172, 176, 192, 195, 196
言語情報………………………………55, 62, 127
言語組織………………………………………33, 57
言語知識………………………………………62, 66
言語的複雑性………………………………………147
言語能力測定法……………………………………58
言語要因の複雑性…………………………………79
言語用法……ii, 2, 26, 33, 34, 56, 67, 68, 74, 76, 145, 194
言語用法型…3, 146, 153, 154, 156, 160, 163, 176, 192, 195, 196,
顕在的刺激……………………………49, 50, 51, 65

こ
語彙…………………………………………………190
語彙学習………………………………………146, 171
語彙学習モジュール……………………148, 150, 151
構成主義………………………………………16, 20
構成主義的学習………………………………12, 14
構文学習………………………………………146, 171
構文学習モジュール……………148, 150, 151, 190
構文的複雑性……………………………128, 129, 130, 150
語用論…………………………………………31, 32

し
試作教材（プロトタイプ）…………160, 163, 195
試作コンテンツ……………………………………145
事前調査…………………………………180, 181, 182
質的……………………………………………………171
質的アプローチ………………………………97, 109
質問紙………………………………………………164
指導課題……………………………………………146
指導法略……………………………………………146
修辞的知識…………………………………………61
修辞的表現…………………………………………68
修辞法………………………………………………41, 151
情報移転……65, 79, 127, 127, 136, 139, 142, 145, 146, 151, 157, 158, 171, 188, 195
情報移転モジュール……151, 151, 190, 190, 192,

197

す
図示情報 ··i, ii, 2, 3, 16, 19, 20, 24, 45, 50, 52, 55, 65, 66, 79, 80, 82, 84, 85, 89, 90, 91, 91, 93, 96, 97, 110, 111, 119, 121, 122, 126, 127, 130, 134, 136, 137, 139, 140, 141, 142, 146, 195, 197
図示知識 ·· 61, 62
図表呈示 ·· 19, 23

せ
整合関係 ································· 146, 158, 171
整合関係モジュール ································ 151
整合性 ·· 34, 35, 36, 40
整合的能力 ·· 59, 61
整合法 ·· 65

た
大局的理解 ································· 17, 18, 22
タクティクス ·· 196
多肢選択課題式 ·· 20, 24, 110
タスク ·· 196
談話構造 ·· 35, 39
談話節 ·· 40, 116
談話分析 ································· 31, 35, 40, 51, 159
談話法 ·· 31, 34, 51

て
提示教材 ································· 147, 149, 176, 196
提示教材要因 ·· i, ii
伝達意図 ·· 47

と
等価処理 ················ ii, 11, 74, 111, 122, 149, 197
等価処理課題 ······· 22, 75, 112, 114, 121, 123, 126, 127, 131, 132, 134, 135, 136, 139, 140, 147, 152, 156, 160, 184, 190
等価処理過程 ·· 113
等価処理問題 ·· 76
統語的知識 ·· 61
統語的能力 ·· 59, 60
読者(学習者)要因 ····· 3, 79, 111, 119, 122, 142, 194, 195
読解教材の設定 ·· 195
読解方策 ··· 62, 63, 65, 79, 136, 179, 190, 192, 195

な
内容要約 ································· 20, 24, 110

に
認知学習理論 ·· 15
認知言語理論 ················ i, 2, 16, 31, 193, 194, 195

は
背景知識 ········· ii, 3, 17, 18, 61, 62, 91, 92, 96, 142
パラフレイズ ················ 104, 105, 106, 109, 138

ひ
非文章情報 ·· 51
評価課題 ································· 176, 177, 196
評価観点 ································· i, ii, 146, 147

ふ
プロトコル・データ ······ 163, 170, 171, 173, 175, 192, 196
プロトタイプ教材 ································ ii, 172, 194
文章教材 ·· 64, 76
文章教材の設定 ·· 66, 194
文章再生課題 ································· 19, 23, 85, 88, 89, 90

へ
弁別処理 ·· ii, 11, 74, 111, 117, 122
弁別処理課題 ······· 22, 75, 115, 126, 127, 134, 135, 136, 141, 142, 147, 149, 152, 156, 160, 184, 188, 190, 192
弁別処理問題 ·· 76

ほ
方略 ·· 41, 151

も
モジュール ·· 146
問題解決課題 ································· 19, 23, 85, 88, 89, 90

ゆ
ユーザビリティ・テスト ······· ii, 3, 163, 171, 176, 177, 192, 196

よ
用語法 ·· 64, 129
要約評価 ·· 118
要約評価基準 ·· 117, 189

り

理解テスト ……………………………… 180, 181
量的アプローチ ………………………… 90, 91

A–Z

ID ステップ ……………………………… 9, 10
Learning Management System …………… 153
LMS ……………………………… 153, 164, 183
WBT ……………………………………… 153, 154
Web Based Training ……………………… 153
WebClass ……………… ii, 3, 153, 154, 164, 183

[著者] **加藤由香里**（かとう・ゆかり）

1966年新潟県三条市生まれ。国際基督教大学教養学部、同大学院教育学研究科で教育工学と日本語教授法を学ぶ。2004年、電気通信大学大学院情報システム学研究科修了、博士(学術)。国際学友会日本語学校(現在、(独)日本学生支援機構 東京教育日本語センター)、国際基督教大学、亜細亜大学などを経て、2004年より東京農工大学留学生センター助教授、2006年同大学大学教育センター准教授。現在は、外国語教育のためのeラーニングコンテンツ開発およびFD(Faculty Development)における情報技術の活用について研究中。
主な著書・論文に、「ITを活用した日本語学習環境の整備と人材育成事業」岡本敏雄監修(2008)、『情報教育事典』丸善、「日本語読解e-learningシステム評価—日本語教師と外国人留学生の視点の相違を中心に—」メディア教育研究(2005)などがある。

シリーズ言語学と言語教育
【第13巻】
日本語eラーニング教材設計モデルの基礎的研究

発行　2008年2月14日　初版1刷

定価	8600円+税
著者	©加藤由香里
発行者	松本功
装丁者	吉岡透(ae)／明田結希(okaka design)
印刷所	三美印刷 株式会社
製本所	田中製本印刷 株式会社
発行所	株式会社 ひつじ書房 〒112-0011　東京都文京区千石2-1-2　大和ビル2F Tel 03-5319-4916　Fax 03-5319-4917 郵便振替　00120-8-142852 toiawase@hituzi.co.jp http://www.hituzi.co.jp/

造本には充分注意しておりますが、落丁・乱丁などがございましたら、
小社かお買い上げ書店にておとりかえいたします。
ご意見、ご感想など、小社までにお寄せ下されば幸いです。

❖

ISBN978-4-89476-358-6 C3081
Printed in Japan